pangler jun 00

birthday - gift
from parents 3 a

Ernst-Michael Kranich

Anthropologische Grundlagen der Waldorfpädagogik

ERNST-MICHAEL KRANICH

Anthropologische Grundlagen der Waldorfpädagogik

VERLAG FREIES GEISTESLEBEN

ISBN 3-7725-1781-1
1. Auflage 1999
Verlag Freies Geistesleben
Landhausstraße 82, 70190 Stuttgart
Internet: www.geistesleben.com

Umschlaggestaltung: Walter Schneider
Druck: WB Druck, Rieden am Forggensee

Inhalt

«Wie erzogen werden soll,
kann man erst wissen, wenn
man weiß, was der Mensch
eigentlich ist.»

Rudolf Steiner

Vorwort

Seit Jahren wurde ich von verschiedenen Seiten gebeten, einige meiner früheren Arbeiten in einem gemeinsamen Band zu veröffentlichen. Es schien mir jedoch sinnvoller, eine Anthropologie der Waldorfpädagogik neu zu schreiben. Da sich ein solcher Plan gegenwärtig nicht durchführen läßt, habe ich nun einige wenige meiner Arbeiten aus diesem und dem vergangenen Jahrzehnt im vorliegenden Band zusammengestellt. Das erste Kapitel enthält in gedrängter Form eine Gesamtdarstellung der anthropologischen Grundlagen der Waldorfpädagogik. Die folgenden Kapitel behandeln zum einen anthropologische Sachverhalte, die für ein Verständnis der menschlichen Entwicklung im Kindes- und Jugendalter grundlegend sind, zum anderen einige zentrale Themen der Waldorfpädagogik. In dieser Anordnung gibt der Band wie von einigen Standorten aus Ausblicke auf das weite Gebiet der anthroposophischen Pädagogik; mit anderen Schwerpunkten und anderen methodischen Ansätzen hat vor einigen Jahren mein Kollege Stefan Leber dieses Gebiet in seinem Werk *Die Menschenkunde der Waldorfpädagogik* (Stuttgart 1993) dargestellt.

Ich habe selbstverständlich die Arbeiten, die nun die Kapitel dieses Buches bilden, sorgfältig durchgesehen, zum Teil stark überarbeitet und, so weit erforderlich, aktualisiert.

Juli 1999 *Ernst-Michael Kranich*

Anthropologie – das Fundament der Waldorfpädagogik

Welche Bedeutung hat Anthropologie in der anthroposophischen Pädagogik?

Anthropologie und Pädagogik sind unausweichlich miteinander verflochten. Jede pädagogische Konzeption, alles erzieherische Handeln enthält – ausgesprochen oder unausgesprochen – bestimmte Auffassungen über den Menschen. Bisweilen sind sie dem Pädagogen, selbst dem, der Erziehungs- oder Unterrichtskonzepte entwirft, nicht bewußt. Oder er legt seinem Tun oder System ein ihm selbstverständliches Menschenbild zugrunde. Pädagogik befindet sich dann im Zustand einer «ideologischen Befangenheit» (Loch). So hat Meinberg in einer ausführlichen Analyse gezeigt, daß in verschiedenen erziehungswissenschaftlichen Konzepten der Gegenwart der «Verstandesmensch», d.h. der um wesentliche Bereiche des Menschlichen amputierte «homo partialis», das «heimliche Leitbild» ist (Meinberg 1988). Es gibt nur einen Weg aus solcher Verengung und Befangenheit, nämlich den zu einer Anthropologie, die den Menschen möglichst umfassend erkennt.

Das ist Thema der von Scheler und Plessner am Ende der zwanziger Jahre begründeten Philosophischen Anthropologie. Sie bezieht sich auf den Menschen im allgemeinen und seine Stellung in der Welt. In einer Zeit, in der die «immer wachsende Vielzahl der Einzelwissenschaften, die sich mit dem Menschen beschäftigen ... das Wesen des Menschen» weit mehr verdecken, «als daß sie es erleuchten», geht es um «den Wesensbegriff des Menschen» (Scheler 1966,

S. 9, 11). Die Wendung zur Pädagogik vollzog Nohl wenig später. Damit war der Anthropologie eine neue Aufgabe gestellt. Sie sollte nicht nur das Wesen des Menschen bestimmen, sondern die Praxis, die des Erziehens, auf dieses Wesen hin durchleuchten und gestalten. Durch «die Weite des so gewonnenen Blicks» wird Erziehung «aus aller handwerklichen Enge» befreit (Bollnow 1969, S. 45). Überschaut man die verschiedenen Konzepte der Pädagogischen Anthropologie, dann drängt sich das Uneinheitliche auf; nicht nur in den Aussagen, sondern vor allem in der Fragestellung und der Methode. Die Pädagogische Anthropologie, so wurde bemerkt, hat es offensichtlich schwerer mit ihrem «Gegenstand» als die Philosophische Anthropologie. Der Weg in die Lebenspraxis ist es, der, neben anderem, Schwierigkeiten bereitet. Um diesen Weg geht es aber gerade.

Pädagogische Anthropologie lenkt unter dem Aspekt des Erziehens den Blick auf wesentliche Dimensionen des Menschlichen, z.B. auf das, «was Menschsein in seinem innersten Wesen ist und bedeutet» (Döpp-Vorwald 1976, S. 322). Hier findet sie das Ziel, zu dem hin Erziehung den heranwachsenden Menschen als zu sich selbst führen soll. So hat die Pädagogische Anthropologie einen Trend zum Normativen. Sie ist «eine normative Deutung des Menschen als Aufgabe seiner selbst» (Langeveld 1964, S. 5). Das führte denn auch zu der Frage, ob die Pädagogische Anthropologie Erziehung nicht auf ein bestimmtes Menschenbild festlege und einenge.

Das Kernproblem ist offensichtlich auch das kritische: Wie steht Anthropologie zur pädagogischen Praxis? In einem Überblick über die wichtigsten Richtungen der Pädagogischen Anthropologie liest man, daß «von pädagogischer Seite keinerlei Bereitschaft besteht, sich einer vorgegebenen Anthropologie ... als ausführendes Organ unterzuordnen» (Gerner 1986, S. 20). Ganz offensichtlich besteht eine Distanz zwischen Pädagogischer Anthropologie und pädagogischer Praxis. Die anthropologischen Begriffe gehen nicht über in die konkreten Belange des Unterrichtens und Erziehens. Sie bewegen sich im Felde des Theoretischen, von dem der Übergang zu dem der

Erziehungswirklichkeit kaum gelingt. So wurde einmal scharf formuliert: das Denken der Pädagogischen Anthropologie «weicht ... der Erziehungswirklichkeit aus» (Kupffer 1976, S. 342). Es befähigt den Lehrer nicht, Unterricht so zu gestalten, daß er in den Kindern die Entwicklung z.B. des Gemüts oder des Willens fördert; die erzieherische Situation bleibt weitgehend außerhalb seiner Begriffe. Die Erziehungswirklichkeit wird im Bereich verwalteter Schule von Bedingungen geprägt, die zu den Inhalten der Pädagogischen Anthropologie nur wenig Beziehung haben. Die gegenwärtigen Formen der Pädagogischen Anthropologie sind selbst ein Faktor, der die Kluft zwischen Theorie und Praxis stabilisiert.

Das alles meinen wir, wenn wir die Pädagogische Anthropologie theoretisch nennen. Man kann ihr eine praktische gegenüberstellen. Das wäre eine Anthropologie, die den Weg in die Praxis findet und den Lehrer in der Vielzahl konkreter erzieherischer Fragen nicht allein läßt. Sie müßte den Menschen vom Allgemeinen seines Wesens bis hin zu den konkreten Prozessen seiner Entwicklung im Kindes- und Jugendalter umfassend verständlich machen. Und sie hätte zu zeigen, welche Prozesse im heranwachsenden Menschen sich in den verschiedenen Bereichen des Lernens abspielen. Eine Anthropologie der Unterrichtsgebiete hätte neben eine Anthropologie der menschlichen Entwicklung zu treten. Was wir mit praktischer Anthropologie meinen, ist mehr als das, was Langeveld (1964, S. 5) unter ihr versteht.

Damit ist zunächst ganz im allgemeinen bezeichnet, was anthroposophische Pädagogik will. Es geht um die Lösung eines fundamentalen Lebensproblems, das für viele Gebiete gilt, aber in der Pädagogik besonders prekär ist, weil es die Entwicklung des Menschen betrifft. Als Steiner die Frage behandelte, «Warum eine anthroposophische Pädagogik?», ging er von diesem Lebensproblem, das mittlerweile weit bedrängender geworden ist, aus. Es ist die Kluft, die zwischen dem besteht, «was man sich theoretisch aneignet, was den eigentlichen Inhalt unseres Geisteslebens bildet, und dem, was die Lebenspraxis ausmacht» (Steiner 1979 b, S. 64). Verursacht ist diese Kluft durch die Begriffe, die, durch Abstraktion gebildet, sich vom Leben entfernen, statt in dieses einzudringen. Von einer Wissenschaft, die die Summe der Tatsachen für die Wirklichkeit nimmt, sagt Wittgenstein: «Wir fühlen, daß selbst, wenn alle *möglichen* wissenschaftlichen Fragen beantwortet sind, unsere Lebensprobleme noch gar nicht berührt sind» (Wittgenstein 1964, S. 114). Die Lebenswelt ist der Tatsachenwissenschaft entfallen. Die Intention anthroposophischer Pädagogik ist die Überwindung dieses Zwiespalts von Erkenntnis und Leben durch eine Anthropologie, die zu einem Verstehen des ganzen Menschen führt, das in der Praxis fruchtbar wird. Im Hinblick auf die Reformbemühungen vom Anfang des Jahrhunderts, die die intellektuelle Enge der Lernschule vom Ende des 19. Jahrhunderts durch eine Bildung des ganzen Menschen ersetzen wollte, sagte Steiner: «Wäre Menschenerkenntnis in diesen Reformplänen gewesen, Anthroposophie brauchte nichts zu sagen» (Steiner 1979 b, S. 75). Anthroposophische Pädagogik wäre nicht nötig geworden; denn das Ziel einer umfassenden Menschenbildung wäre durch eine praktische Anthropologie bis in die Einzelheiten verwirklicht worden.

Anthropologie muß den Menschen eingehender begreifen als die bisherigen Formen Pädagogischer Anthropologie, um lebenspraktisch zu werden. Das soll keine Abgrenzung, sondern eine Aufgabe formulieren. Es soll auch deutlich machen, daß es sich keineswegs um Regression auf der Stufe einer überholten Menschenbild-Anthropologie handeln kann, wie Kritiker der anthroposophischen Pädagogik behaupten.

Bevor wir mit den anthropologischen Erörterungen beginnen, wollen wir kurz skizzieren, wie sich aus der Idee einer praktischen Anthropologie Konsequenzen für das ganze Feld pädagogischer Praxis ergeben. Ein Lehrer, der sich die Fähigkeit erwirbt, die Gesetze und Bedingungen[1] menschlicher Entwicklung zu verstehen und dadurch lernt, die Entwicklung des heranwachsenden Menschen im

Hinblick auf dessen ganzes Wesen zu fördern, erwirbt sich durch Anthropologie erzieherische Kompetenz. Er kann die erzieherische Verantwortung, soweit sie in den Bereich schulischer Erziehung fällt, voll übernehmen. Bürokratische Verwaltung, die mit ihren Direktiven das pädagogische Handeln des Lehrers beeinflußt, wird dann nicht nur überflüssig, sondern widersinnig. Pädagogische Kompetenz kann nur in einer Schule fruchtbar werden, die sich von bürokratischem Reglement lossagt und selbst verwaltet. Dadurch wird die Lehrer- und Erzieherrolle von ihrer fatalen Ankettung an die Beamtenrolle befreit.

Lebenspraktisch wird Anthropologie aber immer nur im einzelnen Lehrer. Für ihn ist dann der Lehrplan keine Vorschrift, die er zu erfüllen hat. Denn der Lehrplan ergibt sich ihm aus den Bedingungen für die Entwicklung in einem bestimmten Lebensalter; sie bestimmen Auswahl und Behandlung der Unterrichtsstoffe. Bei einer anthropologischen Orientierung der Schule können die Lehrplan-Inhalte nicht einfach aus der Kulturtradition übernommen werden. Diese Inhalte sind z.T. durch den Reduktionismus gegenüber der Wirklichkeit geistleer. Damit fehlt ihnen jene Dimension, die nicht nur zu Kenntnissen führt, sondern auch menschliche Entwicklung anregt. Diese Dimension hat der Lehrer dem Stoff einzupflanzen, wenn Unterricht den Bedingungen menschlicher Entwicklung gerecht werden soll (siehe hierzu die beiden letzten Abschnitte dieses Kapitels). Außerdem sind aus dem Gesamtfeld der Inhalte jeweils diejenigen auszuwählen, die den spezifischen Entwicklungsdispositionen und -notwendigkeiten eines bestimmten Alters entsprechen. Auf diese Weise konkretisiert sich Anthropologie im Lehrplan. Das unterscheidet den Lehrplan vom üblichen Zustandekommen der Lehrpläne. Diese sind nach Weniger in nicht geringem Umfang das «Ergebnis gesellschaftlicher Kämpfe, bleiben auch nach ihrer Kodifizierung Gegenstand solcher Auseinandersetzung». Denn «der Lehrplan gibt an, was im Unterricht geschehen soll, und daher muß jeder gesellschaftliche Faktor, der … auf die Jugend wirken will, versuchen, Anerkennung und Stellung in den geltenden Lehrplänen zu gewinnen» (Blankertz 1972, S. 120). Durch Anthropologie soll das Kind in seinem Lernen und seiner Entwicklung aber nicht in Abhängigkeit von den einander oft widerstrebenden gesellschaftlichen Faktoren geraten, die wohl ihre Interessen, aber wenig von den Entwicklungsbedingungen des Menschen kennen.

Wenn man das pädagogisch Fatale dieser Situation nicht bemerkt und behauptet, daß Lehrpläne «immer ... aus dem geistigen Kampf sozialer und weltanschaulicher Gruppen hervorgehen» (Ullrich 1986, S. 131), können nur Mißverständnisse entstehen. Man kann dann aus der Tatsache, daß der Lehrplan der Waldorfschulen verschiedene Trends nicht mitvollzogen hat, ableiten, er sei weit hinter der Zeit zurückgeblieben. Die anthroposophische Pädagogik will gerade jene Einflüsse, die Schule zum Werkzeug partikulärer gesellschaftlicher Interessen machen, eliminieren. So schreibt Steiner: «Was ein Mensch in einem bestimmten Lebensalter wissen und können soll, das muß sich aus der Menschennatur ergeben ... Nicht der Staat oder das Wirtschaftsleben haben zu sagen: So brauchen wir den Menschen für ein bestimmtes Amt; also *prüft* uns die Menschen, die wir brauchen und sorgt zuerst dafür, daß sie wissen und können, was wir brauchen» (Steiner 1982, S. 38). Damit ist auf ein anderes Verhältnis von Schule und Gesellschaft hingewiesen als das heute gängige. Nicht die Gesellschaft, die heute besteht, soll bestimmen, was aus dem heranwachsenden Menschen wird, sondern es soll sich ungehindert entwickeln, was im Menschen veranlagt ist. «Dann wird es möglich sein, der sozialen Ordnung immer neue Kräfte aus der heranwachsenden Generation zuzuführen. Dann wird in dieser Ordnung immer das leben, was die in sie eintretenden Vollmenschen aus ihr machen; nicht aber wird aus der heranwachsenden Generation gemacht werden, was die bestehende soziale Ordnung aus ihr machen will» (Steiner 1982, S. 37).

Das bedeutet aber keineswegs Ignoranz gegenüber den Forderungen der Gesellschaft. Im Zusammenhang mit der Gründung der ersten Waldorfschule hat sich Steiner entschieden gegen die Lebensfremdheit gymnasialer Bildung gewandt und eine entsprechende Erweiterung der Unterrichtsinhalte gefordert (Steiner 1964, S. 98 f.). Anthropologie verhindert aber, daß Schule in den Sog geistiger Modeströmungen gerät (Programmierter Unterricht, Neue Mathematik, PC usw.) und ihre Modernität dadurch ausweist, daß Neues ohne zureichende Reflexion zum Unterrichtsinhalt gemacht wird. Anthropologie ist die Voraussetzung für pädagogische Verantwortung, die die Forderungen der Zeit ernst nimmt, immer aber die Frage aufwirft: Wie kann das Neue in Übereinstimmung mit den inneren Bedingungen der menschlichen Entwicklung Inhalt des Unterrichts werden. Es handelt sich keineswegs um eine «freie» Entwicklung ohne objektiv-inhaltliche u.a. Bestimmungen.

Anthropologie soll vor allem den Blick für die Kinder, für ihre besondere Wesensart und ihre Anlagen schärfen. Dadurch kann das einzelne Kind dem Lehrer zum Rätsel werden. Die Lösung des Rätsels ist nicht nur das Verstehen, sondern ein Handeln, das die Situation des Kindes aufgreift und das Kind in seiner Entwicklung fördert. Der Maßstab des pädagogischen Handelns liegt im werdenden Menschen, nicht in der Beziehung zu einer Norm. Was als Norm, d.h. als Ziel von Erziehung und Unterricht gelten kann, muß dann doch aus Anlagen des Menschen hervorgehen, d.h. sich als Fähigkeit aus diesen irgendwie entwickeln. Andernfalls wäre eine Norm etwas dem Menschen Fremdes, das ihm nur von außen aufgeprägt werden könnte. Die Norm reguliert die pädagogische Wirklichkeit gleichsam von oben, vom Ziel her. Praktische Anthropologie führt dagegen zu einer Pädagogik, für die der einzelne Mensch mit seinen je individuellen Anlagen und deren Entwicklung im Mittelpunkt steht. Was der Pädagogischen Anthropologie und der Erziehungswissenschaft die Norm ist, das ist der anthroposophischen Pädagogik das einzelne Kind und die Berücksichtigung jener Gesetze und Bedingungen, die es in seiner Entwicklung, und zwar möglichst im ganzen Umfang des Menschseins fördern. «Was der Erzieher tut, kann nur in geringem Maße davon abhängen, was in ihm durch allgemeine Normen einer abstrakten Pädagogik angeregt ist; es muß vielmehr in jedem Augenblicke seines Wirkens aus lebendiger Erkenntnis des werdenden Menschen heraus neu geboren sein» (Steiner 1982, S. 86 f.). So kompensiert die anthroposophische Pädagogik gleichsam das Defizit an Anthropologie, das der an Normen sich orientierenden Pädagogik anhaftet.

Es ist deshalb eine grobe Verzeichnung, wenn behauptet wird, anthroposophische Pädagogik sei im Konkreten normative Didaktik, die in einer «lückenlosen Deduktionskette» die «Ziele, Inhalte und Methoden schulischer Unterweisung» von ihren «anthropologischen Prämissen» ableite (Ullrich 1986, S. 121). Die folgende Darstellung soll zeigen, daß Anthropologie eine ganz andere Aufgabe hat, als Prämissen für einen Deduktionsprozeß zu liefern. Es ist allerdings viel schwieriger und offensichtlich auch schwer zu verstehen, daß sie nicht nur zu einem System von Aussagen über den Menschen im allgemeinen wird, die man in der Praxis anwendet, sondern zu einer Fähigkeit, die den einzelnen Menschen und in ihm die Bedingungen und Gesetze menschlicher Entwicklung sehen lernt und den Lehrer aus solcher Einsicht zum Erziehen und Unterrichten befähigt.

Allgemeine Anthropologie

Der Mensch – ein Wesen mit Leib, Seele und Geist

Eine der wichtigsten Fragen der Anthropologie ist die nach den Faktoren, die in ihrem Zusammenwirken den Menschen ausmachen. Denn die Anschauungen, die man sich über diese Faktoren bildet, bestimmen das ganze Denken über den Menschen. Unklarheit oder Irrtum an dieser Stelle führen zwangsläufig zu einer wirklichkeitsfremden Theorie, d.h. in das Unpraktische.

Ein so differenziertes Wesen wie den Menschen wird man nur begreifen, wenn es gelingt, seine wesentlichen Glieder klar ins Auge zu fassen, um durch das, was sich der analysierenden Betrachtung ergibt, Einblick in sein Wesensgefüge zu gewinnen. Die Aufgliederung, die die Wissenschaften vom Menschen in Anatomie, Physiologie, Psychologie, Soziologie usw. vornehmen, ist hier allerdings wenig hilfreich. Denn jede dieser Disziplinen ist durch ihre Methoden auf ihren Ausschnitt festgelegt. Es gibt wohl detaillierte Studien über die Leiberfahrung (Leib-Phänomenologie), die die innige Verflechtung von Leib und Seele aufweisen. So schreibt z.B. Merleau-Ponty: «... mein Leib steht nicht vor mir, sondern ich bin in meinem Leib, oder vielmehr ich bin mein Leib» (1966, S. 180). Neben dieser Einheit der Erfahrung untersucht die Physiologie den Leib als Gegenstand. Von ihren Befunden führt aber kaum ein Weg zu denen der Psychologie. Es fehlt innerhalb der verschiedenen Disziplinen ein methodischer Ansatz für die Erkenntnis des ganzen Menschen. Zumeist entsteht das Bild eines Konglomerates, von dem man wohl glaubt, aber nicht sieht, daß es sich immer um das gleiche Wesen handelt. Die Hoffnung, durch Integration der Spezialwissenschaften zu einer wirklichen Anthropologie zu kommen, ist wenig aussichtsreich. Wie muß man gliedern, ohne den Weg zur Synthese von vornherein zu verbauen?

Was es zu verstehen gilt, ist der Mensch, der wach und tätig im Leben steht, der Erfahrung sammelt, die Welt erlebt und über sie nachdenkt, der bestimmte Begabungen und Charaktereigenschaften hat, der vom Kind zur selbständigen Persönlichkeit wird usw. Dieser Mensch tritt uns als leibliches Wesen, d.h. als räumlich-materielle Gestalt entgegen. Sein Leib ist lebendiger Leib mit seinen verschiedenen Gliedern und Organen. Er ist bewegte Gestalt, durch die uns der Mensch als Person entgegentritt. Man nimmt unmittelbar wahr, daß man in der Physiognomie, im Spiel der Miene, in Blick und Stimme, in Haltung und Bewegung einem individuellen Wesen begegnet.

Wenn man den Menschen nur unter diesem Aspekt betrachtet, kommt man wie z.B. Binswanger (1962) zu der Auffassung, «daß wir anthropologisch keineswegs scheiden dürfen zwischen Leib und Seele als zwei Substanzen oder auch nur als zwei Attribute ein und derselben Substanz». Denn, wenn «Einer den Andern beim Ohr nimmt, beim Kragen oder bittflehend bei den Knieen, so meint er doch weder Ohr, noch Kragen, noch Knie … sondern Ihn». Leitet man hieraus aber ab, das Menschsein sei eine untrennbare Einheit, so bedeutet das Verengung auf eine Sichtweise. Es gibt nicht nur eine Phänomenologie im Raum menschlicher Begegnung, sondern auch in der inneren Wahrnehmung. Da erlebt man das unmittelbar (Freude usw.), was sich beim andern z.B. in der Miene äußert. So muß man zwischen eigenem unmittelbarem Erleben und dem Verstehen des andern unterscheiden. Man erlebt nur die eigenen Gefühle, nicht die des andern. Seine Auseinandersetzung mit Dilthey (a. a. O., S. 689 ff.) zeigt, daß sich Binswanger den Blick auf diesen Unterschied verstellt hat.

Buytendijk hat einmal gesagt, «für eine Erkenntnis der menschlichen Bewegung ist es … notwendig, die Identität des Sichtbaren und des Wirklichen aufzugeben» (Buytendijk 1958, S. 174). Das gilt auch für das Antlitz und die Haltung. Das Sichtbare ist der Leib, und zwar dadurch, daß er wie die anderen sichtbaren Dinge seine

Gestalt aus Stoffen der äußeren Natur aufbaut. Durch den Leib steht der Mensch mit dieser in Beziehung und nimmt sie durch die Sinne wahr. Was sich am Leib aber als Ausdruck manifestiert, hat seinen Ursprung nicht im Sichtbaren. Man kann den Leib mit allen nur denkbaren Methoden untersuchen und wird das Erlebnis der Freude nicht finden, das sich im Lächeln ausdrückt. Man muß die Beobachtung nicht mehr durch die Sinne nach außen richten, sondern nach «innen», d.h. auf eine im Raum nicht mehr auffindbare Wirklichkeit. Dieses Innere, die Seele, ist es, das sich den Tatsachen und Vorgängen der Umgebung empfindend und wahrnehmend zuwendet; das durch die Wahrnehmungen zu inneren Erlebnissen (Gefallen, Freude, Ärger usw.) angeregt wird und durch sie in innere Beziehung zur Welt kommt; das Begehrungen und Wünsche gegenüber bestimmten Dingen entwickelt und eigene Absichten durch den Willen ausführt. Diese Regungen und Tätigkeiten erlebt der Mensch als sein *eigenes Inneres*. Er weiß unmittelbar, daß sie (nur) seine eigenen sind (Privatheit und Intimität des Seelischen). Erleben und eigenes Sein sind eine Einheit. Dadurch hat das Seelische den Charakter des Innerlichen. Es löst sich nicht vom Innern los; es gehört eben nicht dem Bereich an, in dem man die Dinge von außen wahrnimmt wie den Leib. So leben die Regungen und Tätigkeiten der Seele in einem Bereich, an den keine Sinneswahrnehmung heranreicht. Niemand kann mit den Sinnen das seelische Erleben eines andern wahrnehmen. Das Medium der Seele ist die Zeit, nicht der Raum.

Aus solchen Beobachtungen ergibt sich, daß Leib und Seele zwei Bereiche des Menschen sind, die sich in ihren Eigenschaften grundlegend unterscheiden. Es gibt kein Übergehen von dem einen in den anderen; Seelisches wird nicht zu Leiblichem, Leibliches nicht zu Seelischem. Selbst dann, wenn ein Gefühl sich im Leib als Miene oder Geste manifestiert, verliert es nicht den Charakter seiner Innerlichkeit. Und die Reize, die aus der Umgebung durch die Sinne auf den Leib einwirken, sind nicht Ursachen für seelisches Erleben wie die Wärme für das Schmelzen des Eises. Sie sind nur Anlaß dafür, daß eine seelische Regung antwortet. So muß man im Menschen ein leibliches und ein seelisches Dasein als zwei eigenständige Bereiche unterscheiden. Eigenständig heißt aber nicht, daß Leib und Seele voneinander abgesondert, sondern von verschiedener Wesensart sind. Ihre Beziehung zueinander, ein wichtiges Kapitel der anthroposophischen Anthropologie, werden wir später behandeln.

Jenen Auffassungen, denen die sogenannten objektiven Tatsachen ausschließlich als das Wirkliche gelten, ist die Seele kein eigenständiger Wesensbereich. Besonders verbreitet ist die Theorie, nach der der Mensch bis in das Gebiet seiner persönlichen Wesensart sein Dasein dem Zusammenwirken von Vererbung und Umwelt verdankte. Was auf Vererbung zurückgeht, gilt als Folge materieller Strukturen und Prozesse. Deshalb sei der Mensch letzten Endes nur Leib. Die seelischen Phänomene seien auf leibliche Prozesse zurückzuführen. Wir wollen auf diese Theorie, weil sie in der Interpretation menschlicher Entwicklung eine große Rolle spielt, kurz eingehen. Wie steht es mit dem entscheidenden Punkt dieser Theorie, dem Zusammenwirken zwischen den Faktoren der Vererbung und der Umgebung?

Seit mehreren Jahren hat man durch Experimente an Säugetieren (jungen Katzen, Singer 1985, 1988) und Beobachtungen an schielenden Kindern (siehe Emrich 1986) genauere Einblicke in jene Prozesse, durch die Vererbung und Umwelt in Wechselwirkung treten. Das Gehirn des neugeborenen Tieres, auch das des Säuglings, hat zunächst einen hohen Grad an Plastizität und wird erst durch bestimmte Umstrukturierungen im visuellen Cortex zu einem für Gegenstandswahrnehmung geeigneten Organ. Es handelt sich hierbei aber nicht um eine genetisch vorgegebene Reifung, sondern nach den Beobachtungen von Singer (1985, S. 50) um «erfahrungsabhängige Entwicklungsprozesse», in denen «außergenetische Faktoren» eine entscheidende Rolle spielen. Die Experimente von Singer beweisen, daß die von der Umgebung ausgehenden visuellen Eindrücke nur dann im Gehirn zu den entsprechenden Veränderungen führen, wenn das junge Tier wach ist und sich ihnen aufmerksam zuwendet. Außerdem müssen die Eindrücke für das Verhalten des Tieres eine Bedeutung haben (Singer 1988). Aufmerksamkeit ist kein physiologischer, sondern ein psychologischer Sachverhalt. Das gilt auch für das Erfassen von Bedeutung. Man kann hieraus nur einen Schluß ziehen: Die Umwelt wirkt nicht direkt auf das Gehirn mit seinen durch Vererbung entstandenen Strukturen. Sie regt seelische Prozesse an (Aufmerksamkeit, Erfassen von Bedeutung); und diese sind entscheidend an den strukturellen Veränderungen in dem noch bildsamen Gehirn der jungen Tiere und Kinder beteiligt. Deshalb haben diese Entwicklungsprozesse «zumindest auf einer deskriptiven Ebene alle Eigenschaften eines Lernvorgangs» (Singer 1985, S. 50).

Diese Befunde verlangen eine Revision der weit verbreiteten Meinung, Entwicklung sei das Resultat des Zusammenwirkens der zwei Faktoren Vererbung und Umwelt. Singer spricht aufgrund seiner Beobachtungen von drei Faktoren. Was er als dritten Faktor bezeichnet – «den jeweiligen Zustand, in dem sich das Gehirn befindet, während es mit der Umwelt interagiert» (1985, S. 61) –, weist etwas unbestimmt auf die von außen angeregten seelischen Prozesse hin. Die Theorie, nach der «das sich entwickelnde Individuum … lediglich Objekt eines Geschehens» ist, selbst aber «keinerlei Einfluß auf die in ihm und mit ihm sich vollziehenden Vorgänge» (Nickel 1982, S. 74 f.) habe, widerspricht nicht nur der subjektiven Erfahrung, sondern auch den Ergebnissen einer objektiven Untersuchung. Sie begreift nicht die Wirklichkeit des Menschen.

Der Mensch geht aber noch nicht in dem auf, was er durch seinen Leib und seine Seele ist. Wenn der Mensch durch sein Denken den gesetzmäßigen Zusammenhang bestimmter Erscheinungen erfaßt, wird ihm etwas bewußt, was der Welt angehört. Durch seinen Leib (die Sinne) lernt er die Welt in ihrer Erscheinung kennen. Diese ist aus sich selbst nicht verständlich, weil sie ihren Zusammenhang nicht ausspricht. Dieser Anteil der Welt, der den Sinnen, d.h. der Betrachtung durch den Leib, verborgen ist, wird dem Menschen im

Denken bewußt. Denn das Denken umfaßt mehr als den Verstand, der die Welt der Erscheinungen durch seine (definierten, starren) Begriffe zergliedert und glaubt, aus dem Teil die Welt rekonstruieren zu können. Durch das Denken kann der Mensch seine Begriffe erweitern, so daß sich in ihnen die innere Gesetzmäßigkeit oder das Wesen der Dinge immer vollkommener ausspricht. Das Denken kann auch die starren Vorstellungen und Begriffe beweglich machen, ineinander übergehen lassen und als «gestaltendes Denken» (Steiner) in Zusammenhänge eindringen, die dem Verstand verschlossen sind. Was als Erkenntnis im Denken aufleuchtet, gehört einem Bereich an, der über den Leib und die Seele als das eigene Innere hinausreicht. Das ist das objektive Gebiet des Geistes. Die Wirklichkeit der Welt geht nicht in ihrer Erscheinung auf. Erscheinung ist das, was dem Menschen von den Dingen durch seinen Leib bewußt wird. Da ist der geistige Anteil der Wirklichkeit dem Menschen noch verborgen. Diesen erfaßt er erst im Denken. Noch nicht die Gedanken als solche sind das Geistige. Mit ihnen kann der Mensch im Bereich subjektiver Meinung verstrickt sein. Erst wenn in den Gedanken der zunächst verborgene Weltzusammenhang in der Erkenntnis bewußt wird, erhebt sich der Mensch in das Gebiet der Wahrheit. Denn es gibt nicht nur die umfassende Wahrheit, jenes letzte Ziel menschlichen Strebens. Jede echte Erkenntnis, jede Wahrheit, die der Mensch erringt, ist ein Schritt auf dem Weg zu diesem fernen Ziel. Soweit der Mensch sich mit der Wahrheit verbindet, ist er nicht bloß Seele, sondern auch Geist. Jene Auffassungen, die am Menschen nur Leib und Seele sehen, verkennen die Bedeutung des Denkens, durch das der Mensch zur Erkenntnis der Welt, der seines eigenen Wesens und seiner Stellung in der Welt kommen kann. Als Seele erfaßt der Mensch die Dinge nur von seinem subjektiven Standpunkt aus, nicht aber in ihrer eigenen Gesetzmäßigkeit.

Der Mensch ist aber nicht nur im Erkennen ein geistiges Wesen. Er kann sich auch im Handeln in die Sphäre des Geistigen erheben.

Zunächst ist Handeln Betätigung durch den Leib; es ist absichtsvolles Wirken in der Welt. Was wird aber im Handeln verwirklicht? Der Mensch ist nicht auf den engen Kreis seiner Wünsche, seiner Interessen und persönlichen Absichten begrenzt. Er kann erfassen, was andere Menschen, was die soziale Gemeinschaft und was die Natur für ihr Dasein und ihre Entwicklung benötigen. Das Erleben von Unvollkommenheit und Not führt ihn im Denken und in der Phantasie zu Anschauungen eines vollkommeneren und besseren Daseins. Der Mensch geht vom Gewordenen über zum Werden und dem Impuls, an diesem Werden mitzuwirken. Das kann sich auf Situationen des Alltags wie auf weit in die Zukunft reichende Ziele beziehen. Soweit der Mensch solche Notwendigkeit zum Inhalt seines Handelns macht, stellt er sich schöpferisch in den Lebens- und Weltzusammenhang hinein; er wirkt an dessen Werden und Fortschritt mit. Die Notwendigkeiten des Lebens und der Welt werden zum Inhalt seines Interesses; der Mensch wird selbstlos, d.h. moralisch gestimmt. Und soweit er aus einer solchen moralischen Orientierung in das Dasein eingreift, ist sein Handeln nicht mehr nur zweckmäßig; es ist geistig bestimmt, d.h. Sinn-voll. Der Mensch antwortet im Handeln nicht nur aus seinem subjektiven Erleben auf die Umgebung, er ergreift Verantwortung für die Mitmenschen und die Welt.

Ein drittes Gebiet, in dem der Mensch nicht nur körperlich und seelisch aktiv ist, sondern zugleich auch geistig, ist das künstlerische Schaffen. Im Erüben einer künstlerischen Fähigkeit lernt der Mensch den Stoff – Farben, Töne, Stein, Sprache, Bewegung usw. – so zu gestalten, daß in ihm etwas Wesenhaftes, Geistiges zur Offenbarung kommt. «Kunst gibt nicht das Sichtbare wieder, Kunst macht sichtbar» (Klee), nämlich das, was ohne die Kunst im Verborgenen bliebe. Bevor es aber dem Stoff eingeprägt wird, muß es innerlich erlebt werden. Deshalb ist künstlerisches Üben immer mit einer Erweiterung und Vertiefung des Erlebens verbunden – selbstverständlich auch mit Verfeinerung des technischen Könnens. Die

Quelle der Kunst liegt aber in der Phantasie, die Geistiges ergreift und aus dem Unsichtbaren in die Welt des Sichtbaren hineinträgt. – Deshalb führt das Kunstwerk den Menschen im ästhetischen Betrachten zu einem Erleben, in dem sich seine Seele zum Erahnen des Geistigen weitet.

In jedem Menschen sind Leib, Seele und Geist in jeweils individueller Ausprägung miteinander verbunden. Will man den Menschen im Sinne der anthroposophischen Anthropologie verstehen, dann muß man ihn unter drei Gesichtspunkten, denen des Leibes, der Seele und des Geistes, betrachten. Das verlangt drei verschiedene Erkenntnismethoden. Durch sie erst ergeben sich jene Einsichten, die die Anthropologie der anthroposophischen Pädagogik ausmachen.

Die menschliche Seele als Organismus

Das Bisherige ist der erste Schritt auf dem Weg zur anthroposophischen Anthropologie (siehe Steiner 1978 b, Kapitel «Das Wesen des Menschen»). Er steckt das Fundament ab und gibt die Gewähr, daß das Gebäude nicht von vornherein durch reduktionistische Tendenzen zu eng vermessen ist. Nun ist der Mensch als «Bürger dreier Welten» (Steiner) in den drei Bereichen seines Wesens genauer zu betrachten.

Für die Aufgabe des Erziehens ist ein Verständnis der menschlichen Seele von besonderer Bedeutung. Aus dem Bisherigen ergibt sich, welches die angemessene Methode ist, um die menschliche Seele als das eigene Innere zu erforschen. Es ist die innere, seelische Beobachtung. In der Psychologie wird heute nach dem Vorbild der Naturwissenschaft vielfach experimentell geforscht. Auf diesem Wege erfaßt man aber nicht die Seele selbst, sondern ihre Äußerungen durch den Leib. Und bekanntlich kommt die experimentell arbeitende Psychologie für die Deutung ihrer Resultate nicht ohne Anleihen bei der inneren Beobachtung aus.

Deshalb werden wir das erste Problem, das der Klassifikation der seelischen Phänomene, nicht auf dem Wege über die Faktorenanalyse – ausgehend von der Verhaltensbeobachtung –, sondern auf dem Wege der inneren Beobachtung behandeln. Es geht hierbei nicht um Beschreibung der zahlreichen Seeleneigenschaften, sondern um die Grundkräfte der Seele, um die «Wurzeleigenschaften» (Pongratz 1967), die «grundlegenden Dispositionen» (W. Stern). Wie es zahlreiche Farben gibt, viele von ihnen aber als Mischfarben auf wenige Grundfarben zurückzuführen sind, so ergeben sich auch viele Seeleneigenschaften aus dem Zusammenwirken weniger Grundkräfte. Zunächst haben wir also die Grundeigenschaften mit ihren spezifischen Qualitäten klarzulegen. Dann ist zu zeigen, wie aus diesen Grundeigenschaften die Vielzahl der Seelenregungen verständlich wird.

Damit keine Mißverständnisse entstehen, sei betont, daß das Folgende nicht eine Theorie über die Seele ist, sondern Beschreibung von inneren Beobachtungen. Diese Beschreibungen sind Hinweise auf Beobachtungen; man kann sie prüfend nachvollziehen. Es gibt gegenüber den Phänomenen des Seelischen ebenso die Möglichkeit des intersubjektiven Erfahrungsaustausches wie bei denen der äußeren Erfahrung.

Ein erstes Gebiet des Seelischen im Sinne der Grundkräfte ist das der Vorstellungen. Es liegt dort, wo die Seele durch die Sinne zur Außenwelt in Beziehung tritt. In den Vorstellungen gewinnt der Mensch Bilder dieser Außenwelt. Vorstellungen sind aber nicht ein Abdruck, den die Dinge in der Seele bewirken. Spätestens seit der Gestaltpsychologie weiß man, daß sie das Resultat seelischer Tätigkeit sind. Man bildet die Vorstellung des Baumes, des Hauses, indem man bestimmte Farb- und Formkomplexe zur Gestalt des Stammes und der Krone oder der der Wände, des Daches usw. zusammenfaßt. In jeder Wahrnehmung, die die Gestalt und Bedeutung der Gegenstände erfaßt, wird eine Vorstellung bzw. ein ganzer Vorstellungskomplex gebildet. So ist die Vorstellung immer schon das Resultat einer Seelentätigkeit, die von den Sinneseindrücken angeregt wird. Die Vorstellungen sind Bilder, die der Einzelne von den Erscheinungen gewonnen hat. Sie haben nicht die allgemeine Gesetzmäßigkeit bzw. das Wesen der Dinge zum Inhalt. Deshalb gehören sie in das Gebiet des Seelischen, nicht in das des Geistes.

Wenn das Kind in den ersten Lebensmonaten die Gegenstände seiner Umgebung wahrnehmen lernt, dann beruht das auf der vorstellenden Seelentätigkeit. Beim Kind geht die vorstellende Tätigkeit in den Wahrnehmungen auf. Erst später kommt das Kind zu freien Vorstellungsbildern. Hätte das kleine Kind nicht schon die Fähigkeit zu dieser Tätigkeit in seiner Seele, so könnte es nie zur Gegenstandswahrnehmung kommen.

Die bildhafte Repräsentanz der äußeren Welt in den Vorstellungen bedingt einen weitgehend sachlich-unpersönlichen Charakter.[2] Nur durch ihn können die Vorstellungen ein getreues Bild der Welt vermitteln. Hieraus ergibt sich ein erzieherisches Problem. Unterricht, der ausschließlich oder vorwiegend zum Wissen führt, unterdrückt durch das unpersönliche Element des Vorstellungslebens die anderen Bereiche des Seelenlebens.

Der Innenbereich der Seele beginnt erst mit den Gefühlen. Auch in den Gefühlen wendet sich die Seele zur Welt; man freut sich über eine Pflanze, man liebt einen Menschen, man ärgert sich über ein Mißgeschick. In diesen Beziehungen lebt die Seele selbst. Die Gefühle sind nicht Bild äußerer Dinge, sondern inneres Leben im Wechsel von sympathisch und antipathisch getöntem Erleben. Auf seine Vorstellungen schaut der Mensch hin; er hat von ihnen ein deutliches Bewußtsein. Mit dem wogenden Leben der Gefühle und Affekte ist er verflochten. Deshalb kommt man auch gegenüber den Gefühlen viel schwerer zu klaren Anschauungen.

Die Gefühle entstehen als Antworten auf Wahrnehmungen, Vorstellungen, Gedanken usw. Sie sind reaktiv. Im Willen ist die Seele ganz aus sich selbst tätig. Deshalb ist der Wille ein drittes Element der Seele. Um verständlich zu machen, was die anthroposophische

Anthropologie mit Wille meint, sind einige Abgrenzungen nötig. Nach Wellek (1950, S. 180) ist die «Absicht das Willensphänomen katexochen». Es liege in dem Wollen, das sich zur Absicht verdichtet. Zum Willen gehört hier der Gedanke, der in jeder Absicht enthalten ist. In dem, was Wellek als Wille bezeichnet, wirken bereits verschiedene Elemente zusammen – ein Aktives und der Gedanke. Ähnlich ist es bei Lersch. Wille ist bei ihm die «Instanz, die entscheidet, ob und in welcher Richtung eine Bewegung, ein Tun, ein Verhalten an ihm (dem Menschen) und durch ihn geschehen soll» (Lersch 1970, S. 484). Diese Richtung ist wiederum eine gedankliche Bestimmung.

Das reine Seelenphänomen des Willens zeigt sich erst, wenn man von der gedanklichen Bestimmung absieht und das Aktive selbst ins Auge faßt. Dann findet man den Willen z.B. in der inneren Kraft beim Durchführen von Bewegung und Arbeit, im Überwinden der Schwere des eigenen Leibes im Stehen und Gehen, als die innere Aktivität in Aufmerksamkeit und Konzentration. Der Wille ist immer eine Aktivität, die man in jedem Augenblick seines Wirkens neu impulsiert. Er ist Seelentätigkeit, die unentwegt neu entsteht, weil sie unentwegt neu erzeugt wird. Und man erlebt mit aller Evidenz, daß man es selbst ist, der dieses immer erneute Entstehen bewirkt. Insofern ist der Wille auf nichts anderes zurückführbar. Er bildet sich nicht wie die Vorstellung und das Gefühl in der Beziehung zur Welt. Er wirkt wohl in der Auseinandersetzung mit Widerstand. Dieser bestimmt den Willen aber nicht inhaltlich wie die Dinge die Vorstellungen und Gefühle. Die Grundqualität ist eine schöpferische, denn der Wille erzeugt sein Wirken fortlaufend selbst.

Der Ausblick auf die Natur des Willens ist heute durch die physiologische Interpretation der Bewegung weitgehend verstellt. Nach dieser wird die Bewegung durch Nervenaktionsströme der efferenten Nerven in der Muskulatur ausgelöst. Verursacht man aber durch elektrische Reizung der entsprechenden Regionen des Großhirns z.B. die Bewegung einer Hand, so fehlt dieser Bewegung das, was die

Willenstätigkeit kennzeichnet, nämlich das Erlebnis, die Bewegung selbst zu bewirken (Penfield 1975, S. 76). Die Willenstätigkeit ist ein anderer Tatbestand als die physiologische Deutung und ist nicht auf diese reduzierbar (Genaueres bei Kranich 1990).

So sind Vorstellung und Wille durch ihre gegensätzlichen Eigenschaften gleichsam die zwei Pole der Seele. Durch die Vorstellungen trägt die Seele Bilder der äußeren Welt in sich und ist ganz zu ihr hingewendet. Denn der Mensch weiß, daß seine Vorstellungen immer etwas Objektives meinen. Durch seine Vorstellungen gewinnt der Mensch Kenntnis der Welt. Der Wille ist dagegen das innerste Selbstsein der Seele. Und in den Gefühlen tritt der Mensch als individuelle Seele erlebend zur Welt in eine vielfältige Beziehung. Erst durch die Gefühle wird die Welt für ihn persönlich bedeutungsvoll. – Vorstellung, Gefühl und Wille sind die drei Grundkräfte der Seele.

Das innere Leben der Seele lernt man dann richtig kennen, wenn man verfolgt, wie «in der lebendigen Seele eine Tätigkeit immer in die andere übergeht» (Steiner 1973 a, S. 78). Psychologie wird erst, wie wir sehen werden, lebenspraktisch, wenn man das wechselseitige Zusammenwirken der drei Seelentätigkeiten und damit den Bereich kennenlernt, in dem sich seelische Entwicklung vollzieht. Wir können dieses große Gebiet nur in groben Zügen skizzieren, indem wir weiterhin beschreiben, was sich der inneren Wahrnehmung ergibt.

Wenn der Wille in die Vorstellungstätigkeit hineinwirkt, kommt der Mensch zu genauem und wachem Betrachten, zum aufmerksamen Wahrnehmen. Im Bereich der freien Vorstellungsbilder führt er zum willkürlich vollzogenen Erinnern, zur Konzentration auf frei gewählte Inhalte. Der Mensch gewinnt die Herrschaft über den Ablauf des Vorstellungslebens. Das ist Voraussetzung für das Denken, das aus dem Überblick über die Sachverhalte zum richtigen Urteil gelangt. Durch den Willen kommt es im Vorstellungsleben zu einer Entwicklung von der ungeregelten, assoziativen Folge der Bilder bis zu ihrer willkürlich gelenkten Abfolge.

Umgekehrt führen Vorstellungen im Willen zur bewußt gelenkten

Bewegung. Als Handlungsziele sind sie Voraussetzung für eine zweckmäßige oder sinnvolle Abfolge von Bewegungen.[3] Der Mensch wird zu einem Wesen, das seine Tätigkeiten bewußt ausführt. Indem er im Entschluß die Vorstellung bewußt zum Inhalt seiner Handlungen macht, kann er sich über die Abhängigkeit seines Tuns von der Herrschaft der Triebe und Begierden erheben.

Besondere Bedeutung hat das wechselseitige Zusammenwirken von Gefühl und Vorstellungsleben, besonders dessen Ausweitung zum Erkennen. Im Empfinden von Lust, Unlust, Wohlbehagen und Mißbehagen ist das Gefühl auf den engsten Bereich des eigenen Daseins begrenzt. Tritt es im Wahrnehmen durch die Vorstellungstätigkeit zu den Dingen der Umgebung, weitet es sich zum Gefallen, zur Zu- und Abneigung. Gelangt der Mensch durch den Überblick zu einem Verstehen, dann kommt er im Fühlen zur Achtung und Verachtung, zum Mitgefühl, zur Dankbarkeit, zum Gefühl der Hoffnung, der Enttäuschung, zu Liebe, Begeisterung usw. Man achtet einen Menschen z.B., wenn man begreift, was er im Leben leistet; Dankbarkeit entsteht, wenn man im Gedanken erfaßt, was man von anderen an Hilfe oder Förderung erfahren hat, und dieser Gedanke das Fühlen durchdringt. Das Vorstellungsleben und Erkennen lassen den Menschen im Fühlen nicht nur die Erscheinung, sondern etwas von den tieferen Bereichen des Lebens und der Welt miterleben. Erweiterung und Vertiefung des Gefühls ist weitgehend daran gebunden, daß das Fühlen von Vorstellen und Verstehen durchdrungen wird. Das hat Steiner verschiedentlich dargestellt (zuerst 1894, Steiner 1978a, S. 108 ff.). Auch Dilthey hat geschildert, daß das Erleben im Verstehen aus der Enge der Subjektivität «in die Region des Ganzen und Allgemeinen» geführt wird (zitiert nach Pongratz 1967, S. 264). Aus dieser Gesetzmäßigkeit ergeben sich Richtlinien für die Erziehung bzw. Entwicklung des Gemüts (s. S. 61).

Die Bedeutung des Fühlens für das Vorstellen und Erkennen ist vielschichtig. Durch ein entwickeltes Gefühl kann der Mensch etwas von der Bedeutung und Tiefe der Dinge erleben, bevor er sie begreift. Dieses Fühlen wird zum Impuls, mit dem Vorstellen und Begreifen nicht an der Oberfläche stehen zu bleiben. Ohne tiefere Gefühle bleibt das Verstehen oft dem Trivialen verhaftet; es fehlt der Bezug zu den verborgenen Bereichen des Daseins. Deshalb ist alles Bemühen um die Ausbildung von Erkenntnisfähigkeit Stückwerk, wenn nicht zugleich auch die Erlebnisfähigkeit vertieft wird.

Im Erkennen selbst geht es vor allem um Urteilsprozesse. Urteile bleiben aber unverbindlich, wenn sich nicht mit der Einsicht das Gefühl von ihrer Wahrheit verbindet. Ohne dieses Gefühl wird keine Einsicht zur Überzeugung (Steiner 1973 a, S. 83 f.). Aus klaren und sicheren Überzeugungen entsteht für die Seele der sichere Boden für ihr oft schwankendes Leben.

Besonders eng sind die Beziehungen zwischen dem Willen und dem reich differenzierten Bereich der Gefühle. Gefühl und Wille, das wurde in der Psychologie verschiedentlich bemerkt, stehen sich als die persönlichen Betätigungen der Seele ohnehin nahe. Die Gefühle sind die Triebfedern für den Willen. Man handelt aus Ehrgeiz, aus Angst, aus Freude, Mitleid usw. Von dem Gefühl, das dem Willen eine besondere Färbung gibt, wird der ethische Charakter der Handlung bestimmt. Soziale Erziehung wurzelt weit mehr in dem, was ein Mensch gegenüber seiner Umgebung fühlt, als in seinem Wissen. Deshalb ist Erziehung zu Verantwortung, zu moralischem Handeln gebunden an die Ausbildung eines Fühlens, das sich im Miterleben mit dem Schicksal und den Nöten der Mitmenschen, anderer Völker und der Natur verbindet (s. S. 61). Wissen, das an der Oberfläche bleibt, greift zu kurz.

Der Wille verbindet sich in verschiedener Weise mit dem Fühlen. Er kann das Fühlen zur Hingabe steigern. Wenn das Erleben zur Hingabe an die Natur und an die Kunst wird, dann wird das Gefühl reicher. Es kann mehr an den Dingen erleben als bisher. Während das Fühlen in der Sensation schwach wird und immer stärkere Stimulation von außen braucht, wachsen seine Kräfte in der Hingabe. Man findet bei genauerer Beobachtung noch einen anderen Zusammenhang des Willens mit dem Fühlen, daß nämlich die innere Kraft des Fühlens in weitem Umfang willensartig ist. Man freut sich über die Leistung eines Kindes, weil sie erstrebenswert erscheint. Man hofft auf eine Begegnung, weil man sie sich wünscht. Und die Liebe zu einem Menschen ist von dem Drang erfüllt, ihm helfende Kräfte zukommen zu lassen. Das Streben, der Wunsch und der Drang zur Tätigkeit sind willenshafte Kräfte, die das Fühlen durchpulsen. Mit dem Wunsch erlischt auch die Hoffnung; mit dem Wert, den man in einer Leistung sieht, die Freude. So hängt die innere Kraft im Fühlen eines Menschen von dem ab, was er will und erstrebt. Wenn durch Erziehung im Kind Umfang und Intensität seines Wollens und Strebens wachsen, dann entwickelt sich auch die innere Kraft seines Fühlens.

So wirkt besonders in den tieferen Gefühlen von der einen Seite das Verstehen erweiternd, von der anderen Seite impulsierend das Wollen (Steiner 1973 a, S. 83 f.). Auch die neuere Emotionspsychologie führt die Gefühle auf zwei verschiedene Quellen zurück, z.B. auf eine viszerale Impulsierung und die Kognition, die die diffusen viszeralen Impulse spezialisiert und «der Emotion eine bestimmte Qualität» gibt (Mandler 1979, S. 136). Was als viszerale Impulsierung ausgegeben wird, erweist sich bei genauem Zusehen wohl aber weitgehend als viszerale, psychosomatische Begleiterscheinung der Gefühle. Der innere Impuls, die Kraft im Fühlen haben ihre Quelle in den verschiedenen Qualitäten des Wollens, nicht in physiologischen Prozessen. Es wird auch auf die Bedeutung von Einsichten und Sichtweisen für die Bildung von Gefühlen hingewiesen (Montada 1989).

Die menschliche Seele ist mehr als die Summe ihrer drei Grundkräfte. Sie ist ein lebendiger Organismus. In einem Organismus herrscht immer lebendige Wechselwirkung zwischen den verschiedenen Organen: Die Lebensprozesse des einen Organs ermöglichen das Leben des andern; und von diesem geht zugleich eine belebende Wirkung in jenes Organ über. Dadurch ist der Organismus aus sich selbst eine Ganzheit. Ähnlich ist es bei der menschlichen Seele. Sie ist nach zwei Seiten hin offen: nach der Seite des Leibes – denn durch die Sinne gewinnt sie neue Erfahrungen –, aber auch zur Seite des Geistes. Was z.B. als Einsicht in andere Wesen das Gefühl erweitert, stammt aus der Erkenntnis, d.h. aus dem Bereich des Geistes.

Es besteht aber ein grundsätzlicher Unterschied gegenüber dem biologischen Organismus. Bei diesem ist die Wechselwirkung der Organe in der Art weitgehend festgelegt. Dagegen kann der Mensch in seiner Seele die Wechselwirkung steigern. Dann entwickeln sich – das haben wir an verschiedenen Beispielen gesehen – die Seelenkräfte. Diese Steigerung bzw. Entwicklung ist kein Naturvorgang. Sie wird im inneren Lebensgefüge der Seele durch eine reine innere Aktivität impulsiert. Die Instanz, die hier wirkt, ist jene Kraft, die nicht in dem bereits Erreichten aufgeht, sondern in sich den Impuls hat, das Menschsein dadurch zu verwirklichen, daß man über das Erreichte hinausstrebt. Dieses innerlich tätige Prinzip der Seelenentwicklung ist das Ich. Die menschliche Seele ist deshalb ohne das Ich nicht zu verstehen. Der Mensch erlebt das Ich als Zentrum seines Wesens – und zwar dadurch, daß er im Ich ganz aus sich selbst tätig ist. So steht das Ich innerhalb der Seele dem Willen am nächsten. Es hat willenshaften Charakter (Steiner), der allerdings von Selbstgewißheit erhellt ist. Wenn der Mensch als Ich tätig ist, gibt er sich nicht nur an das Tun hin; er weiß sich zugleich als den in jedem Moment wirkenden Akteur.

Entwickelt sich die Seele, indem eine ihrer Grundkräfte die anderen stärker als bisher durchdringt, so ist es das Ich, das dieses Geschehen impulsiert. Entsteht im Vorstellungsleben durch den Willen die Fähigkeit der Aufmerksamkeit oder im Willen durch den Gedanken die Fähigkeit der bewußt geführten Handlung, wird das Ich in der Seele tätig. Ebenso durchwirkt das Ich die Seele stärker, wenn das Fühlen zur Kraft der Hingabe wird oder sich durch das Verstehen vertieft. – Der Organismus der Seele trägt in sich die Anlagen ihrer Entwicklung. In ihm entfaltet das Ich seine Wirksamkeit, indem neue Seeleneigenschaften entstehen. Seelenentwicklung ist ein schöpferischer Prozeß, in dem das Ich das Leben der Seele zunehmend durchdringt. – Eine der wichtigsten und bedeutendsten Aufgaben von Erziehung und Unterricht ist es, diesen Prozeß anzuregen.

Nun behauptet Ullrich, der Waldorfpädagogik liege das längst überholte Konzept der Vermögenspsychologie zugrunde (Ullrich 1986, S. 120), nach dem sich die menschliche Seele aus einer Summe einzelner Grundkräfte zusammensetze; Waldorfpädagogik ruhe also auf morschem Fundament. Ullrich hat wohl gelesen, daß Steiner von Vorstellen, Fühlen und Wollen als den drei Grundkräften der menschlichen Seele spricht. Er hat aber offensichtlich nicht zur Kenntnis genommen, daß gerade Steiner darauf hinweist, diese Grundkräfte seien nicht voneinander getrennte Vermögen, sondern das konkrete Seelenleben bestehe in dem vielfältigen Zusammenwirken derselben. Die Kritik Ullrichs basiert also auf einem Mangel an Sachkenntnis.

Nicht besser steht es mit dem Versuch, Waldorfpädagogik als verkappte Neuauflage Herbartscher Pädagogik zu interpretieren (Prange 1985, S. 73 ff.). Die Pädagogik Herbarts ist die Konsequenz von dessen Psychologie, die das Gefühl und den Willen auf bestimmte Bewegungen im Bereich der Vorstellungen zurückführt. Sie hat eine einseitige intellektualistische Tendenz. Diese Einseitigkeit steht in deutlichem Kontrast zu den Grundlagen der anthroposophischen Pädagogik. Durch die anthroposophische Pädagogik wurde in dezidiert formulierter Gegenposition zu Herbart eine Erziehung begründet, die gerade über das Unzureichende des Herbartianismus hinausführt.

Die Herkunft der menschlichen Seele – die Präexistenz

Es hat sich gezeigt, daß die menschliche Seele ein Organismus ist, in dem sich Seeleneigenschaften entwickeln können. So erweitern sich Gefühle, wenn sie stärker vom Verstehen durchdrungen werden. Gegenüber dem Gefühl des Behagens sind die Freude über die Leistung eines Menschen und die Dankbarkeit entwickeltere Gefühle. Im gleichen Sinne ist ein klares, konsequentes willensdurchdrungenes Vorstellungsleben höher entwickelt als ein assoziativ verlaufendes. Und eine Auffassung, die aus dem Bemühen um sachgerechtes Urteil entspringt, steht höher als die Meinung aufgrund eines beliebigen Einfalls.

Man lernt vieles im Bereich des Seelischen (und Geistigen) erst verstehen, wenn man es unter dem Aspekt der Entwicklung betrachtet. Man wird Seeleneigenschaften, die man als höher entwickelte begreift, auf einfachere zurückführen, aus denen sie hervorgegangen sind. Qualitative Unterschiede im Seelischen sind vielfach in der Psychologie beschrieben worden, z.B. in den Schichtenlehren von Rothacker, Lersch und Wellek oder in der Einteilung der Gefühle in leibliche, vitale, seelische und geistige durch Scheler. Die anthroposophische Anthropologie geht über diese letztlich statische Betrachtung hinaus, indem sie den Entwicklungsgedanken auch auf die menschliche Seele anwendet. Das führt allerdings zu Konsequenzen, die über den Rahmen der üblichen anthropologischen Betrachtung hinausgehen. Wir wollen das in knappen Zügen skizzieren.

Alles, was im Organismus der menschlichen Seele sich aus dem Ineinanderwirken der verschiedenen Seelenkräfte ergibt, hat seinen Grund im Lebensganzen dieses Organismus. Es wäre nicht nur überflüssig, sondern auch falsch, diesen Organismus und das, was sich in ihm entwickelt, aus anderen, z.B. physiologischen Prozessen ableiten zu wollen; denn das, was seine Begründung in sich selbst hat, braucht von nichts anderem hergeleitet zu werden. Damit ist nicht gesagt, daß Seelisches sich ohne Begegnung mit Menschen und der Welt verwandle oder entwickle; wohl aber, daß sich Verwandlung und Entwicklung in ihm selbst vollziehen. Man kann nur fragen, wie es mit diesen Prozessen verbunden ist. Welche Konsequenzen ergeben sich also aus der Tatsache, daß die menschliche Seele ein Organismus, ein in sich begründetes Lebensganzes ist, und daraus, daß das entwickeltere Seelische aus einem weniger entwikkelten abzuleiten ist?

Zu den gewichtigen Faktoren des menschlichen Lebens gehören die Begabungen. Begabung wird als Lernfähigkeit beschrieben. Eine Begabung macht sich in einer überdurchschnittlichen Lernfähigkeit bemerkbar. Nun kann der Mensch durch Übung seine Lernfähigkeit steigern. Er bemüht sich, durch seinen Willen eine Geschicklichkeit, bestimmte Anlagen des Erlebens oder solche des Begreifens weiter auszubilden. Eine erworbene Begabung ist dann das Resultat übenden Bemühens, d.h. eine individuell errungene Fähigkeit. Sie ist die Frucht individueller Entwicklung. Nun gibt es aber auch angeborene, z.B. mathematische oder musikalische Begabung. Ein mathematisch begabtes Kind besitzt eine Fähigkeit, die ein anderer Mensch in gewissem Umfang dadurch erringen kann, daß er durch längeres Bemühen sein zunächst geringeres Verständnis für mathematische Gesetze und sein Vermögen, mathematische Operationen auszuführen, steigert. Begabung ist immer Ausdruck eines fortgeschrittenen Entwicklungszustandes. Wie wird angeborene Begabung erklärt? Sie wird auf Vererbung zurückgeführt, sie gilt als Resultat von Erbfaktoren. «Die Lernfähigkeit wird also von zwei Faktorengruppen bestimmt: von Lernprozessen und ihren Ergebnissen und von naturhaften Lernbedingungen, welche selbst wieder erworben oder ererbt sein können» (Zdarzil 1978, S. 191). Diese Ansicht stellt das Denken vor eine unüberwindliche Schwierigkeit. Die angeborene Begabung für ein bestimmtes Gebiet ist mit der erworbenen gleichartig. Das Gleiche soll man also einmal als das Resultat von Lernen und Entwicklung, das andere Mal durch sein Gegenteil, durch den anonymen Faktor naturhafter Kausalität begreifen. Wie aus genetischen

Faktoren eine Begabung entsteht, wird nirgendwo erklärt. Und die Gründe für eine genetische Bedingtheit von Begabung verlieren bei genauerem Zusehen ihre Beweiskraft.

Den derzeit besten Einblick in die Vererbung von Verhaltensweisen verdanken wir den Untersuchungen, die am Minnesota Center for Twin and Adoption Research durchgeführt wurden. Sie haben Beispiele von auffallender Übereinstimmung bei eineiigen Zwillingspaaren ans Licht gebracht. Es handelt sich um «verblüffende Ähnlichkeiten … hinsichtlich ihres Geschmacks, bestimmter Gewohnheiten, ihres Gehabes und vergleichbarer Wesenszüge» (Lykken und Bouchard 1983, S. 105) – z.B. um häufiges Kichern, die Lust laut zu niesen, die Neigung, sich mit Schmuck in bestimmter Weise zu drapieren, zwanghaftes Abzählen von Gegenständen, Bevorzugung einer bestimmten Zigarettenmarke und Zahnpasta (a.a.O., S. 106 f.). Das sind Eigenschaften, die sich im Leben ohne individuelles Bemühen einstellen. Unterscheidet man solche Eigenschaften von denen, die auf Lernen und individuelles Bemühen zurückgehen, also Resultat eines individuellen Entwicklungsprozesses sind, dann wird der allgemeine Charakter dieser ererbten Eigenarten sichtbar. Sie sind der letztlich unindividuelle Anteil der Persönlichkeit. Mit unindividuell meinen wir das, was nicht als individuell errungen gelten kann. Was den Charakter des wirklich Individuellen hat, findet sich offensichtlich nicht im vererbten Verhaltensrepertoire. Dagegen empfinden zahlreiche (eineiige) Zwillinge «im Laufe der Jahre das Bedürfnis nach einer eigenen Identität … und pflegen daher Begabungen, Interessen und Tätigkeiten mit dem erklärten Ziel, ihre Eigenständigkeit zu betonen» (a.a.O., S. 85). Was sie auf diese Weise erringen, liegt jenseits des Ererbten.

Interessant ist der Fall zweier weiblicher eineiiger Zwillinge, von denen der eine eine starke musikalische Begabung hatte und Konzertpianistin wurde, die Schwester aber «nicht eine einzige Note» spielte. «Eine der beiden zugehörigen Adoptivmütter gab in ihrer Wohnung Klavierstunden – ausgerechnet deren Tochter aber ist es, die nicht Klavier spielen lernte. Diese Mutter lieferte dem Mädchen ... ein Vorbild und die Möglichkeit, seine pianistischen Anlagen zu entwickeln ... Die Adoptivmutter der anderen Zwillingsschwester war dagegen selbst nicht musikalisch ...» (S. 110). Die musikalische Begabung erscheint hier als eine individuelle Fähigkeit, die nicht aus dem mit der Schwester gleichartigen genetischen Repertoire stammt.

Das steht im Widerspruch zu den angeblichen Beweisen für die Vererbung von musikalischer und mathematischer Spezialbegabung. Die Häufung solcher Begabungen in einem engen Verwandtschaftsraum gestattet keineswegs einen sicheren Schluß auf ihre Herkunft aus der Vererbung. Denn man muß unterscheiden zwischen bestimmten körperlichen Bedingungen für die Verwirklichung einer Begabung und dieser selbst. Die körperlichen Bedingungen unterliegen wie viele andere körperliche Merkmale durchaus der Vererbung, so z.B. die besondere Ausbildung des musikalischen Gehörorgans. Deshalb kann man aus dem in engen Verwandtschaftsverhältnissen gehäuften Auftreten der musikalischen Begabung zunächst nur auf die Vererbung eines gut ausgebildeten Gehörorgans schließen. Wollte man aber auch von einer Vererbung der musikalischen Begabung sprechen, dann müßte man untersuchen, ob das Wesen einer solchen Begabung ganz allgemein mit dem Tatbestand der Vererbung zu vereinbaren ist. An dieser Stelle stößt man aber in der Beweisführung auf einen gravierenden Mangel. Denn es wird mit einem weitgehend ungeklärten Begabungsbegriff operiert.

Über die Probleme dieser Argumentation kommt man hinweg, wenn man feststellt: Ein Mensch, der mit einer bestimmten Begabung geboren wird, befindet sich im Hinblick auf diese Fähigkeit auf einem Stand, den ein anderer evtl. durch individuelles Bemühen erreichen kann. Begreift man Begabung nicht als etwas gegenüber dem durchschnittlichen Vermögen Entwickelteres, d.h. aber als Resultat von Entwicklung, dann wird der Begabungsbegriff inhaltslos. Beschreibt man den Sachverhalt der angeborenen Begabung unbelastet von ungesicherter Theorie, dann wird man sagen, daß «es im Menschenleben wirksame Eindrücke gibt» – nämlich die eines bestimmten Gebietes – , «die auf die Anlagen der Seele so wirken wie das Stehen vor einer zu verrichtenden Tat gegenüber dem, was man im physischen Leben schon geübt hat; nur daß solche Eindrücke nicht auf ein in diesem unmittelbaren Leben schon Geübtes auftreffen, sondern auf Seelenanlagen, die sich so beeindrucken lassen wie durch Übung erworbene Fähigkeiten» (Steiner 1978b, S. 73). Ist man nicht geneigt, der Vererbung anzulasten, was sie nicht erklärt, dann wird man in den angeborenen Begabungen einen deutlichen Hinweis darauf sehen, daß die Seele des Menschen die Resultate einer bereits durchschrittenen Entwicklung in sich trägt, wenn sie im Kinde auflebt.

Bei einem Vergleich beider Auffassungen wird man bemerken, daß die Ableitung von Begabung aus der sogenannten genetischen Information viel problemreicher ist als die aus einer bereits durchlaufenen Entwicklung. Denn es ist logisch nicht möglich, das, was ontologisch einer bestimmten Ebene angehört (die Begabung) einfach von einer anderen Ebene des Ontologischen (bestimmte Verknüpfung von chemischen Elementen) abzuleiten. Wenn aber ein Sachverhalt alle Kennzeichen einer fortgeschrittenen Entwicklungsstufe hat, dann ist es eine Forderung der Vernunft, ihn als solchen auch anzuerkennen. Sicher ist die Konsequenz, der Gedanke einer vor der Geburt liegenden geistig-seelischen Entwicklung, für manchen zunächst ungewöhnlich. Er weist auf eine Wirklichkeit jenseits der leiblichen Existenz. Wieso soll das menschliche Erkennen nicht an bisher unbekannte Dimensionen der Wirklichkeit herankommen? Man sieht sich dann allerdings veranlaßt, eine ohnehin schwer begründbare Meinung zu revidieren – nämlich die, das Wesen des Menschen gehe in der sichtbaren Erscheinung auf. Schon die Seele ist aber nur der inneren, nicht der äußeren Wahrnehmung zugänglich. Lediglich das, was sich von ihr im Leib als Physiognomie, Geste usw. ausdrückt, ist wie alles Leibliche von außen wahrnehmbar.

Man kann, wie wir gesehen haben, im Bereich der Gefühle elementare von solchen unterscheiden, in denen das Erleben sich durch das Verstehen geweitet und vertieft hat. Das Verstehen ist ein Faktor, der verwandelnd im Fühlen wirkt. Zu jenen Gefühlen, die durch das Denken bzw. Verstehen über die Enge von Lust und Unlust in verschiedener Weise hinausgehen, gehören z.B. Freude, Wohlwollen, Dankbarkeit, Bewunderung, Verehrung, Begeisterung, Mitleid und Liebe. Das Gemeinsame in diesen Gefühlen ist eine sympathische Grundtönung. Diese ist durch Denken und Verstehen verschieden stark zur Welt hin ausgeweitet.

Der Mensch kann im Laufe seiner Biographie solche Gefühle entwickeln. Man beobachtet aber schon bei Kindern Regungen der Dankbarkeit, des Mitgefühls und der Verehrung. Im allgemeinen findet man aber keinen Tatbestand, der darauf hinweist, daß sich diese Gefühle im Laufe der kurzen Spanne ihres bisherigen Lebens entwickelt haben. Sie treten bei entsprechenden Anlässen ebenso unmittelbar auf wie Gefallen, Ärger oder Mißmut. Sieht man in diesen Gefühlen den Charakter des Verwandelten, dann wird man wie bei der angeborenen Begabung darauf aufmerksam, daß die Seele dieses Kindes bereits eine Entwicklung durchlaufen hat, bevor sie durch den Leib mit der äußeren Welt in Berührung kommt. Sicher treten diese entwickelten Gefühle noch nicht in den ersten Lebenswochen und Lebensmonaten auf. Da äußert das Kind vor allem Lust und Unlust, Zufriedenheit, Ärger und ähnliche elementare Gefühle, die auf Leibesempfindungen (Hunger, Sättigung, Kälte usw.) antworten. Jene Bedingungen (z.B. das Verstehen), die für das Aufleben der entwickelteren, höheren Gefühle erforderlich sind, sind noch nicht vorhanden. Wenn eine entwickelte Seeleneigenschaft erst in einem bestimmten Lebensalter an bestimmten Eindrücken bewußt wird, beweist das keineswegs, daß sie sich von der Geburt bis zu diesem Lebenszeitpunkt entwickelt hat. Sie kann in den unbewußten Untergründen der Seele schon lange vor dem Bewußtwerden vorhanden sein.

So führt die Tatsache, daß man bei Kindern seelische bzw. seelisch-geistige[4] Eigenschaften bemerkt, die als Resultat einer Entwicklung zu bewerten sind, zu einer wichtigen Konsequenz – zu der Auffassung, daß die menschliche Seele und das in ihr wirkende Ich nicht verständlich werden, wenn man sie als Resultat der leiblichen Vererbung und jener Vorgänge betrachtet, die mit der Geburt bzw. der Embryonalentwicklung beginnen. Eindrucksvolle Belege für diese Auffassung findet man in den Ergebnissen der neueren Säuglingsforschung (siehe Stern 1993, Dornes 1997 und 1998).

Die Kinder kommen im Laufe der ersten Lebensmonate zum Bewußtsein der Gegenstände in ihrer Umgebung. Das ist nur dadurch möglich, daß die vorstellende Tätigkeit in ihrer Seele von den Sinneseindrücken angeregt wird. Die Kinder könnten nie Gestalt und Bedeutung von Gegenständen erfassen, wenn in ihrer Seele nicht bereits die Anlage zu dieser vorstellenden Tätigkeit vorhanden wäre. Nach Kagan (1987, S. 24) liegt dem Auftreten der Vorstellungsbildung – Kagan spricht von Schemata – ein bestimmter Reifungsprozeß im Gehirn zugrunde. Die Möglichkeit einer solchen Deutung löst sich – abgesehen von ihrer grundsätzlichen Fragwürdigkeit – auf, wenn sich herausstellt, daß der entsprechenden Strukturierung des Gehirnes bereits eine seelische Tätigkeit zugrunde liegt (s. S. 20 f.). Auch das Konzept von Piaget, das die kognitiven Prozesse dagegen auf Erfahrung, nämlich auf bestimmte Anfänge in den sensumotorischen Lernprozessen der ersten zwei Lebensjahre zurückführt, kann jenen Prozeß, durch den das Kind zur Gegenstandswahrnehmung kommt, nicht befriedigend erklären. Das Vorstellungsbild ist nach Piaget eine «interiorisierte Nachahmung»; sie gehe auf eine sensumotorische Nachahmung zurück, die «allein in Gegenwart des Modells erworben wird» (Piaget/Inhelder 1979, S. 19). Daß das Kind in dieser Nachahmung aber vorstellend tätig ist und dadurch überhaupt erst das Objekt (Modell) als solches wahrnimmt, bleibt in der Deutung Piagets unbeachtet. – Die vorstellende Tätigkeit der Seele stammt also nicht aus dem Leib des Kindes – aus Reifungsvorgängen des Gehirns –, aber auch nicht aus den sensumotorischen Betätigungen der ersten Lebensepoche.

Indem die anthroposophische Anthropologie die menschliche Seele unter dem Gesichtspunkt der Entwicklung betrachtet, stößt sie auf Tatsachen, die zur Auffassung der Präexistenz führen. Denn diese Tatsachen weisen darauf hin, daß der Mensch, soweit er vom Ich durchdrungene Seele (und Geist) ist, sein Dasein und seine Entwicklung nicht mit der Geburt oder der Konzeption beginnt. Die Präexistenz gilt der anthroposophischen Anthropologie als eine Auffassung, die so begründet ist wie die Meinung, daß ein Pianist sein Können persönlich errungen habe. Man ist sich dessen gewiß, auch wenn man ihn nie beim Üben gesehen hat. Denn man weiß aus anderen Erfahrungen, daß einem pianistischen Können Üben und Lernen, d.h. Entwicklung zugrunde liegen. Ebenso kann man aber auch wissen, daß es andere Eigenschaften (z.B. Begabung und höhere Gefühle) nur durch vorangegangene Entwicklung gibt.

Die Tatsache der Präexistenz weist auf einen Daseinsbereich, der den Mitteln der Sinnesbeobachtung verschlossen ist. Auch mit der gewöhnlichen Seelenbeobachtung kann er nicht erforscht werden. Diese begreift die Seele unter den Bedingungen, die durch ihre Verbindung mit dem Leib gegeben sind. Nur wenn der Mensch durch eine entsprechende methodische Schulung die Kräfte seiner Seele und seines Geistes aus der Verbindung mit dem Leib lösen kann, erschließt sich ihm jenes außer- bzw. übersinnliche Gebiet, in dem Seele und Geist vor ihrer Verbindung mit dem Leib ihr Dasein gehabt haben. Ein Urteil über die Tatsache der Präexistenz kann man aber auch ohne die Methoden übersinnlicher Erkenntnis gewinnen.

Die anthroposophische Pädagogik wird von einigen ihrer Kritiker als unwissenschaftlich abqualifiziert, weil sie z.B. dem Menschen eine Präexistenz – und im weiteren Reinkarnation – zuspricht (Prange 1985, S. 20 ff.) oder weil sie diese Anschauungen angeblich «aus den Traditionen der religiösen Weisheit des Ostens geschöpft ... hat» (Ullrich 1986, S. 94). Es wird aber nicht gefragt oder gar untersucht, ob es Tatsachen und Gesetzmäßigkeiten gibt, die auf Präexistenz (und Reinkarnation) hinweisen. Was diesen Kritikern von vornherein als Wissenschaft gilt, wird zum alleinigen Maßstab ihrer Bewertung. Das ist aber nichts anderes als eine besondere Form von Dogmatismus.

Die Dreigliederung des menschlichen Organismus – das Leib-Seele-Problem

In jeder Begegnung mit Menschen erfährt man, daß Seele und Geist sich durch den Leib äußern. Wie ist aber ihre Verbindung miteinander zu begreifen? Ohne Beantwortung dieser Frage bleibt Anthropologie fragmentarisch. Vor allem, wenn man menschliche Entwicklung im Kindes- und Jugendalter begreifen will, in dem seelische und leibliche Veränderungen auf das Engste miteinander verflochten sind, wird die Beziehung zwischen Seele und Geist und dem Leib zum zentralen Thema. Wir haben es nicht nur in dem heute üblichen Rahmen zu behandeln, sondern auch unter dem Gesichtspunkt der Präexistenz. Das wird die Grundlage für ein anthropologisches Verständnis von menschlicher Entwicklung im Kindes- und Jugendalter abgeben.

Um den Zusammenhang von Seele und Leib aufzuhellen, hat die phänomenologische Philosophie unseres Jahrhunderts die zweifache Leiberfahrung beschrieben: den Körper als materielle Gestalt, die von außen wie die anderen materiellen Dinge wahrgenommen und erforscht wird, und den von innen erlebten Leib, «corps propre» in der Formulierung von Merleau-Ponty. Die innere Erfahrung des Leibes mit den verschiedenen Erlebnissen leiblichen Befindens ist nach Scheler etwas anderes als das seelische Erleben eines Gefühls; sie ist eine Wahrnehmung «sui generis» (Scheler 1966, S. 398). Als Organ dieser allgemeinen Leibwahrnehmung hat Steiner den Lebenssinn beschrieben. Durch ihn «empfindet sich der Mensch als ein den Raum erfüllendes, leibliches Selbst (Steiner 1970, S. 31). Die Seele erlebt den Leib als ihren eigenen und sich mit ihm verbunden. In diesem Erleben sind Körper und Seele «ineinander verankert» (Plessner).

Im Körper, dem «Ding unter Dingen» (Plessner) im Raum, kann man das Ineinanderübergehen von Seele und Leib nicht auffinden. Deshalb sucht z.B. Lersch den Zusammenhang im Lebensgrund. «In der allgemeinsten Form ist der Zusammenhang des Lebensgrundes mit dem Seelischen in dem gegeben, was wir als Vitalität zu bezeichnen gewöhnt sind» (Lersch 1970, S. 110). Der Lebensgrund ist aber «mehr als das, was der physiologischen Forschung zur Erfahrung und zur Erkenntnis kommt» (S. 115); er ist eine offensichtlich tiefere, nicht mehr direkt greifbare Dimension des Lebens.

Durch die innere Leiberfahrung, durch den Lebenssinn, weiß der Mensch, daß er als seelisches Wesen mit dem Ganzen seines Leibes verbunden ist. Diese Erfahrung muß man gegen jene physiologische Auffassung geltend machen, die Seelisches nur mit Gehirnstrukturen und Gehirnfunktionen in Verbindung bringt. Andernfalls verkürzt man das Problem von vornherein.

Was ist aber im Gegensatz zum Körper das Spezifische des Leibes, und wie steht die Seele mit ihm konkret in Beziehung, d.h. mit ihren drei Grundtätigkeiten und als Seelenorganismus? Den Körper erfährt man als konkrete Gestalt. Seine lebendige Gestalt besteht aber nur dadurch, daß sie unentwegt neu gebildet wird. Deshalb muß man den menschlichen Leib wie alles Lebendige nicht als Gestalt, sondern als Bildung betrachten (Goethe). Bildung umfaßt das Hervorgebrachte und das Hervorgebrachtwerden. Auf das Tätige in allen lebendigen Gestalten wird neuerdings mit dem Begriff der autopoietischen Organisation hingewiesen: Lebewesen sind dadurch zu «charakterisieren, daß sie sich – buchstäblich – andauernd selbst erzeugen» (Maturana/Varela 1987, S. 50). Das Wesentliche ist also die Bildung, das dauernde Sich-Erzeugen; der Stoff, der in diesen lebendigen Prozeß aufgenommen wird, wechselt. Durch ihn erscheint der lebendige Leib als Körper. Der angeblich «unaufhebbare Doppelaspekt» von Körper und Leib (Plessner) verschwindet also, wenn man den Körper als lebendige Bildung versteht.

Im Organismus des Leibes stehen die verschiedenen Organe in lebendiger Wechselwirkung – wie die Grundtätigkeiten der menschlichen Seele im Organismus der Seele. Die Lebensprozesse eines Organs sind Voraussetzung für die Lebensprozesse der anderen Organe, und zwar in vielfältigster Weise. Indem das Leben des einen Organes bedingt ist durch das der anderen und diese wiederum im Leben dieses einen, ist der menschliche Leib als Organismus eine in sich begründete Ganzheit. Man spricht vielfach von einem dynamischen Netzwerk; diese Formulierung weist auf den Charakter des lebendigen Organismus, gleitet aber zugleich etwas in das Gebiet des Dinglichen ab.

Man muß sich also die Anschauung von einem Organismus bilden, der im Erzeugen seiner Glieder (Organe) und zugleich im lebendigen, harmonischen Zusammenwirken dieser Glieder zu einem Ganzen tätig ist. Das gelingt nicht durch Betrachten des fertigen Gebildes und abstrahierendes Denken. Man hat im Vorstellen und Denken eine gestaltende Tätigkeit zu entwickeln, die im geistigen Nachvollzug des Lebendigen zur Anschauung des schaffend gestaltenden Organismus führt. Er ist eine sich erzeugende Organisation; d.h. er ist autonom und nicht auf materielle Ursachen reduzierbar. Er liegt der Erscheinung der menschlichen Gestalt zugrunde. Steiner hat ihn Lebensleib, Ätherleib oder Bildekräfteleib genannt (Steiner 1978, S. 37). Solange der Lebensleib mit seiner bildenden Wirksamkeit den Körper durchdringt, wird dieser bis in seine Materie unentwegt neu gebildet und ist dadurch lebendig. «Der Lebensleib ist eine Wesenheit, durch welche in jedem Augenblicke während des Lebens der physische Leib» – die sichtbare Gestalt – «vor dem Zerfalle bewahrt wird» (Steiner 1978 b, S. 38).

Man braucht sich nicht darüber zu wundern, daß in der anthroposophischen Anthropologie etwas vorkommt, wovon in der Anatomie,

Morphologie und Physiologie nicht die Rede ist. Anatomie beschreibt die Formen der Organe. Im lebendigen Organismus gibt es «keine Trennung zwischen Erzeuger und Erzeugnis» (Maturana/Varela 1987, S. 56), in der Anatomie aber nur das Erzeugnis. Die Morphologie vergleicht entstandene Formen (Erzeugnisse) miteinander und findet Formverwandtschaften. Die Physiologie erforscht die Lebensvorgänge im materiellen Substrat und isoliert sie dabei von jenen Prozessen, die in der Bildung der betreffenden Organe wirken. Und es entschwindet ihr das Leben ganz, wenn sie dessen schaffende, autopoietische Eigenart durch mechanistische Bilder verdeckt.

Im Bereich der Lebensprozesse ist der Zusammenhang des Leibes mit der Seele zu suchen. Lebensprozesse verlaufen in der Zeit; Zeit ist aber auch das Medium des seelischen Lebens (s. S. 19 f.). Eine Grundtatsache des Lebendigen ist der Rhythmus. Indem die Lebensprozesse in einem bestimmten Rhythmus anschwellen und wieder abebben, um dann wieder intensiver zu werden, verlaufen sie nicht nur in der Zeit, sondern sind selbst zeitlich organisiert. In dem Anschwellen der Phase, die auf das Abebben folgt, wirkt die sich immer erneuernde Aktivität des Lebens. Rhythmus durchzieht wohl alle Lebensprozesse. In Lunge und Herz wird er aber so beherrschend, daß er nicht nur im verborgenen Leben der Organe wirkt, sondern die Organe als ganze zum Pulsieren kommen. Der Rhythmus des Lebendigen kulminiert in Lunge und Herz bzw. im Atmen und im Herzschlag. Deshalb bezeichnet man Lunge und Herz in der anthroposophischen Anthropologie als rhythmische Organe.

Eine andere Qualität des Lebendigen ist die fortlaufende Erneuerung der Substanz, der Stoffwechsel. Er ist nicht inneres Pulsieren des Lebens, sondern unmittelbares Wirken des Lebendigen in der Materie. Bei intensivem Stoffwechsel werden die Organe in ihrer Substanz ziemlich schnell erneuert (rascher turnover). So bleiben sie im Prozeß des Entstehens; sie sind in ihrer Konsistenz weich. Stoffwechselorgane in diesem Sinne sind Leber und Darm, vor allem aber Muskulatur und Blut.

Der entgegengesetzte Lebensprozeß herrscht, wo im menschlichen Organismus die Dynamik des Stoffwechsels stark verlangsamt ist. Dort wirkt eine Tendenz zum Erstarren, zu starker Formbildung. Form ist Bewegung im Zustand der Ruhe (Heidenhain). Es kommt zur Absonderung von Substanz aus dem lebendigen Gewebe der Organe. Auf diese Weise entsteht das Myelin in den Markscheiden der Nervenfortsätze (Neuriten), das Osteoid, die noch unverkalkte Knochengrundsubstanz, und in dieser die Kalziumsalze der Knochen. Der Bereich, in dem die zur Form führenden Vorgänge kulminieren, ist der Kopf.

Formbildung, rhythmisches Leben und Stoffwechsel haben im menschlichen Organismus jeweils ein Gebiet, in dem sie vorherrschend wirken, immer sind sie aber miteinander verflochten. In dieser allgemeinsten Differenzierung der Lebensprozesse herrscht der Gegensatz von Formbildung und Stoffwechselleben. Im rhythmisch pulsierenden Leben ist ein ständiger Wechsel von Impulsierung und Abschwächung. Insofern bildet es die Mitte zwischen den Gegensätzen.

Man kann die Lebensprozesse stärker aufgliedern; um den Zusammenhang mit der Seele zu erfassen, sind aber die drei genannten die wesentlichen. Steiner hat die Beziehung zwischen den drei Grundfunktionen der Seele und den genannten drei Prozessen zunächst in seinem Buch *Von Seelenrätseln* (Steiner 1976), dann in zahlreichen Vorträgen, besonders auch in seiner grundlegenden Darstellung zur pädagogischen Anthropologie *Allgemeine Menschenkunde als Grundlage der Pädagogik* (Steiner 1973 a) dargestellt.

Die phänomenologische Beschreibung hat gezeigt, daß die Wirkenskraft des Willens auf einem unentwegten Erneuern seines Tätigseins beruht. Wille ist immer im Entstehen, in statu nascendi. Wenn Wille mit seinem dynamischen Wirken im Leib des Menschen tätig ist, dann müssen die Lebensprozesse selbst von großer Lebendigkeit sein. Das ist in bestimmten Prozessen des Stoffwechsels der Fall. Im Stoffwechsel sind die Substanzen nur insofern vorhanden, als sie immer neu entstehen, in andere übergehen und aus wieder anderen für kurze Zeit gebildet werden. Stoffwechsel ist ein lebendiges Geschehen, in dem nichts Festes, Endgültiges entsteht. Dieses Werden hat in der willkürlichen Muskulatur einen spezifischen Charakter. Die in der Kontraktion entscheidenden eiweißartigen Substanzen (Actin und Myosin) sind so gebildet, daß immer ein kurzer Abschnitt aus Actin an einen aus Myosin anschließt und zugleich in ihn etwas übergreift. Wenn der Mensch durch den Willen die Muskulatur kontrahiert, kommt es zu einer stärkeren Durchdringung von Actin und Myosin, d.h. zu einer Verdichtung. Das ist wie der Beginn einer chemischen Verbindung, bei der zwei Substanzen sich zu einer neuen vereinigen. Dieser Prozeß bleibt aber gleichsam im Entstehen. Dadurch ist er ganz im Werden und kann jeden Augenblick in einen stärkeren oder schwächeren Verdichtungsgrad, d.h. in Anspannung oder Erschlaffung des Muskels übergehen. Es handelt sich um einen ungewöhnlich dynamischen Vorgang, in dem das immer neue Entstehen von Verdichtung – in der Auseinandersetzung mit äußerem Widerstand – das Entscheidende ist. In diesem Prozeß erlebt der Mensch die Anstrengung, d.h. die fortwährend erneuerte Willenstätigkeit. So erweist sich das ungewöhnlich lebendige Geschehen in der Muskulatur mit seinen hohen Substanzumsätzen als physische Manifestation des Willens. Der Lebensvorgang ist Ausdruck des Willens, der in äußerer Bewegung oder in der Körperhaltung wirkt. Wenn Wille mehr als innere Tätigkeit wirkt, manifestiert er sich in dynamischen Substanzprozessen, die sich im Innern des menschlichen Leibes abspielen, sich also nicht wie die Muskulatur in die äußeren Kräfte von Schwere, Trägheit und Gleichgewicht einschalten. Solche Prozesse der fortlaufenden Erneuerung, in denen sich der Wille zum Ausdruck bringt, spielen sich im Blut ab (Steiner 1973 a, S. 38 f.) – in der Neubildung seiner Substanz und bestimmten Bewegungen. Wenn man z.B. willentlich bestimmte Vorstellungs- und Denkprozesse ausführt, kommt es unmittelbar in den betreffenden Gehirnarealen zu verstärkter Durchblutung (Ingvar

1975, S. 397 ff.; Lassen, Ingvar, Skinhoj 1987, S. 134 ff.). Die Konzentration der Willenstätigkeit an einer bestimmten Region des Leibes manifestiert sich in den Lebensprozessen dadurch, daß das Blut als leibliches Substrat des Willens verstärkt diese Region durchströmt.

Um die Beziehung des Fühlens zu den Lebensvorgängen zu begreifen, muß man zwei Faktoren berücksichtigen. Zum einen haben die Gefühle in sich nicht die wirksam-aktive Qualität des Willens; sie treten reaktiv auf Eindrücke auf und klingen aus. Das bedeutet, daß sie nicht so tief in das dichte stoffliche Leben hineingreifen wie der Wille. Dann spielt sich das innere Leben des Gefühls in zwei verschiedenen Dimensionen ab. Einmal in der Dynamik zwischen starker Erregung in den Affekten (z.B. heftiger Ärger) und relativer Ruhe in den tieferen Regungen des Gemütes (z.B. Verehrung). In der Erregung des Affekts ist die Seele in sich gefangen; durch innere Ruhe kann sie sich zum Miterleben öffnen. Die andere Dimension ist die Tiefe der Gefühle. Sie reicht vom oberflächlichen Erleben bis zur tiefen Ergriffenheit. Die Gefühle werden vor allem im Bereich der rhythmischen Organe, «in der Brust» erlebt. Wenn sie sich im Lebensprozeß manifestieren, dann wird in diesem die Dynamik und die Tiefe des Fühlens zum Ausdruck kommen. In den Aufzeichnungen der Atem- und Pulskurven bei verschiedenen Gefühlen wird eine starke Variabilität der Rhythmen in Frequenz und Amplitude sichtbar (Schaefer 1979, S. 51 f.). Diese Variationen entsprechen auffallend der Erregung oder Ruhe bzw. der größeren oder geringeren Tiefe der Gefühle. Ärger und Haß mit ihrer starken Erregung manifestieren sich z.B. in einer Beschleunigung des Atemrhythmus, Verehrung und Liebe in einem beruhigten Rhythmus mit großer Amplitude (Tiefe). Die Modulation des Atemrhythmus ist «Physiognomie» im Bereich der Lebensrhythmen wie die Miene in den beweglichen Formen des Antlitzes (siehe Abbildung S. 165). In dieser «Physiognomie» zeigt sich, daß die Seele mit ihren Gefühlen vor allem im Rhythmus des Atmens, aber auch in anderen rhythmisch verlaufenden Lebensprozessen lebt.

Daß Vorstellen und Denken an die Nervenorganisation des Gehirnes gebunden sind, ist allgemeine Überzeugung. Wie ist aber der Zusammenhang z.B. der Vorstellungen mit dem Gehirn? Er ist schon in der unmittelbaren Erfahrung anders als die Beziehung des Willens zu den Bewegungsorganen. Diese wird bewußt erlebt, jener überhaupt nicht (Seifert 1979, S. 136). Die menschliche Seele hat insgesamt eine losere Verbindung zum Gehirn als zum übrigen Organismus. Verletzungen der Nervenmasse werden von ihr nicht als Schmerz empfunden. Abgesehen von den Zuständen des Kopfschmerzes empfindet man das Gehirn gegenüber Hand und Lunge schwächer als eigenen Leib. Die Vorstellungen aber sind gegenüber Gefühl und Wille kraftlose Seelengebilde. Als bloße Bilder haben sie keine Kraft, mit der sie in die Lebensprozesse eingreifen könnten.[5] Das ist ihnen auch verwehrt; denn im Gehirn herrschen in jenen Partien, die zum Vorstellungsleben in Beziehung stehen, im sogenannten Assoziationskortex, die Form- und Absonderungsprozesse vor. In die geronnene Form der Nervenfortsätze und die physiologisch träge Substanz des Myelins kann das Vorstellungsleben nicht eingreifen wie der Wille in den Stoffwechsel. So sind die Vorstellungsbilder gegenüber dem Gehirn relativ unabhängig. Würden sie wie der Wille in den Stoffwechsel eingreifen oder wie das Fühlen in den Lebensrhythmus des Atmens eintauchen, dann wären sie eng mit dem Leib verbunden. Das Vorstellungsleben könnte seine Funktion nicht erfüllen; es könnte nicht intensiv mit der Umgebung in Beziehung treten und sich an ihr zu Bildern der äußeren Welt konfigurieren. Der Mensch könnte auch nicht von den Vorstellungen durch das Denken zu Urteilen und Begriffen kommen, in denen der Weltzusammenhang aufleuchtet.

Das Vorstellen ist aber dennoch an das Gehirn gebunden. Das beweisen jene Verletzungen des Assoziationskortex, die zu Agnosien und ähnlichen Ausfallerscheinungen führen. Das Gehirn ist das Organ, durch das die Vorstellungstätigkeit der Seele zur Umwelt in Beziehung tritt. Es muß aber in den ersten Lebensjahren erst zu einem solchen Organ durch jene Strukturierungsprozesse, auf die wir bereits hingewiesen haben (s. S. 20), werden.

Man kann in Fortsetzung der bisherigen Betrachtung verfolgen, wie die drei Glieder des menschlichen Organismus miteinander verflochten sind – das Gehirn durch bestimmte Nervenbahnen mit dem rhythmischen System und der ganzen Bewegungsorganik, das rhythmische System mit dem Gehirn und den Gliedern usw. Hier prägt sich der menschliche Seelenorganismus im Leib des Menschen aus.

Die Dreigliederung des menschlichen Organismus, die wir in knappen Strichen skizziert haben, erscheint bei Ullrich in merkwürdiger Verzeichnung (Ullrich 1986, S. 87 ff.). Sie wird z.B. mit den Schichtlehren verschiedener Psychologen in Verbindung gebracht, mit denen sie aber kaum etwas zu tun hat. Ullrich bemerkt nicht, worum es geht; nämlich um die Lösung des Leib-Seele-Problems. So entgeht ihm, was Steiner in dieser zentralen Erkenntnisfrage geleistet hat. Es mutet eigenartig an, wenn Ullrich gegenüber Steiner die gestalttheoretischen und phänomenologischen Denkansätze etwa bei Scheler, Lersch und Rothacker empfiehlt. Folgt man dieser Empfehlung, dann findet man z.B. bei Lersch Aussagen über die Beziehung der Seele zum Leib, die auf Plato zurückgehen (Lersch 1970, S. 117). Kurz zuvor lastet Ullrich der Steinerschen Dreigliederung aber eine Plato nachempfundene Auffassung an. Da müßte Ullrich z.B. zeigen, was die Seelenlehre Platos (vernünftige Seele, muthafte Seele, begehrende Seele) mit der Steiners überhaupt zu tun hat. Mut ist z.B. eine Tugend und liegt in einem anderen Bereich als die Gefühle. Und in der Psychologie wird dargestellt, wie dem Begehren die wesentlichen Eigenschaften des Willens fehlen (z.B. Remplein 1975, S. 186 f., 250 ff.).

Anthropologie der menschlichen Entwicklung

Bemerkungen zur Anthropologie der frühen Kindheit

Mit der Betrachtung von Kindheit und Jugend kommt die Anthropologie zu dem zentralen Problem des Menschseins, dem der Entwicklung. Was sich in den so offenkundigen Verwandlungen abspielt, wird nur verständlich, wenn man weiß, was in ihnen wirkt. Was man an den Kindern in ihrem Älterwerden beobachtet, sind Veränderungen im Verhalten. Deren Deutung fällt aber unterschiedlich, z.T. gegensätzlich aus. Die einen halten die Entwicklung für ein kontinuierliches Geschehen, andere sehen in ihr auch Diskontinuität, d.h. das Auftauchen von Neuem, das von dem Früheren relativ unabhängig ist. Das liegt an den Konzepten, mit denen der betreffende Forscher die Beobachtungen interpretiert. «Es ist der Theoretiker, der bestimmt, welche Phänomene miteinander zusammenhängen.» Diese Aussage von Kagan (1987, S. 126) ist nicht ironisch gemeint, sie bezeichnet ein methodisches Problem. Sind die Gedanken, mit denen die Entwicklung gedeutet wird, bloße Konstrukte oder sind sie Ausdruck menschlicher Wirklichkeit? Einen sicheren Grund für die Deutung findet man durch ein Verstehen des Menschen, das sein Wesensgefüge aufhellt. Im Menschen sind die inneren Faktoren, die auch in den Veränderungen und Verwandlungen der Kindheit und des Jugendalters am Werke sind, zu suchen. Eine Erkenntnis von Kindheit und Jugend braucht das Fundament der Anthropologie. Das ist der Grund für unser bisheriges Vorgehen.

Wir wollen zunächst am Beispiel der frühen Kindheit einige grundlegende Anschauungen der anthroposophischen Anthropologie entwickeln, um dann mit ihnen ein Verständnis der mittleren Kindheit und des Jugendalters zu gewinnen. Es sind zuvor aber einige Klärungen notwendig. Im Anschluß an Thomae (1958) hat man sich in der Entwicklungspsychologie weitgehend darauf geeinigt, Entwicklung «mit einer Reihe von Veränderungen des inneren und äußeren Verhaltens, die miteinander zusammenhängen» (Wieczerkowski/zur Oeveste 1982, S. 30) gleichzusetzen. Damit ist aber der Kern der Entwicklungsidee verloren. Schon Verwandlung umfaßt mehr als Veränderung, und Entwicklung mehr als Verwandlung. Entwicklung führt von einer niederen zu einer höheren Stufe. Das ist nur faßbar, wenn man angeben kann, was ein weniger Entwickeltes zu einem höher Entwickelten werden läßt. Nach Hegel (1917, S. 131) ist es eine «innere Bestimmung», die in der Umwandlung «sich zur Existenz», zum Dasein bringt. Die Veränderungen der Kindheit und des Jugendalters kann man also nur als Entwicklung begreifen, wenn man bemerkt, daß sich in ihnen ein inneres Wesensprinzip des Menschen verwirklicht.

Wir müssen von Entwicklung ein anderes Geschehen abgrenzen, weil sich sonst von vornherein Unklarheiten in die Beurteilung einschleichen können. Gemeint ist die Entfaltung, d.h. eine Verwandlung, in der im Kinde schon vorhandene Anlagen in Erscheinung treten. Die Idee der Präexistenz fordert den Begriff der Entfaltung. Damit werden zu den Begriffen, die das Denken über Entwicklung weitgehend bestimmen, Lernen und Reifung (Veränderung als Folge einer genetisch vorgegebenen Determination), neue hinzugefügt.

Wir wollen nur wenige Prozesse der frühkindlichen Entwicklung betrachten. Was spielt sich in dem für den Menschen so fundamentalen Vorgang der Aufrichtung ab? Wenn das kleine Kind sich bemüht, den Kopf zu heben, sich mit den Armen abzustützen, zu sitzen und schließlich zu stehen, dann setzt es sich durch seinen Willen mit der Schwere auseinander. Es greift mit dem Willen in die Muskulatur ein und ergreift vom Hals ausgehend den ganzen Leib bis zu den Füßen. Im Kind lebt der Drang, über das Erreichte hinaus zu einer immer vollkommeneren Überwindung der Schwere zu kommen. In diesem Bemühen steigert das Kind die Kraft und Ausdauer des Willens. Es entwickelt sich der Wille; denn das, was der Wille in seiner inneren Natur des Wirkens ist, wird intensiver. Das

Erringen der aufrechten Haltung ist Ausdruck dieser Willensentwicklung.

Wenn das Kind aufrecht steht, ist es in fortwährender Auseinandersetzung mit der Schwere aus sich selbst tätig. Indem es sich im Gleichgewicht hält, ruht es in sich. Im Willen aus sich selbst zu wirken und zugleich sein Zentrum in sich zu haben, heißt ein Ich sein. Im Prozeß der Aufrichtung ergreift das Ich des Kindes den Leib von innen. Was sich hier abspielt, ist Entwicklung: Das Ich bringt sich im Leib zum Dasein, es inkarniert sich. – Das Ich tritt auf, bevor es seiner selbst im dritten Lebensjahr bewußt wird.

Das Ganze dieser Entwicklung wird erst sichtbar, wenn man auch die Veränderungen im Leib ins Auge faßt. Wenn das Kind beim Sitzen den Kopf hebt und frei hält, entsteht die Krümmung der Halswirbelsäule; ebenso die Krümmung der Lendenwirbelsäule, wenn es den Rumpf von unten her aufrichtet. Aus der Willenstätigkeit bildet sich dann im Laufe der Jahre die bleibende Form der Wirbelsäule mit ihren Kurvaturen (Putz 1985, S. 256) – und damit verbunden die auffallende Größenzunahme der Wirbel von oben nach unten und das Wachstum der Hals- und Rumpfmuskulatur. – Beim Stehen führt nun die Belastung der Wirbelsäule in den Krümmungen zu stärkerer Ausbiegung. Man würde immer etwas zusammensacken, wenn man die lastende Schwere nicht fortwährend überwinden würde. Der Rücken mit den Kurvaturen der Wirbelsäule und seiner Muskulatur ist zum Organ des Sich-Aufrichtens geworden, zum Werkzeug des Ich.

Die durch Vererbung entstandenen Organe des Neugeborenen haben sich durch die Willensentwicklung verändert, nicht durch genetisch bedingte Reifung. Die Verwandlung trägt den Stempel des Ich. Sie ist ein Prozeß, in dem Vererbtes individualisiert wird. Im Leib des Kindes vollzieht sich hier bis in die einzelne Form ein Entwicklungsprozeß, in dem das Ich sich den Leib aneignet. Das gilt auch für die Organisation der Beine und die Füße. (Eine detaillierte Darstellung enthält das Kapitel «Die Geburt des Ätherleibes».)

Auf diese Prozesse hat die Umgebung einen großen Einfluß. Denn der innere Impuls für diese ganze Entwicklung geht weitgehend vom Nachahmen des Kindes aus. Im Nachahmen bemüht sich das Kind, die Haltung, Gebärde und Bewegung besonders der Mutter in der eigenen Tätigkeit nachzuvollziehen. In der Nachahmung wirkt der Impuls, an den Vorbildern über das bereits Erreichte hinauszukommen. So ist Nachahmung die innere Triebkraft der frühkindlichen Entwicklung. Beispiele gestörter und gehemmter Entwicklung durch entsprechende Vorbilder (Steiner 1973 b und 1978 c; Nitschke 1968; Malson u.a. 1976) machen deutlich, was Aufgabe von Erziehung in der frühen Kindheit ist. Zum einen geht es um eine liebevolle Atmosphäre, in der das Kind in seiner nachahmenden Hingabe nicht gehemmt wird. Zum anderen sollten sich die Erzieher des Kindes bemühen, als Mensch so zu sein, daß sie in ihrer Haltung, ihren Bewegungen und Verhaltensweisen nachahmenswert sind. Deshalb bedeutet nach Steiner Erziehung in der frühen Kindheit in einem nicht geringen Umfang Selbsterziehung der Erziehenden – aus dem Bewußtsein der von ihnen auf das nachahmende Kind ausgehenden Wirkung.

Andere Prozesse als im Erringen der aufrechten Haltung spielen sich in den frühen Phasen der kognitiven Entwicklung ab, in denen das Kind zum Gegenstandsbewußtsein kommt. Das Kind lernt, mit der vorstellenden Tätigkeit seiner Seele die Dinge wahrzunehmen. Hierbei entwickelt sich nicht die Vorstellungstätigkeit wie der Wille beim Aufrichten; sie *entfaltet* sich an den Eindrücken, die die Umgebung auf die Sinne machen. Das Kind lernt im Laufe von Monaten (Spitz 1980) mit seiner aus der Präexistenz stammenden Begabung die Gestalten der Außenwelt zu erfassen. Die Entfaltung ist zugleich ein Lernen.

Auch dieser Vorgang führt zu Veränderungen im Leib des Kindes. In den Bereichen der Gehirnrinde, die an die Sinnesprojektionsfelder angrenzen, entstehen aus den noch einfachen Nervenzellen die Fortsätze (Dendriten, Neuriten) und ihre synaptischen Verbindungen (Creutzfeldt 1983, S. 24 ff.). Gleichzeitig kommt es zur Absonderung des Myelin, das im Lauf der frühen Kindheit einen immer größeren Anteil an der Gehirnsubstanz ausmacht (Diemer 1968). Das Gehirn wird dadurch zum Organ, durch das die vorstellende Seele zur Gegenstandswahrnehmung, später zu freien Vorstellungsbildern und der denkende Geist zu Begriffen über die Außenwelt kommt. Diese Strukturierungsprozesse im Gehirn sind ebensowenig genetisch bedingt wie die Umbildung der Wirbelsäule (Singer 1985, S. 50, S. 57 ff.). Sie sind Ausdruck einer Formentwicklung, die über den genetisch bedingten Zustand beim Neugeborenen hinausführt.

Auch hier ergeben sich aus dem Verständnis der Entwicklung bestimmte Erziehungsgrundsätze. Man wirkt fördernd auf diese Entwicklung, wenn man die Kinder zu einer möglichst großen Lebendigkeit der inneren Tätigkeit anregt. Im Betrachten starrer Gegenstände gerinnt das Vorstellen in der Wahrnehmung. Gibt man kleinen Kindern Spielzeug, das durch seine offenlassenden Formen oder seine Beweglichkeit die Vorstellungstätigkeit im Fluß hält, dann wird diese ein Faktor in der postnatalen Entwicklung des Gehirns (Steiner 1960, S. 23).

Die geschilderten Tatsachen führen zu einer Antwort auf die für die Erziehungspraxis wichtige Frage, ob die Entwicklung des Kindes kontinuierlich oder in Phasen verlaufe. Nicht nur im Gehirn und im statischen System des kindlichen Leibes kann man eine Umbildung der Formen beobachten. Auch die anderen Organe wie z.B. Brustkorb und Lunge, Magen, Niere und Leber haben beim Neugeborenen Formen, die viel einfacher sind als beim Schulkind. Im Laufe der frühen Kindheit werden sie umgestaltet. In ihnen wirken plastisch gestaltende Kräfte (Bildekräfte), die beim Neugeborenen noch nicht tätig sind (Steiner 1972; siehe das Kapitel «Die Geburt des Ätherleibes»). Bei den erstarrten Gebilden der Zähne äußert sich die allgemeine Umbildung der Formen als Neubildung. Im Kiefer entstehen – wenn man von den Weisheitszähnen absieht – bis zum Alter von sieben Jahren die Kronen der bleibenden Zähne (Adler

1967). Dann ist aber nicht nur dieser Teil der Zahnbildung abgeschlossen, es wird der Prozeß der Formbildung im ganzen Organismus des Kindes stark abgedämpft. Eine Reihe verschiedener Organe behält von nun an die Formen, die sie jetzt haben. Die hohe Bildsamkeit des kindlichen Leibes erlischt in einem ganz beträchtlichen Umfang. Damit geht eine erste Epoche der biographischen Entwicklung zu Ende, das erste Lebensjahrsiebt im Sinne der anthroposophischen Pädagogik. Diese Diskontinuität ist in der anthroposophischen Pädagogik der Schlüssel für ein Verständnis der anschließenden Entwicklung und ihre Erziehungsaufgaben.

Bemerkungen zur anthropologischen Dimension von Unterricht zwischen Zahnwechsel und Pubertät – Bild-Kunst-Autorität

Veränderungen im Seelenleben des sechs- bis siebenjährigen Kindes, vor allem in dem gut untersuchten kognitiven Bereich, gehören zum gesicherten Bestand der psychologischen Forschung. Das Kind kann sich nun seine Erlebnisse in der Erinnerung willkürlich vergegenwärtigen. Das bisher labile und recht episodische Erinnerungsvermögen wird stabiler und kontinuierlicher. Das Kind kann ein Vorstellungsbild in ein anderes überführen und von diesem wieder zum ersten zurückgehen, d.h. Vorstellungsbilder relativ frei beweglich handhaben. Dadurch werden ihm Zusammenhänge bewußt, die es nicht erfassen konnte, solange es mit seinem Bewußtsein stark an die Sinneswahrnehmung und damit an die Unterschiede der Formen gebunden war. Es wäre noch manches andere zu erwähnen. Allem ist eines gemeinsam: die Vorstellungsbilder werden konkreter, und das Kind kann mit ihnen – wenigstens anfänglich – frei umgehen.

Die Deutung dieser Veränderung ist recht kontrovers und muß, solange man sie im Bereich des Psychologischen sucht, spekulativ bleiben. Denn es treten im Seelenleben Eigenschaften auf, die es vorher noch nicht hatte.[6] Die anthroposophische Anthropologie weitet deshalb die Betrachtung auf das ganze Wesen des Kindes aus, um in ihm den Bereich zu finden, aus dem die im Vorstellungsleben neuen Kräfte stammen.

Das veränderte Erinnerungsvermögen hat seine Wurzel in einem veränderten Wahrnehmen. «Wenn wir eine Gestalt mit großem Interesse betrachten, so zeichnen wir ihre Konturen ... durch eingebildete Bewegungen nach» (Palagyi 1924, S. 143). Dieses Wahrnehmen, das zugleich inneres Nachzeichnen bzw. Nachformen ist, beginnt um das siebte Lebensjahr. Von diesem Alter an handhabt das Kind im Wahrnehmen formende Kräfte. Dadurch werden die Vorstellungen konturierter und konsistenter. Sie werden wohl in der Wahrnehmung gebildet, heben sich dann aber als eigene Seelengebilde aus ihr heraus.

Was in der Seele des Kindes auflebt, sind formende Kräfte. Zu gleicher Zeit klingt im Leib die Formbildung ab. Plastisch gestaltende Kräfte, die durch Jahre in der Umbildung der Organe tätig waren, lösen sich z.T. aus dem Gebiet ihres bisherigen Wirkens. Steiner spricht von Emanzipation. Die formenden Kräfte, die im Leibe frei werden, kann das Kind nun in der Seele handhaben. Diese Metamorphose im Wirken von Bildekräften liegt also den genannten Veränderungen im Seelenleben zugrunde. Sie wird in der anthroposophischen Pädagogik bisweilen als Zahnwechsel bezeichnet, weil der Durchbruch der ersten bleibenden (Schneide-)Zähne das äußere Zeichen für diese Metamorphose ist (siehe auch Seite 122 ff. in diesem Band). Nach den Untersuchungen von Krowarz und Lienert (1959), Ilg und Ames (1965, S. 236 ff.) und Silvestro (1977) korreliert der beginnende Zahnwechsel auffallend mit den psychologischen und somatischen Kriterien der Schulreife.[7]

In den Umbildungsprozessen des kindlichen Leibes bis zum siebten Lebensjahr haben sich in Brustkorb und Lunge nicht nur die Formen verändert. Beim Neugeborenen ist der Brustkorb steif; das

Kind atmet zunächst nur mit dem Zwerchfell. Von der zweiten Hälfte des ersten Lebensjahres und verstärkt vom dritten Lebensjahr an entwickelt sich das rhythmische Pulsieren des Brustkorbs. Brustkorb und Lunge werden erst im Laufe der frühen Kindheit zum rhythmischen Organ. So ist erst am Anfang der Schulzeit die leibliche Grundlage für das Gefühlsleben und seine Entwicklung voll ausgebildet.

Diese Veränderungen haben gewichtige Konsequenzen für die Konzeption von Unterricht. Wird der Unterrichtsstoff den Kindern in dinghafter Anschauung vermittelt, dann können sich die gestaltenden Kräfte nicht richtig betätigen. Sie müssen sich den festen Formen des Gegenständlichen fügen. Ihre bildende, formende Regsamkeit wird unterdrückt. Deshalb sieht die anthroposophische Pädagogik in der üblichen Form von Anschauung kein Unterrichtsmedium, das dem Kind nach dem Zahnwechsel gerecht wird. Die gestaltenden Kräfte werden zur Tätigkeit angeregt, wenn das Kind z.B. an der Schilderung des Lehrers selbst innere Bilder gestaltet. Zu dem, was das Kind in dieser Weise bildet, hat es eine andere Beziehung als zu dem, was es als Fertiges anschaut. Es ist mit dem Entstehen des inneren Bildes unmittelbar verbunden, weil es der «Künstler» ist, der es erzeugt. Was man seinem Entstehen nach kennt, kennt man zugleich in seiner inneren Gesetzmäßigkeit. Insofern sind innere Bilder ein bedeutendes Mittel, um zum Verstehen zu kommen. Das gegenständlich Angeschaute enthält noch nicht den geistigen Anteil der Dinge (s. S. 22); es ist Bewußtheit ohne die Dimension der Wahrheit. Formt das Kind mit seinen Kräften lebendigen Gestaltens ein Bild, dann kann es mit dem Äußeren zugleich auch das Geistige der Dinge erfassen. Deshalb sieht die anthroposophische Pädagogik für die auf den Zahnwechsel folgende Epoche der kindlichen Entwicklung im Bild das angemessene Medium des Unterrichts – Bild im Sinne der abendländischen Geistesgeschichte «als das In-Erscheinung-Treten des … Wesens» (Schlüter in *Historisches Wörterbuch der Philosophie*, Bd. 1, Sp. 913). Es ist ein «Geistig-

Anschauliches» (Steiner), in dem durch die gestaltende Tätigkeit der Seele mit dem Anschaulichen zugleich auch das Geistige sichtbar wird.

Wenige Beispiele mögen das Spezifische des bildhaften Unterrichts erweisen. Ein erstes Gebiet, das von Steiner in die Pädagogik eingeführt wurde, leitet die Kinder in den ersten Schuljahren an, die gestaltenden Kräfte zu handhaben (siehe Seite 126 ff. in diesem Band). Die Kinder lernen zunächst einfachere, dann kompliziertere gesetzmäßige Formen (nicht Dinge) zu zeichnen. Das übende Gestalten mit der Hand regt zum Miterleben der Formen an. Das Kind kennt die gezeichneten Formen aus ihrem Entstehen. Das führt zu einem Sehen, das im Gegensatz zum registrierenden Wahrnehmen von gestaltender Tätigkeit durchdrungen ist und zum Bewußtsein der Formgesetzmäßigkeit gelangt. Mit diesem Sehen kann dann das Kind auch die Formen der Dinge nachvollziehen und in die Bildung eindringen.

Das ist Aufgabe des Naturkunde-Unterrichts. Eine Betrachtung, die Pflanzen und Tiere nach ihren Erscheinungen und den charakteristischen Merkmalen betrachtet, wird weder dem Lebendigen noch der Forderung nach bildhaftem Verstehen gerecht. Naturkunde-Unterricht im Sinne anthroposophischer Pädagogik hat sein wissenschaftliches Fundament in einer Auffassung, die im Organismus das lebendige Zusammenwirken seiner Organe und Glieder zu einem Ganzen sieht. Sie verfolgt nach der von Goethe entwickelten Methode, wie die Dominanz eines Organs sich im ganzen Organismus ausprägt und zu den verschiedenen Formen des Pflanzen- und Tierreiches führt (Goethe 1975 a, S. 241 ff.; Steiner 1979 a, S. 95 ff.; Kranich 1995 und 1997). In tätigem Nachvollziehen dringt man in die Gestaltungsprozesse der Pflanzen- und Tierwelt ein. Die Tiere und Pflanzen werden bis in die Einzelheiten ihrer Gestalt verständlich, weil man sie aus dem inneren Prinzip ihrer Bildung begreift.

Dieses gestaltende Erkennen ist Grundlage des Naturkunde-Unterrichts. Die Kinder lernen die Tiere verstehen, indem sie ihre Gestalt im Anschauen nachvollziehen und erfassen, wie das eine Tier seinen besonderen Charakter dadurch hat, daß die Beine die dominierende Organisation sind, andere Tiere durch das Verdauungsorgan, den Hals, die Lunge usw. ihr besonderes Gepräge haben. Unter der Anleitung des Lehrers leuchtet für das Kind im gestaltenden Anschauen der Zusammenhang, das Geistige auf. Das Tier wird zum Ausdruck, zum Bild des gestaltenden Prinzips, d.h. eines bestimmten Organs.

Dieses Bild umgreift auch das Verhalten und die Einbindung in die Natur. Wenn man nicht weiß, daß Goethes Erkenntnismethode das Fundament des bildhaften Naturkunde-Unterrichts ist und deren Tragweite auch nicht kennt, kann man eine knappe Äußerung Steiners zu Sachkundigen als Beleg dafür ausgeben, daß im Naturkunde-Unterricht Anthroposophie den Kindern eingeträufelt wird (Prange 1985, S. 110).

Nennt man die Gesetzmäßigkeit, das innere Prinzip einer Sache, seinen Begriff oder seine Idee, dann erfaßt das Kind im Bild zugleich auch die Idee des jeweiligen Tieres. Diese im Bild enthaltene Idee unterscheidet sich von der üblichen Form des Begriffs. Dieser Begriff ist die Bestimmung, die sich aus der Summe der spezifischen Merkmale ergibt. Er ist eine gegenüber dem Reichtum der Erscheinung verarmte, generalisierte Vorstellung, die definiert und klassifiziert. Er führt aber nicht zum Verstehen, weil er sich von der Wirklichkeit entfernt.

Bild und abstrakte Begriffe haben unterschiedliche Bedeutung für die seelische Entwicklung des Kindes. Im bildhaften Betrachten, in der tätigen Hingabe an die Natur wird das fühlende Miterleben aufgerufen. Das Verstehen, das im Bild aufleuchtet, weitet das Gefühl. Die Freude an der Erscheinung kann sich zum verstehenden Mitleben mit einem anderen Wesen vertiefen. Bildhaftes Verstehen erweitert das Gefühl der Kinder vom Erleben der Naturerscheinung zu dem der Naturwirklichkeit. Es regt Entwicklung im Bereich der Gefühle an, die sich im Medium des rhythmisch verlaufenden

Atemprozesses vollzieht. Wir haben früher (S. 29) dargelegt, daß sich das Fühlen erweitert und vertieft, wenn es von Verstehen durchdrungen wird. Diese Gesetzmäßigkeit wird im bildhaften Unterricht in erzieherische Praxis umgesetzt. Die Ausbildung des Kognitiven umfaßt, wenn es die Dimension des Bildes erreicht, auch Entwicklung im Bereich des Emotionalen. Kognitives im Sinne verarmter Begriffe leistet dagegen keinen Beitrag zur Gemütsentwicklung, weil es Kinder nicht zum Verstehen der Natur führt.

Durch seine Wirkung im Bereich der Gefühle ist bildhafter Unterricht von Bedeutung, wenn es in der Erziehung um menschliche Einstellung, um Lebensorientierung und seelische Triebkräfte des Handelns (S. 30) geht. Dem Alter der Kinder entsprechend thematisch differenziert, erzählt der Lehrer vom Leben, Wirken und Schicksal bedeutender Menschen. Die Kinder leben in Bildern die Handlungen aus der Kraft des Mitleids, Taten des Mutes, Bewährung und Versagen in Lebensprüfungen, soziales Wirken aus Idealen, die zerstörende Wirkung des Egoismus u.a. mit. Daran entfalten und bilden sich Gefühle z.B. der Ergriffenheit, der Bewunderung, des Abscheus usw., in denen sich Kinder zu dem einen hingezogen, von dem anderen abgestoßen fühlen. Aus solchen Erlebnissen kann eine Neigung zu Mitleid, Mut, hoher Gesinnung oder Abneigung gegen das Niederträchtige, Selbstsüchtige, Fanatische usw. werden, d.h. bleibende Richtungen des Gemüts – Orientierungen der Seele auf moralische Werte. Sie sind nicht das Resultat von Belehrung oder Forderung, d.h. nicht den Kindern von außen eingepflanzt. Sie entstehen an den Bildern aus den individuellen Anlagen. Die Bilder bewirken nicht, sie sind Bedingung für Entfaltung einer Entwicklung. So bildet sich ethische Orientierung autochthon in der Seele, nicht als Fremdbestimmung, als «Import» aus dem Werterepertoire anderer.

Das Bild gehört nicht dem Bereich der Wissenschaft, sondern dem der Kunst an. Wissenschaft beginnt mit der Erfahrung und sucht deren Deutung durch den Begriff, das Gesetz. Im Bild sind

Anschauung und Geistiges wie im Kunstwerk miteinander vereinigt. Allerdings: Anschauung ist beim Bild eine innere, in der Kunst eine äußere, nämlich die von Farbe, Stein, Tönen usw. Künstlerisches Gestalten ist ein fortschreitender Prozeß des Übens, durch den im äußeren Material immer stärker ein Geistiges sichtbar wird. Zuerst wird dieses vom Kind im eigenen Inneren erlebt, dann im Werk, das es gestaltet, im malerischen Bild, im Musikstück, im Gedicht usw. Das Geistige spricht sich nicht wie in der Wissenschaft im neutralen Gedanken, sondern im persönlichen Bereich des Gefühls aus. Deshalb wird das Fühlen durch Kunst vertieft. Künstlerischer Unterricht führt zur Durchgeistung des Gefühls. Das bedeutet Entwicklung, die im Bemühen um vollkommeneres Gestalten errungen wird.

In den Schuljahren zwischen Zahnwechsel und Pubertät liegt das Hauptgewicht auf dem bildhaft gestalteten Unterricht und den verschiedenen Gebieten der Kunst. Lernen und Erziehung vollziehen sich insgesamt im Bereich des Künstlerischen. Ein weit verbreitetes Vorurteil spricht der Wissenschaft eine höhere Bedeutung für Unterricht und Erziehung zu als der Kunst. Es verkennt, daß Kunst im Hinblick auf geistigen Gehalt der Wissenschaft keineswegs nachsteht. Sicher: Wissenschaft ist in der technischen Zivilisation lebensbestimmend und lebensgestaltend – bis zu ihren destruktiven Wirkungen im Dasein der Erde. Kunst wirkt dagegen lebensfördernd in der menschlichen Entwicklung. Zieht man in Betracht, daß die Produkte der technischen Zivilisation die leiblichen Bedürfnisse bis zum Genuß befriedigen, die Seele zur Zerstreuung anstiften und den Geist leer ausgehen lassen, dann wird die Bedeutung des Künstlerischen in der Erziehung sichtbar. Das Künstlerische steigert die Kräfte der gestaltenden Tätigkeit und führt die Seele zur Verbindung mit dem Geist. Es berücksichtigt den ganzen Menschen in einer dem Schulkind angemessenen Form.

Durch bildhaftes Unterrichten wird der Lehrer zur natürlichen Autorität; denn die Kinder erfahren, wie ihre gestaltenden Kräfte und ihr Verstehen wachsen, ihre Gefühle an Weite und Tiefe zunehmen. Der Lehrer wird für sie bedeutsam, weil er in ihnen menschliche Entwicklung anregt. Sie nehmen das, was er ihnen schildert, erklärt und sagt, dann aus innerem Bedürfnis auf (siehe hierzu Steiner 1982, S. 86). Autorität gründet nicht auf Machtausübung und erzwungenem Gehorsam, sondern in dem, was Kinder für ihren inneren Drang nach Wachstum und Entwicklung von ihren Lehrern empfangen. Die Vermutung, die Autorität des Waldorflehrers sei das Ergebnis einer «kunstvollen Überredung, auf die nicht anders als affirmativ geantwortet werden kann» (Prange 1985, S. 121) ist das Destillat aus einer Reihe von Mißverständnissen – vor allem der Meinung, Bild hätte mit dem Wahrheitsgehalt von Erkenntnis nichts zu tun; deshalb herrsche eine «Aversion gegen erklärende Analyse und rationale Prüfung» (a.a.O., S. 132). Für den Lehrer bedeutet bildhaftes Unterrichten eine nicht unbeträchtliche Anforderung. Er kann sich nicht einfach auf dem gängigen, ausgetretenen Terrain analysierender Tatsachenbetrachtung bewegen, die auf den meisten Gebieten die Wirklichkeit verfehlt – auch die anthropologische des Kindes. Der Lehrer bemüht sich, die Reduktion der Wirklichkeit auf Tatsachen, die Ausblendung des Geistigen aus den Ansichten von Welt zu überwinden, damit sie nicht auf dem Wege über den Unterricht weiterhin das Bewußtsein trübt. Ein anderes Mißverständnis liegt in der Annahme, das, was Kindern «nicht über bewußte Reflexion vermittelt wird», infiltriere wegen der – für das Kind – unklaren Motive wirksam Undurchschautes (a. a. O., S. 121/122). Das Undurchschaute liegt aber doch dort, wo in den abstrakten Begriffen (verarmten Vorstellungen) die Welt unverstanden vermittelt wird. Bild bedeutet gerade Einsicht in Dinge und Zusammenhänge. Und bildhafter Unterricht soll einer doppelten Verantwortung gerecht werden – der gegenüber der Wirklichkeit und der gegenüber dem Kind, das in seinen gestaltenden Kräften die Anlage zu geistigem Verstehen besitzt. Schließlich muß die Darstellung verzerrt sein, wenn das Ganze einer Sache von einem Teil her beurteilt wird. Bildhafter Unterricht gilt nur für die Kindheit. Der Übergang zum Jugendalter fordert durch die veränderte anthropologische Situation eine neue Form von Welterschließung, nämlich gerade die durch das Urteil, die angeblich aus dem Bereich der anthroposophischen Pädagogik ausgeschlossen ist (a. a. O., S. 122).

Das Erwachen der Seele in der Pubertät – die Entwicklung zu sachgerechtem Urteil und sachgerechter Tätigkeit

In den Veränderungen, durch die Kinder zu Jugendlichen werden, entsteht im jungen Menschen ein neues Verhältnis zu sich und zur Umwelt. Dieses Neue wurde oft und unter verschiedenen Blickwinkeln beschrieben. Der Erziehung wachsen neue Aufgaben zu, die nur zu oft an dem Unbewältigten spürbar werden, an den Schwierigkeiten der Schule mit den Jugendlichen und den nicht geringeren Problemen, die Jugendliche mit der Schule haben. Ohne anthropologisches Verständnis der Pubertät als Grundlage für Unterricht und Erziehung wird der auch in der Schule ausgetragene Generationenkonflikt nicht behoben werden. Die Orientierung an mittlerweile fragwürdigen Qualifikationen verdirbt ganz offensichtlich die erzieherischen Intentionen. Deshalb hat Steiner den Unterricht für das Reifealter von der Fixierung auf vermeintliche Erfordernisse für das Hochschulstudium ebenso wie von bürgerlicher Bildungsideologie befreit und anthropologisch konzipiert (Steiner 1964, S. 98).

Pubertät erscheint in vielen Darstellungen als eine Reihe von markanten Veränderungen in den psychologischen und physiologischen Funktionen. Die anthropologische Dimension, die den Menschen in seiner Gesamtheit betrachtet, wird erst erreicht, wenn man das ganze leiblich-seelische Lebensgefüge in den Blick nimmt. Die Pubertät (bzw. Vorpubertät) beginnt mit der bekannten, in ihrer Bedeutung aber unzureichend gewürdigten Wachstumsbeschleunigung der Gliedmaßen, die von der Peripherie aus zentripetal Arme und Beine, schließlich auch den Rumpf ergreift (Tanner 1962, S. 13 f.). Durch die zunehmende Schwere und Trägheit der Glieder verschwinden Leichtigkeit und harmonisch-rhythmischer Bewegungsfluß, die für das Kind besonders vom 9. Lebensjahr an charakteristisch sind (Meinel 1977, S. 346). Der junge Mensch kommt in seinen Gliedmaßen, besonders in den Beinen und Füßen, in eine starke Abhängigkeit von Schwere und Trägheit (Masse). Bewegung verlangt nun eine neue Intensität des Willens. Das Wachstum der Glieder wird zum Anlaß, die Wirksamkeit des Willens zu steigern und die Glieder kraftvoller als bisher zu ergreifen. In dieser neuen Auseinandersetzung mit der Schwere intensiviert sich die mit dem Willen verbundene Erfahrung, ein aus sich selbst wirkendes Wesen zu sein (s. S. 27). Hier ist der Ursprung für das in der Pubertät sich verdichtende Erlebnis der Selbständigkeit. Durch den puberalen Wachstumsschub wird der Mensch im Willen selbständig. Alte Bindungen werden fragwürdig. Und die Umgebung wird stärker vom eigenen Standpunkt aus als das Gegenüber erfahren.

Im Bereich der Gefühle erlebt der junge Mensch eine bisher nicht gekannte Innerlichkeit. Er freut sich nicht nur wie in den früheren Jahren an den Dingen, er erlebt zugleich die Fülle und Tiefe seiner Seele in dieser Freude. Dadurch bekommen die Erlebnisse die Intensität und Intimität des Persönlichen mit dem Doppelaspekt von persönlicher Beziehung und persönlicher Betroffenheit.

Dieser Übergang vom Fühlen des Kindes zu dem des Jugendlichen ist nicht als Entwicklung zu begreifen. Die Erfahrung gibt keinen Hinweis dafür, daß in der Freude, der Trauer, der Hoffnung und Liebe des Kindes durch Entwicklung die neue Intensität des subjektiven Erlebens entsteht. Diese Intensität entfaltet sich. Die Tiefe der eigenen Seele ist dem Kinde verhüllt, sie wird dem jungen Menschen erst in der Pubertät bewußt.

Wir haben an früherer Stelle (S. 48) beschrieben, daß die Gefühle sich mit ihrer Dynamik und Tiefe im Atemrhythmus zum Ausdruck bringen. So hat man im Leben der Gefühle immer zwei Faktoren: das innere Erleben, die Bewußtheit, und den weitgehend unbewußt verlaufenden Lebensprozeß. Wenn die Gefühle tiefer in die Lebensprozesse hineinwirken, d.h. tiefer in sie hineintauchen, kommt das Seelische im lebendigen Leib stärker zur Wirkung. Zugleich wird es aber auch vom Medium seines Wirkens tingiert. Das Unbewußte der Lebensprozesse dämpft die Intensität des inneren Erlebens ab. Im Antlitz dringen Gefühle so tief in den Lebensprozeß ein, daß sie sich im Mienenspiel ausdrücken. Dabei tauchen sie ganz ins Unbewußte unter; kein Mensch *erlebt* im Antlitz seine Gefühle. Gefühle können auch bei psychosomatischen Erkrankungen in unbewußten Lebensprozessen wirken und dabei dem bewußten Erleben entschwinden.

Zwischen dem Zahnwechsel und der Pubertät, besonders vom 10. Lebensjahr an, kann man beobachten, daß in den Wachstumsprozessen des kindlichen Leibes deutlicher als bisher Seelisches zur Erscheinung kommt – am deutlichsten in den Veränderungen des Gesichts, weniger auffällig in den sekundären Geschlechtsmerkmalen. Der ganze Leib der Kinder erfährt eine Durchseelung. Das Seelische der Gefühle wirkt hier tief in Lebensprozessen und wird dadurch in seiner Bewußtheit abgedämpft. Nach dem Höhepunkt dieser Durchseelung in der Pubertät emanzipiert sich dieses Seelische und wird nun in seiner vollen Innerlichkeit erlebt (Genaueres im Kapitel «Die Geburt des Astralleibes»).

Der Bereich des seelischen Erlebens weitet sich spannungsreich nach zwei Seiten hin aus. Auf der einen, dem Leib zugewandten Seite tauchen Begierden, Triebe und Leidenschaften bisweilen mit großer Intensität auf. Auf der anderen Seite werden dem jungen Menschen seine Ideale bewußt. Er erlebt, daß er als Mensch nicht in dem aufgeht, was er ist. Das entzündet in ihm einen inneren Strebenswunsch und Enthusiasmus für höhere geistige Werte. In der dramatischen Spannung zwischen diesen «zwei Seelen» bricht die Frage nach den wahren Zielen des Lebens, nach dessen Sinn auf, d.h.

nach wahrer Lebensorientierung und eigener Entwicklung. Das Streben als innere Kraft der Entwicklung orientiert sich nicht mehr wie früher in der Nachahmung oder Hinwendung zur Autorität anderer. Der junge Mensch sucht in sich die Ziele seines Werdens. Was er an anderen Menschen und deren Ideen erfährt, bestimmt ihn nicht, es erweckt seine eigenen Ideale.

Im Denken kommt der junge Mensch im Verlauf der Pubertät zu reinen, sog. abstrakten Begriffen. Er kann im Felde dieser Begriffe durch Logik zu sicheren Aussagen ohne Anschauung kommen. Das Denken löst sich aus der Bindung an das Tatsächliche und bewegt sich frei im Bereich des Hypothetischen, des Möglichen, der Denkgesetze. Dadurch kann sich der junge Mensch klar machen, wie man unter bestimmten Voraussetzungen zu bestimmten Ergebnissen kommt. Das begriffliche Denken führt zur Möglichkeit einer methodischen Reflexion, d.h. zur Anlage, das Denken und Erkennen selbst zu leiten. In der Zeit nach dem Zahnwechsel war das Denken des Kindes mit dem Anschaulichen, d.h. mit den bildgestaltenden Kräften verflochten. Nun emanzipiert es sich aus diesem Zusammenhang und tritt in seiner reinen Form auf. Das liegt dem von Piaget beschriebenen Übergang von der Phase der konkreten zu der der formalen Operationen zugrunde.

In der Pubertät verändert sich die Beziehung der menschlichen Seele zu ihrem Leib, zu seinen Lebensprozessen, auch zu den mit dem Zahnwechsel frei gewordenen Kräften des bildenden Gestaltens. In dieser Veränderung kommt die Seele zur vollen Erfahrung ihrer Innerlichkeit – der Wille im Erfassen seiner Selbständigkeit, das Fühlen im Erleben seiner persönlichen Intimität und Intensität, das Denken in freier Begriffsbildung und Begriffsverknüpfung. Die Seele erwacht, indem sie sich aus der bisher stärkeren Abhängigkeit ihres Lebens und Wirkens vom Leib emanzipiert. Selbstverständlich ist die Seele aber auch jetzt noch mit den Lebensprozessen des Leibes verbunden. Der Vorgang dieser Emanzipation, das Erwachen der Seele, beginnt im 12. Lebensjahr und dauert bis über das 14. Lebensjahr hinaus. Der Übergang vom Land der Kindheit in das der Jugend ist nicht ein abrupter Grenzüberschritt. Das eine geht zu Ende, während das andere schon anfängt. Deshalb kommt es zur Auffassung, die Entwicklung sei auch in der Pubertät ein kontinuierlicher Prozeß (Nickel 1982, S. 311 f.). Sie erscheint kontinuierlich, wenn man nur die einzelnen Veränderungen verfolgt. Wenn man diese aber anthropologisch betrachtet, wird die tiefer liegende Veränderung in der Beziehung von Seele und Leib und damit eine allmählich sich einstellende Diskontinuität, ein Übergang sichtbar.

Der junge Mensch sucht nun aus den Kräften seiner erwachenden Seele neue Beziehungen zu seiner Umgebung. Alte Bindungen und Werte lösen sich auf; in der oft schwankenden Neuorientierung der Interessen, Ziele und Werte haben die bisherigen Autoritäten eine allenfalls beiläufige Bedeutung. Dem Unterricht und der Erziehung kommt aber eine nicht geringere Aufgabe als in den vorangegangenen Phasen der Kindheit zu. Wie werden sie den Bedingungen gerecht, die sich aus dem Erwachen der Seele ergeben – in einer Zeit, in der alte Werte und Bindungen insgesamt fragwürdig geworden sind?

Der Weg zum Begreifen der Welt – Thema vieler Unterrichtsgebiete – muß mit dem Drang nach Selbständigkeit, dem Suchen nach persönlicher Beziehung und dem Vermögen freier Begriffsbildung rechnen. Die Selbständigkeit kann nur zur Geltung kommen, wenn der Jugendliche zunächst die Phänomene, die Tatsachen so, wie sie sich aus seinem Gegenüberstehen ergeben, betrachtet, d.h. als bloße Erscheinung. Nur wenn diese möglichst frei von der Deutung anderer sind, kann er im eigenen Denken Begriffe bilden, die ihr «Wesen», ihren Zusammenhang aussprechen. An die Stelle des Bildes tritt in der anthroposophischen Pädagogik nun das Urteil. Wird Unterricht dazu verwendet, als gültig angesehene Aussagen, Theorien, Modelle den Schülern in argumentativer Manier zu vermitteln, verfehlt er seine Aufgabe. Weitergabe von Fertigprodukten geht am Jugendlichen vorbei. Für ihn und seine Entwicklung ist nicht die vermeintliche Wahrheit oder die für angemessen gehaltene Theorie, sondern der Weg, nicht das fertige Urteil, sondern der Prozeß des Urteilens von Bedeutung. Dieser aber führt zur Entwicklung der erwachenden Seele.

Nun wird der Waldorfpädagogik entgegengehalten, sie basiere auf überholten, nicht mehr zutreffenden Vorstellungen über den zeitlichen Ablauf der Entwicklung; Kinder könnten schon vor der Pubertät Urteile bilden; sie greife das nicht rechtzeitig auf und verzögere deshalb bestimmte Prozesse menschlicher Entwicklung. Sicher, das Kind beurteilt zahlreiche Tatsachen seiner Lebensumgebung; man kann es auch in der Schule veranlassen, über recht verschiedenartige Sachverhalte seine Ansichten zu äußern und Urteile zu fällen. Urteilen ist da aber gegenüber dem, was die Waldorfpädagogik im Auge hat, ein anderer anthropologischer Tatbestand. Geht es im Urteilen um Ausbildung der Urteilsfähigkeit, so hat das bestimmte Voraussetzungen. Zum einen zureichende Kenntnis der Tatsachen; dann aber die Möglichkeit der methodischen Reflexion (s. S. 67); des weiteren das Vermögen, überprüfen zu können, inwieweit im eigenen Urteil der Sachverhalt auch richtig gedeutet ist. Diese beiden Bedingungen eines *selbständigen* Urteils fehlen den Kindern vor der Pubertät bzw. vor dem zwölften Lebensjahr, dem Beginn des hypothetisch-deduktiven Denkens. Soll Urteilen so, wie es seinem Wesen angemessen ist, eine persönliche und selbständige Angelegenheit sein, dann verlangt das ein Bewußtsein gegenüber den eigenen Seelenvorgängen. Das erwacht aber erst mit der Pubertät. Das Kind kann wohl zu Urteilen kommen, diesen fehlen aber wesentliche Dimensionen einer vollständigen Urteilsbildung. Schulisch provoziertes Urteilen im Kindesalter enthält die Perspektive einer degenerierten Urteilsbildung.

Wesentliches Fundament für den Weg zur Urteilsfähigkeit ist wache, offene Hingabe an die Tatsachen. In ihr wird Epoché im Sinne von Husserls Phänomenologie mit den Schülern geübt, vorurteilsloses Betrachten, an dem sich die Fragen entzünden. Durch bildhaften

Unterricht haben die Schüler in den vorangehenden Jahren erfahren, daß die Dinge nicht nur Erscheinung, sondern auch das Geistige in der Erscheinung sind und daß dieses die Welt verständlich macht. Durch das Bild ist in ihnen je individuell eine Beziehung zum Geistigen entstanden. Tritt ihnen nun im Experiment, in der Beobachtung, im Aufnehmen der Tatsachen nur Erscheinung entgegen, können sie empfinden, daß diese noch nicht das Ganze ist. Die Welt wird zum Rätsel. Es ist von Bedeutung, das Rätselhafte der Dinge zu fühlen, bevor man beginnt, über sie zu denken (Steiner 1972, S. 76). Denn im Erleben des Rätsels erhält das Denken eine Orientierung auf die noch unerschlossene geistige Dimension. Urteilen wird dann – bei entsprechendem Vorgehen – nicht nur Konstruktion von Hypothesen, es führt zur Enträtselung der Wirklichkeit.

Die erzieherische Dimension in der Ausbildung von Urteilsfähigkeit wird weiterhin sichtbar, wenn man beachtet, daß Urteilen nicht bloß ein logischer, sondern auch ein psychologischer Prozeß ist. Auf den Vorgang des Urteilens wirken verschiedene seelische Faktoren ein, die ihn verderben, z.B. vorgefaßte Meinung, Unbeweglichkeit des Denkens, Mangel an Phantasie, Tendenz zu phantastischer Spekulation, Flüchtigkeit der Argumente, geistige Bequemlichkeit, Ungeduld, Selbstzufriedenheit usw. (s. Goethe 1975 b, S. 15). Der Lehrer kann sie an seinen Schülern bemerken und den Weg von den Tatsachen zum Urteil so gehen, daß die jungen Menschen allmählich ihre Einseitigkeiten beherrschen und überwinden.

Der Weg zur Urteilsfähigkeit muß sachgerecht gegangen werden. Er verlangt in der Chemie ein anderes Denken als in der Physik, wenn Chemie phänomenologisch als Stoffchemie, nicht nur reduktionistisch als Molekülchemie betrieben wird (Primas 1985; Julius 1988; Buck/von Mackensen 1988; von Mackensen 1994; Kranich 1998). In der Biologie ist ein gestaltendes Denken zu entwickeln, das in die Gesetze organischer Bildungsprozesse eindringt und über das Unzureichende molekularbiologischer und darwinistischer Interpretation hinausreicht (Schad 1982; Kranich 1989, 1995 und 1997; Julius 1981; Kipp 1948). Wieder andere Forderungen stellen Geschichte (Lindenberg 1981), gesellschaftliche Vorgänge (Leber 1978) oder literarische Werke (Guttenhöfer 1983, Göpfert 1993, Schirmer 1993). Umfassende Urteilsfähigkeit – das Ziel der anthroposophischen Pädagogik für die mit der Pubertät beginnende Phase menschlicher Entwicklung – zielt auf eine Vielfalt von Methode und Denken, die dem Reichtum der Wirklichkeit angemessen ist. Indem der junge Mensch an den Erscheinungen in seinem Denken im Laufe von Jahren diese Vielseitigkeit entwickelt, ist sein Denken nicht mehr nur logisch, es wird wirklichkeitsgemäß.

Dies führt zu Urteilen, die der Jugendliche versteht. Verstehen ist nicht nur neutrale Einsicht; in ihm entzündet sich persönliche Verbindung mit der erkannten Wahrheit (s. S. 30). Diese wird für den jungen Menschen persönlich bedeutsam; sie verbindet sich mit seinem persönlich gewordenen Fühlen. Die Einsicht wird zur Überzeugung; die im Urteil erfahrene Wahrheit, d.h. Geist wird zu innerer Lebensorientierung. In den Überzeugungen entsteht ein von Geistigem durchwirktes Fühlen. – Unterricht, der nur zu Erklärungen ohne Verstehen führt, findet nicht den Zusammenhang mit dem persönlichen Fühlen. Er bleibt für dieses bedeutungslos; er verfehlt wesentliche Aufgaben der Erziehung, nicht nur des Erkennens.

Durch die mit dem 12. Lebensjahr beginnende Aufgabe, die Welt durch das Urteil zu begreifen und zur Urteilsfähigkeit zu erziehen (Steiner 1989, S. 107 f.; Steiner 1977, S. 168 ff.) bekommt der Unterricht wissenschaftlichen Charakter. Wissenschaft ist immer mehr als ihre Resultate, besonders mehr als jene, die sich aus positivistischer Verengung der Wirklichkeitsauffassung ergeben. Deshalb spielen Modellvorstellungen in der anthroposophischen Pädagogik nicht die gleiche Rolle wie sonst. Schüler sollen sie wohl begreifen, in ihrem Denken aber nicht durch sie aus Meinungen über das angeblich Wesentliche festgelegt werden (von Mackensen 1976). Das liefe auf eine traurige Blockade des Geistes, nicht auf geistige Selbständigkeit hinaus.

Die Vielseitigkeit der im Urteilen sich abspielenden Prozesse sei noch durch einen Hinweis auf das Gebiet der Kunstbetrachtung, das im Unterricht der Waldorfschulen vom Pubertätsalter an eine gewichtige Rolle spielt, erläutert. Die Wahrnehmung eines Kunstwerks (Malerei, Plastik, Dichtung, Musik, Architektur) verlangt vom jungen Menschen mehr als die eines Naturgegenstandes. Ästhetisches Anschauen ist Tätigkeit, in der das Kunstwerk innerlich nachgeschaffen und nacherlebt wird. Anschauen und Erleben werden zur tätigen Hingabe, d.h. vom selbständigen Willen des jungen Menschen durchdrungen. Je bedeutender das Kunstwerk, desto größer ist die Anforderung. Der junge Mensch muß die stärksten Kräfte seines fühlenden Erlebens aktivieren, damit sich in ihnen das Kunstwerk in seiner sinnlich-übersinnlichen Realität aussprechen kann. Ästhetisches Erfassen von Kunst setzt Tiefe des persönlichen Fühlens voraus, und es erweitert, belebt und vertieft zugleich dessen Kräfte. Das ist unverzichtbar, wenn Unterricht Entwicklungsprozesse im persönlich gewordenen Fühlen der erwachenden Seele anregen soll. Indem Kunstbetrachtung die Erlebniskraft der Seele steigert, ist sie Gegenwirkung gegen die Aushöhlung der Seele im Sog der Sensation.

Wir haben darauf hingewiesen, daß der junge Mensch seine Glieder neu durch den Willen ergreifen muß. Das kann er nur durch praktischen Unterricht erreichen. Turnen und Sport reichen nicht aus, auch nicht Eurythmie. Deshalb hat zur sachgerechten Ausbildung des Urteils sachgerechter Umgang mit Material zu treten. Im Schnitzen, Hobeln, Sägen, Buchbinden usw. entwickelt der Schüler von der Vorpubertät an im Willen eine differenzierte Betätigung in der Handhabung des Werkzeugs, d.h. neue Geschicklichkeiten. Die Herstellung eines Werkstückes führt zu Umsicht und Kontrolle bei den verschiedenen Schritten der Arbeit, vom Entwurf bis zur Fertigstellung. Der junge Mensch lernt seinen Willen in den neu erworbenen Geschicklichkeiten und in der gedankendurchdrungenen Abfolge der Arbeitsschritte bewußt zu führen (s. S. 29). Was hergestellt wird, sollte im Leben auch gebraucht werden. Sonst fehlt eine wesentliche Komponente des praktischen Lernens, nämlich die Erfahrung, daß menschliche Arbeit nur sinnvoll ist, wenn ihre Produkte den Bedürfnissen und Forderungen des Lebens entsprechen.

In den geschilderten Vorgängen entwickeln sich die Kräfte der erwachenden Seele. Die Ausbildung des Denkens zur Urteilsfähigkeit ist besonders bedeutsam, weil sie im Ganzen der Seele zu Entwicklung und Verwandlung führt. Vor allem führt sie zu einer neuen Verbindung mit der Welt. Denn das, was der junge Mensch im Denken als Geistiges erfaßt, ist das, was auch in den Dingen existiert. Der junge Mensch wird mit der Welt geistig vertraut. Sie ist nicht mehr fremd; er fühlt sich mit ihr verbunden. Das Erleben geistiger Verbindung führt aber zur Verantwortung, und zwar zu existentieller Verantwortung im Sinne von Danner (1985)[8] gegenüber dem, womit man sich verbunden fühlt.

An früherer Stelle wurde dargestellt, daß Entwicklung im Bereich der Seele darauf beruht, daß der Mensch die verschiedenen Kräfte seiner Seele zu intensiver Wechselwirkung bringt. Die Entwicklung des jungen Menschen nach der Pubertät beruht auf der Handhabung dieser Gesetzmäßigkeit in einer Weise, die den erwachenden Seelenkräften gemäß ist.

Entwicklung und Erziehung in der frühen Kindheit

In der anthroposophischen Pädagogik wurde die Bedeutung der frühen Kindheit für die ganze Biographie von Anfang an deutlich gesehen. In seiner ersten Darstellung von Erziehungsfragen aus dem Jahre 1907[1] widmet R. Steiner einen wesentlichen Teil diesem ersten Lebensabschnitt. Sie unterscheidet sich von den damals bereits erschienenen Arbeiten über die Entwicklung des Kindes dadurch, daß sie durch die Forschungsmethoden der anthroposophischen Geisteswissenschaft[2] in der Lage ist, die seelische und die geistige Wesenheit im heranwachsenden Menschen ebenso konkret zu beschreiben wie die naturwissenschaftlichen Methoden den Leib. Die Ausweitung wissenschaftlicher Erkenntnisgewinnung auf die der Sinnesbetrachtung nicht zugänglichen Bereiche des Menschen haben sich für die Pädagogik der frühen Kindheit als besonders fruchtbar erwiesen.

Das allmähliche Hervortreten des Seelischen und Geistigen im Laufe von Kindheit und Jugend ist das große Rätsel, vor dem jeder Erforscher der ersten zwei Lebensjahrzehnte steht. Geht er in seinen Untersuchungen von dem aus, was das Kind im Laufe der Zeit an neuen seelischen und geistigen Kräften, an Begabungen und Fähigkeiten zeigt, so kommt er zu dem für vorurteilsloses und kritisches Erkenntnisbemühen unbefriedigenden Ableiten des neu Hervortretenden aus dem bereits Vorhandenen. Er verfolgt, wie sich das Kind entwickelt, findet aber für vieles, was in den Veränderungen auftritt, nicht die Quellen und setzt an deren Stelle nicht verifizierbare Hypothesen. Die Erforschung der frühen Kindheit durch R. Steiner läßt sichtbar werden, daß bereits im kleinen Kinde Seele und Geist in ihrer vollen Wirklichkeit vorhanden sind. Ihre Kräfte sind aber zunächst noch stark mit dem heranwachsenden Leib verbunden; sie kommen erst allmählich dazu, sich von dieser Bindung zu lösen und damit nach außen, zur sozialen Umwelt und zur Natur hin wirksam zu werden.

Damit wird der Blick auf Verwandlungen im Wesensgefüge des Menschen gelenkt. Eine der besonders einschneidenden Verwandlungen liegt im 7. Lebensjahr. Sie berechtigt, die ersten sechs bis sieben Lebensjahre als einen in sich zusammenhängenden Lebensabschnitt, als frühe Kindheit aufzufassen. Das wird in den folgenden Ausführungen dargestellt. – Mit dieser Betrachtungsart hängt zusammen, daß aus der Erkenntnis der kindlichen Entwicklung unmittelbar ein Verständnis für die Methoden und Inhalte der Erziehung hervorgeht.

Besonders nach 1919 hat R. Steiner in vielen seiner pädagogischen Vorträge die Anthropologie und Pädagogik der frühen Kindheit immer umfassender dargestellt. Bei der Fülle der Lebensgebiete, auf denen R. Steiner neue Betrachtungsweisen entwickelt und aus diesen eine neue Lebenspraxis angeregt hat, sind die Darstellungen der frühen Kindheit z.T. sehr komprimiert Vieles wurde von seinen Schülern weiter ausgearbeitet.

Anthropologische Grundtatsachen

Die Aufgaben, die die frühe Kindheit an die Erziehung stellt, und die angemessenen Inhalte und Methoden dieser Erziehung ergeben sich der anthroposophischen Pädagogik aus der Einsicht in die Eigenart und die Bedingungen der frühkindlichen Entwicklung selbst. Verfolgt man, wie das hilflose Kind der ersten Lebenswochen heranwächst und sich verändert, so wird deutlich, daß die frühe Kindheit jenes Alter ist, in dem sich der Mensch schneller und tiefgreifender verwandelt als zu irgendeiner anderen Zeit seines Lebens. Die zunächst unbestimmten Gesichtszüge des Kindes werden charakteristisch; sie bilden sich zu einer immer individuelleren Physiognomie um. Im Antlitz lebt im Spiel der Miene ein immer reicheres Seelenleben auf. Die Bewegungen werden zunehmend von Intentionen willentlich geführt, und der zunächst konvulsivische Ausdruck von Lust und Unlust gestaltet sich in Armen und Händen zu Gebärden um. In der gleichen Zeit richtet sich das Kind auf, indem es seinen Leib durch die Kraft des Willens immer geschickter und umfänglicher ergreift, bis er als Ausdruck vollständiger Beherrschung auf den Füßen steht. In den Lautäußerungen lebt mit der Stimme zunehmend ein seelischer Klang auf. Und im Sprechenlernen erringt das Kind die Fähigkeit, Wörter, Sätze und Satzgefüge zu bilden, in denen es seine Erlebnisse, Fragen, Wünsche und Gedanken, d.h. die Inhalte seines sich erweiternden seelischen und geistigen Lebens ausspricht.

In diesen Veränderungen zeigt sich das Grundphänomen der frühkindlichen Entwicklung, von dem die Deutung dieser Entwicklung ausgehen muß. Es ist die Tatsache, daß sich durch den heranwachsenden Leib immer prägnanter und vielseitiger ein seelisch-geistiges Wesen manifestiert. Die leibliche Entwicklung vollzieht sich im engsten Zusammenhang mit der des Seelisch-Geistigen. Beide sind als einheitliches Geschehen miteinander verflochten. Diese Einheit wird heute im allgemeinen in eine Psychologie der frühen Kindheit und in eine Anatomie und Entwicklungsphysiologie des Kindesalters aufgegliedert. Da erscheinen seelisch-geistige und leibliche Entwicklung als zwei Vorgänge, die kaum etwas von einem inneren Zusammenhang bemerken lassen. Hinter diesem Dualismus verschwindet der fundamentale Sachverhalt: daß sich in den Veränderungen des kindlichen Leibes ein Seelisch-Geistiges zum Ausdruck bringt. – Durch die neuere Säuglingsforschung weiß man, daß sich schon in den ersten Lebenstagen ein individuelles Seelenwesen in den Reaktionen, auch in den frühesten Formen des Nachahmens äußert.[3] Bereits Anfang der vierziger Jahre hat F. Stirnimann aufgrund seiner Beobachtungen als Kinderarzt im Gegensatz zu der damaligen Lehrmeinung betont, daß bereits im Neugeborenen eine individuelle Seele lebt und daß es «keine postnatale Psychogenesis, nur eine Entwicklung» gibt.[4] Nach wenigen Lebenswochen sucht das Kind seelischen Kontakt mit seiner Umgebung. Es erlebt an der Sprache, den Bewegungen und Gebärden vor allem die Dynamik seelischen Ausdrucks – das Ruhige, Erregte, Aufwallende, Flüchtige usw. – und nimmt sie als sogenannte Vitalitätseffekte tief in sich auf.[5] Es ist eine erwiesene Tatsache, daß nur durch diesen Kontakt im Kinde jene Regungen und Bemühungen entzündet werden, die der gesunden Entwicklung zugrunde liegen.[6] Deshalb baut die anthroposophische Pädagogik gerade im Hinblick auf die frühe Kindheit auf einer Anthropologie auf, die den Zusammenhang der leiblichen Entwicklung mit dem Seelisch-Geistigen aufhellt.

Eine wichtige Bedingung dieser Entwicklung liegt in der besonderen Bildung des menschlichen Leibes. Im Vergleich mit den dem Menschen nahestehenden Säugetieren erscheinen die meisten Organe des Menschen in ihren Formen einfach. Nicht nur Arm und Hand bewahren gegenüber den entsprechenden Gliedern der Säugetiere einen ontogenetisch ursprünglichen Entwicklungszustand; auch viele innere Organe wie Kehlkopf, Lunge, Herz, Magen und andere, ebenso das Haarkleid und am Kopf das Verhältnis von Gehirn- und Gesichtsschädel bleiben auf einer Entwicklungsstufe stehen, über die die Primaten und übrigen Säugetiere zum Teil weit hinausgehen.[7] Dieser für das Verständnis des Menschen fundamentale Sachverhalt wurde zuerst durch R. Steiner[8] und L. Bolk[9] erforscht und beschrieben. Die stärkere Entwicklung der Organe führt bei den Tieren zu Spezialisierungen, durch die sie sich in spezifischer Weise der äußeren Natur anpassen. Der menschliche Leib bleibt durch eine verlangsamte pränatale und postnatale Entwicklung vor einer solchen Anpassung stehen. Er bildet aber eben auch die andern Organe so aus, daß sie nicht zu einer spezifischen Abhängigkeit von den äußeren Verhältnissen kommen (wie etwa die Wiederkäuer durch ihren hochentwickelten Magen in einem übermächtigen Nahrungstrieb). Der menschliche Leib wird vor solchen Anpassungen zurückgehalten.

Diese Zurückhaltung, die physiognomisch besonders deutlich im Antlitz durch die schwache Ausbildung der Kieferpartie in Erscheinung tritt, bestimmt den ganzen menschlichen Leib. Vielfach wird behauptet, daß die starke Entwicklung des Gehirns hierzu im Gegensatz stehe. Das trifft aber nicht zu. Denn die Ausbildung des Gehirns weist besonders eindringlich darauf hin, daß der Mensch durch seinen Leib dazu veranlagt ist, sich nicht von Organprozessen, sondern von Gedanken, d.h. aus dem Geistigen bestimmen zu lassen. – Durch seine pränatale Entwicklung, in welcher die Organe nicht bis zu der Höhe und Anpassung wie bei den höheren Tieren ausgebildet werden, hat der Mensch in seinem Leibe gleichsam eine jugendlich-kindliche Signatur. Die verlangsamte Entwicklung setzt sich auch nach der Geburt fort und wird zur Grundlage für die lange Kindheitsphase.[10]

Diese Tatsachen sind der Grund dafür, daß das Seelische beim Menschen in einer anderen Beziehung zum Körper steht als bei den höheren Tieren. Deren Seelisches, die Lust- und Unlustempfindungen, die Triebe, Begierden und Instinkte werden unmittelbar von Organprozessen ausgelöst und durch die Struktur der Organe bestimmt. Es ist von vornherein mit der in die Spezialisierung führenden Leibesentwicklung verflochten. Es kennt keine individuelle Entwicklung und tritt mit der Funktionsreife der Organe ohne Lernen als perfektes Können auf (wie bei den Vögeln das Fliegen oder bei den Säugetieren die spezifische Bewegungsweise); dieses Können erfährt bei manchen der höheren Wirbeltiere an der Erfahrung lediglich noch eine Differenzierung und Steigerung. Das spielerische Verhalten junger Tiere ist an den noch unreifen Leib gebunden und verschwindet im allgemeinen mit dessen Reifung.

Der menschliche Leib bleibt in seiner Entwicklung stehen, bevor es zu solchen festgelegten Verhaltensweisen kommt. Diese Unbestimmtheit spricht sich am deutlichsten in der Hilflosigkeit des neugeborenen Kindes aus. Wenn das Kind dann zum geschickten Gebrauch seiner Glieder oder seiner Stimme kommt, entwickelt es erst im Lernen die Kräfte, durch welche die Bewegungen ihre Bestimmung erhalten. Durch die Eigenart seiner Entwicklung und Bildung ist der kindliche Leib offen für die vom Seelischen und Geistigen ausgehenden Wirkungen. So wird der Leib Träger eines seelisch-geistigen Wesens.

In den ersten Lebensjahren ist dieser Leib von einer besonderen Bildsamkeit. Durch einen deutlich höheren Wassergehalt und schnelleren Wasserumsatz[11] sind alle Organe weicher und gestaltenden Einflüssen leichter zugänglich als später. Die ungewöhnlich rasche Wundheilung weist darauf hin, daß die Regeneration viel intensiver ist als in der mittleren Kindheit und Jugend. Die Form der Organe ist nicht starr; man bemerkt im allgemeinen nicht, daß sie nur deshalb existiert, weil sie unentwegt neu gebildet wird. Diese Erneuerung ist einer der fundamentalen Lebensvorgänge. Er wirkt in allen Organen gleichzeitig, von Organ zu Organ in verschiedener Intensität und in einer wechselseitigen Abhängigkeit. Der Organismus dieser sich wechselseitig bedingenden differenzierten Bildeprozesse ist eine Manifestation des sog. Lebensleibes, der in der Gestaltung und im Wachsen des sichtbaren physischen Leibes wirkt.[12] Der physische Leib des kleinen Kindes ist noch wenig dicht und fest; in ihm ist der Lebensleib stärker als später tätig. Der auffallend hohe Grundumsatz[13] ist die physiologische Auswirkung dieser starken Bildungsprozesse.

Diese Tatsachen bilden eine Grundlage, um die Bedeutung der Nachahmung in der frühkindlichen Entwicklung voll würdigen zu können. Durch zahlreiche wissenschaftliche Beobachtungen – hier seien nur die Arbeiten von W. Stern, K. Bühler, J. Piaget, R. Spitz, A. Nitschke und J. Uzgiris genannt –, aber auch aus dem persönlichen Umgang mit Kindern wird deutlich, in welch breitem Umfang sich das kleine Kind gegenüber seiner Umgebung nachahmend verhält. In der Fülle der Nachahmungsreaktionen muß man allerdings darauf achten, daß gerade auch die großen Entwicklungsschritte wie das Gehen- und das Sprechenlernen auf Nachahmung beruhen. Die anthroposophische Pädagogik sieht im nachahmenden Lernen die für die frühe Kindheit wichtigste Form des Lernens und die wirkungsvollste Kraft der Entwicklung.

Nachahmung geht von der Sinneswahrnehmung aus. Im Wahrnehmen gibt sich das Kind seelisch an das hin, was in seiner Umgebung geschieht. Dadurch haben seine Wahrnehmungen einen anderen Charakter als beim Schulkind oder Erwachsenen. Durch das innere Mitleben haben nicht nur das Antlitz und die Gebärden, sondern auch die Farben, Formen und Dinge für das kleine Kind einen physiognomischen Ausdruckscharakter.[14] Dieses Mitleben einer Bewegung z.B. löst in den Armen und Händen des Kindes die gleiche Bewegung aus. Indem das Wahrnehmen unmittelbar die Willenstätigkeit in den Gliedern auslöst, vollzieht das Kind mit, was es sieht. Wahrnehmung, seelische Hingabe und Willenstätigkeit bilden eine Einheit, die sich erst später auflöst, wenn einer Handlung der Entschluß zugrunde gelegt wird. In dieser Einheit ist das Kind gegenüber der Umwelt so offen, daß das, was es wahrnimmt, bis in die Regionen seines Leibes hineinwirkt, in denen es den Willen unwillkürlich betätigt.[15] Bei einer psychologisch genauen Beschreibung müßte man sagen: Die in der Wahrnehmung gebildete Vorstellung, durch die das Kind überhaupt erst die Menschen und Dinge seiner Umgebung erfaßt, wirkt in die Willensbetätigung unmittelbar hinein. – Dieses tiefe Hineindringen in den kindlichen Organismus zeigen auch jene Fälle, in denen Kinder den seelischen Ausdruck von Erwachsenen nachahmend ausdrücken, und zwar bis in die Vorgänge des Stoffwechsels. Die Sorge und der Kummer einer Mutter führen im frühen Kindesalter unter Umständen zu einer Lähmung der Verdauungstätigkeit im Magen bis zum Erbrechen der aufgenommenen Nahrung.[16] Bis in die psychosomatischen Konsequenzen wird nachgeahmt.

Das Nachahmen wurde von verschiedenen Forschern begrifflich als das unmittelbare Zusammenwirken von Wahrnehmung und Bewegung gefaßt. Die Unterschiede der Deutung liegen vor allem in der Genauigkeit der Darstellung. So beachtet Piaget in seiner Auffassung von dem Zusammenwirken von Assimilation und Akkommodation mit dem Hauptgewicht der letzteren vor allem die Fortschritte, die das Kind im Nachahmen erringt.[17] R. Steiner charakterisiert das kleine Kind, in dem Nachahmen als Grundtendenz seiner Weltzuwendung lebt, unter anderem als einen Menschen, der ganz Sinnesorgan ist.[18] Damit ist gemeint, daß die Vorgänge, die sich z.B. im Auge beim Wahrnehmen abspielen, auf den ganzen Organismus ausgedehnt sind. Das Auge nimmt die Farben, die von einem Gegenstand ausgehen, auf, indem es sie in das ganze Organ hineindringen läßt. Damit es aber zur Wahrnehmung des Gegenstandes kommen kann, muß das Auge mit feinen Bewegungen, die man normalerweise nur nicht bemerkt, seiner Gestalt nachgehen. Durch diese Bewegungen bilden sich die Vorstellungen, die in aller Gegenstandsauffassung enthalten sind. Wie man nur durch dieses Nachbilden der Form mit den Augenbewegungen die Dinge sieht, so kann man nur durch inneres Mitgehen der Intervallschritte die Melodie hören. – Beim Wahrnehmen wird in den Sinnesorganen also immer eine feine, die Formen und Bewegungen nachahmende Willenstätigkeit ausgeführt.

Dieser Vorgang, den der Erwachsene im allgemeinen nur in den

Sinnesorganen in der Einheit von Wahrnehmen und Bewegen vollzieht, erstreckt sich beim Kinde auf den ganzen Leib, indem es in seinen Bewegungen, auch den Ausdrucksbewegungen, in seiner Haltung und in den Veränderungen des Stoffwechsels die Bewegungen, die Haltung und den Ausdruck seiner menschlichen Vorbilder nachbildet. Die Auffassung vom kleinen Kind als einem Wesen, das ganz Sinnesorgan ist, ist ein zentraler Begriff der anthroposophischen Pädagogik. Er bringt unter anderem zum Ausdruck, daß das kleine Kind stark unter dem Einfluß derjenigen Vorgänge steht, die als Wahrnehmung und als die mit Wahrnehmung verbundene Vorstellungsbildung vom Kopf des Kindes ausgehen. Beide Vorgänge wirken beim Nachahmen vom Kopf aus in den ganzen kindlichen Organismus.

Die dominierende Rolle des Kopfes zeigt sich auch in der Gestalt. Bei der Geburt stehen die drei Hauptbereiche des Leibes auf sehr verschiedenen Stufen ihrer Entwicklung. Der Kopf zeigt in seiner Größe einen ziemlich fortgeschrittenen Entwicklungszustand. Der Rumpf ist weniger weit entwickelt. Und die Gliedmaßen, speziell die Beine und die Füße, sind am weitesten von ihrer endgültigen Größe und Form entfernt. Dies ist Ausdruck einer umfassenden Gesetzmäßigkeit: daß die Leibesbildung des Menschen vom Kopf ausgeht. Bis in die Einzelheiten kann man im ganzen menschlichen Organismus verfolgen, wie die Anlage und Ausbildung der Organe kraniokaudal verlaufen.[19]

Die bisher beschriebenen Tatsachen machen einen fundamentalen Sachverhalt sichtbar. Was das Kind nachahmt, stammt seinem Inhalt nach aus der Umgebung. Die Kräfte, durch die es diese Inhalte in seinem Leibe verwirklicht, sind vor allem die seines Willens. So ist das Nachahmen ein Geschehen, das nicht auf Vererbung zurückgeführt werden kann. Diese Auffassung findet sich auch bei Delacroix.[20] Der französische Zoologe P. Grassé schreibt in einem seiner Werke: «Drei Grundelemente kommen der menschlichen Ontogenese zu: die genetische Struktur als Grundlage, die Einwirkungen der Gesellschaft und das eigene Bemühen, die persönliche Anstrengung.»[21] Das gilt in besonders starkem Maße für das nachahmende Lernen des kleinen Kindes.[22] Jene Theorie, die menschliche Entwicklung als Wechselwirkung von genetischer Bestimmung und den Einwirkungen der sozialen Umgebung deutet, ist viel zu schlicht. Sie übersieht oder ignoriert, was z.B. beim Nachahmen geschieht.

Das Nachahmen greift tief in den Leib des Kindes ein. Was durch das Nachahmen an Bewegung, Haltung und Ausdruck auftritt, hebt den heranwachsenden Leib des Kindes aus den Bedingungen der bloßen Vererbung heraus. Damit ist auf einen Sachverhalt verwiesen, der auf die Bedeutung der frühen Kindheit für die menschliche Entwicklung überhaupt aufmerksam macht. Jene drei Vorgänge, durch die das Kind die spezifisch menschliche Daseinsform gewinnt, das Erringen der aufrechten Haltung, das Erlernen der Sprache und das Denken, zeigen das im Konkreten.[23]

Die Bedeutung von aufrechter Haltung und Sprechen

Das Erringen der aufrechten Haltung ist jener Vorgang, durch den das Kind seinen Leib am intensivsten und umfänglichsten mit dem Willen ergreift. Wenn E. Straus in seiner Studie über «Die aufrechte Haltung» schreibt, sie sei «ein Überwinden ohne Ende»,[24] so deutet er darauf hin, daß das Kind in jedem Moment von den Füßen bis zum Kopf neu die Willenskraft entwickeln muß, durch die es die Schwere überwindet und sich im Gleichgewicht hält. Aufrechte Haltung ist In-sich-Ruhen durch unentwegt neu entfachte Willenstätigkeit. Dieser Wille, der nicht wie im Begehren von außen angeregt, sondern aus einem inneren Zentrum entwickelt wird, ist Wirkung des individuellen Ich. In der aufrechten Haltung, im Stehen und Gehen, ergreift und beherrscht das Ich des Kindes den eigenen Leib immer sicherer und geschickter.

Hiermit sind bedeutende Veränderungen im Nervensystem, in der Muskulatur und im Skelett verbunden. In der beim Neugeborenen nahezu geraden Wirbelsäule entstehen die Biegungen: die Lordose der Halswirbelsäule, die Kyphose der Brustwirbelsäule und die zunächst nur schwache Lordose der Lendenwirbelsäule. Kann sich ein Kind durch eine schwere Störung nicht aufrichten, bleibt die Wirbelsäule nahezu gerade. Die Umbildung der Wirbelsäule ist die Wirkung des Aufrichtungsprozesses. Durch die Biegungen hat das in der Wirbelsäule lastende Gewicht die Tendenz, den Rumpf etwas in sich zusammensinken zu lassen. So entsteht durch die Umbildung der Wirbelsäule ein Organ, an dem das Ich im Überwinden dieses Zusammensinkens permanent wirksam werden kann.

Die Umgestaltung der Wirbelsäule ergreift auch die einzelnen Wirbel. Beim Neugeborenen sind die Wirbel etwa gleich groß. Nun nimmt nach unten hin ihre Größe viel stärker zu. Besonders die Wirbelkörper werden durch die zunehmende Belastung nach unten immer mächtiger. So ist die Umbildung der Wirbelsäule insgesamt die Wirkung der Aufrichtung bzw. des in der Aufrichtung tätigen Ich. Ganz entsprechende Veränderungen spielen sich auch in den anderen Teilen des statisch-dynamischen Systems ab. In den Füßen formt sich im Laufe von Jahren das Gewölbe aus, und die Beine bekommen allmählich die Gestalt von tragenden Säulen.

Das Ich des Kindes greift hier durch den im Nachahmen tätigen Willen in den wachsenden Leib ein. Es verwirklicht sich dabei an seinen menschlichen Vorbildern. Die genannten Umbildungen sind nicht die Folge der Vererbung. In dem Leib, der aus der Vererbung stammt, treten Gestaltungen auf, in denen sich dieser aus den Bestimmungen der bloßen Vererbung löst. Hierbei wird er mehr oder weniger stark denen des individuellen Wesens angepaßt. Der Anpassung des Leibes an spezielle Verhältnisse der Umwelt beim Tier steht *beim Menschen die Anpassung an das Ich* gegenüber.

Die anthroposophische Pädagogik unterscheidet das Ich als den willenshaft wirkenden individuellen Kern des Menschen und das Bewußtsein von diesem Ich. Das Ich tritt Jahre vor dem Ich-Bewußtsein auf. Dadurch daß das Ich in der Auseinandersetzung mit der Schwere und im Gleichgewicht tätig wird, gewinnt der Mensch als Ergebnis des Aufrichtungsprozesses das Erlebnis der Selbständigkeit. Ob ein Mensch dann im Leben eine stärkere oder schwächere Kraft der Selbständigkeit hat, geht zum Teil auf die frühe Kindheit zurück. Denn durch das Nachahmen kann der Aufrichtungsprozeß in verschiedener Weise beeinflußt werden. Wenn ein Kind eine unruhige, zerfahrene Mutter als Vorbild hat, kann das zu schweren Verhaltensstörungen führen.[25] Der Mensch kann nicht die Führung und Sicherheit in Haltung und Bewegung entwickeln, auf denen eine kraftvolle Selbständigkeit aufbaut. Diese wird veranlagt, wenn liebevolles Interesse der Eltern am Stehen- und Gehenlernen im Kinde das Bemühen bekräftigt und beflügelt. Sie kann sich ausbilden, wenn das Kind Erwachsene nachahmt, die umsichtig und mit frischer Willenskraft sich bewegen und arbeiten. Im Nachahmen erlebt das Kind das, was sich in Bewegung und Arbeit an Charakter, Temperament und seelischer Regsamkeit ausdrückt.

Von hier und nicht von Wissen und Gescheitheit gehen die erzieherischen Wirkungen aus. So kann das Kind an seinen Vorbildern mehr oder weniger die Sicherheit des Ich und die Kraft der Selbständigkeit ausbilden, die es dann später im Denken, in den Entscheidungen des Lebens, in den Regungen des Gemütes und im Handeln braucht. Durch die richtigen Erzieher bildet sich also ein sicheres und kein schwankendes Lebensfundament.[26]

Durch die aufrechte Haltung und die freie Bewegung der Arme und Hände erwirbt das Kind wichtige Bedingungen auch für das Sprechenlernen. Die Tatsache, daß Kinder in der Regel erst nach dem Aufrichten anfangen zu sprechen, d.h. nachahmend Wörter zu bilden, weist auf einen inneren Zusammenhang. Das Kind lernt zwar durch Nachahmen sprechen, die Nachahmungsaktivität wird aber durch die Beweglichkeit und die Geschicklichkeit der Arme und Hände angeregt. So kann man das Sprechenlernen dadurch beschleunigen, daß man die Kinder dazu bringt, sich geschickter und regsamer zu bewegen.[27] Man kann auch beobachten, wie individuelle Eigentümlichkeiten des Sprechens in Bewegungseigenarten z.B. der Arme, Finger und des Gehens ihre Wurzeln haben.[28] Sprechen ist, wie Gehlen betont, in erster Linie Bewegung.[29] Wenn das Kind im zweiten Lebensjahr anfängt zu sprechen, entwickelt sich ein sehr differenziertes Zusammenspiel von willkürlich geführtem Ausatmen und den Artikulationsbewegungen. Erst durch diese Koordination und Umgestaltungen im Brustkorb und im Rachenraum sowie durch bestimmte Strukturbildungen im Gehirn (Brocasches und Wernickesches Sprachzentrum) entsteht zwischen dem zweiten und siebten Lebensjahr die volle Sprachorganisation. Diese Entwicklung ist nicht Ursache, sondern Wirkung des Sprechenlernens. Wieder wie beim Aufrichten werden bestimmte Bereiche des kindlichen Leibes so umgebildet, daß sie nicht mehr nur der Vererbung unterliegen. Mit dem Beginn des Sprechenlernens vollzieht sich im Nachahmen eine Veränderung. Zu dem unmittelbaren Mitvollziehen der Bewegung tritt das begleitende Wahrnehmen des eigenen Sprechens. Damit löst sich das Kind etwas aus der engen Bindung an das Vorbild. Und so beginnt um diese Zeit auch die mittelbare oder aufgeschobene Nachahmung, bei der die Wahrnehmung im Kinde nachwirkt und erst nach einiger Zeit zum Nachahmen führt.

Für das Kind ist Sprache in hohem Maße unmittelbar sinnliches Phänomen. Schon von den ersten Lebenstagen an nimmt es die Lautgebärden der Sprache, die in seiner Umgebung gesprochen wird, wahr.[30] Lange Zeit bevor das Kind sprechen lernt und den Sinn erfaßt, erlebt es, wie schon erwähnt, im Klang der Stimme die Wärme, Ruhe, Sicherheit, die Erregung, Heftigkeit usw. Diese Eindrükke wirken sich unmittelbar in Veränderungen des Atems und Herzschlages aus. Sie haben einen tiefen Einfluß auf die früheste Phase der Gefühlsentfaltung. Das Kind lebt nämlich das in der Stimme tönende Seelische der Erwachsenen seelisch mit. Die liebevolle und warme Stimme der Mutter ist ein erziehender Faktor, lange bevor das Kind den Inhalt der Worte versteht.

Die Wörter sind für das Kind ebenso Lautgebärden wie Bezeichnung für Dinge. Wenn ein vierjähriger Knabe mit sicherer Entschiedenheit sagt: *lumière* heiße nicht «Licht», sondern «Schimmer», dann empfindet er die dunklere, gedämpfte Lautqualität des französischen Wortes. In den Kindern ist die Empfindung für die Lautgebärden noch nicht wie bei den Erwachsenen durch die starke Ausrichtung auf den gedanklichen Inhalt geschwächt. Deshalb bildet sich in ihnen am Lautcharakter der Wörter ein nuancenreiches Empfinden. Dies hat allerdings zur Voraussetzung, daß die Erzieher eine reiche Sprache haben und seelenvoll sprechen. Am affektierten Sprechen und an einer zum Jargon degenerierten Sprache entwickelt sich im Hören und im Nachahmen das Gefühl nur in einer verkümmerten Weise. Sprechen und Sprechenlernen haben so einen starken Einfluß auf die Entwicklung des Fühlens bzw. Empfindens wie das Gehenlernen auf das Ich.

Durch das Sprechenlernen wird das Kind zu einem sozialen Wesen. Indem es die Muttersprache in sich aufnimmt und sich an ihr bildet, kommt es mit allen Menschen, die die gleiche Sprache sprechen, in eine Beziehung. Es kann sich ihnen mitteilen und teilhaben an dem, was andere von ihrem Innern aussprechen. Diese Fähigkeit entwickelt sich, wenn Kinder an Gesprächen teilnehmen, wenn ihnen erzählt wird und wenn die Erwachsenen mit Interesse dem zuhören, was Kinder zu erzählen haben.

Selbstverständlich hat die Sprache auch eine Bedeutung für die Entfaltung des Denkens.

Die Entfaltung des Denkens

Indem das Denken als der dritte Schritt erscheint, durch den das Kind seine volle menschliche Daseinsform erringt, stellt es sich neben das Gehen- und Sprechenlernen. Durch das Hinschauen auf die Gesamtentwicklung entgeht die Anthropologie und mit ihr die Pädagogik der Gefahr, die frühe Kindheit zu sehr nur unter dem Aspekt der Intelligenz zu sehen.

Das Denken selbst wird dem Kind in der Regel erst im fünften Lebensjahr bewußt, wenn es anfängt, über die Dinge und die Begebenheiten seiner Umgebung nachzudenken. Es ist aber schon im ersten Lebensjahr tätig, wenn das Gegenstandsbewußtsein entsteht. Da bildet es am Empfinden der Farben, Klänge, Tasteindrücke usw. die Vorstellungen, durch die das Kind die Dinge seiner Umwelt überhaupt erst wahrnimmt. Diese Tätigkeit hat einen gestaltenden Charakter. Sie konfiguriert die Empfindungen zur Form, durch die dem Kinde Gestalt, Bewegung und Bedeutung der Dinge bewußt werden. So ist das Denken eine wirksame Kraft in der frühkindlichen Bewußtseins-Entwicklung. Sie greift auch in die postnatale Strukturierung des Gehirnes ein.[31] Bei der Geburt sind bekanntlich im Vorderhirn die Projektionsfelder, die das Empfinden des eigenen Leibes, der Farben, Klänge und anderer Sinnesqualitäten vermitteln, ausgebildet. Die Verknüpfungen, die als sogenannte sekundäre und tertiäre Felder das, was in den primären Projektionsfeldern Ausdruck der Empfindungen ist, in den vielfältigsten Zusammenhang bringen, sind noch unentwickelt. Sie bilden sich im Zusammenhang mit der geschilderten Denktätigkeit. Das Neugeborene sieht die Gegenstände seiner Umgebung nicht deshalb nicht, weil seinem Wesen etwa das Denken fehlen würde, sondern weil sein Gehirn noch nicht diejenige Strukturierung hat, durch die das Denken seine Tätigkeit voll in den Empfindungen zum Ausdruck bringen kann. Wenn man feststellt, daß sich die postnatale Entwicklung des Gehirns unter dem Einfluß der Sinneseindrücke vollzieht,[32] muß man auch darauf hinschauen daß sich mit diesen Eindrücken von innen das in der Vorstellungsbildung tätige Denken verbindet. – In der postnatalen Gehirnentwicklung gestaltet sich der kindliche Leib wiederum unter dem Einfluß, der von dem individuellen Geist- und Seelen-Wesen des Menschen ausgeht. Diesen Entwicklungsprozeß fördert die anthroposophische Pädagogik, indem sie die Vorstellungstätigkeit und damit die Ausbildung der höheren Gehirnstrukturen in den Kindern möglichst lebendig anregt. Das geschieht dadurch, daß z.B. bestimmte Spielsachen in ihren Formen nur andeutend gestaltet werden. Eine Puppe aus Stoff, die nur ganz allgemein die menschliche Form hat, veranlaßt das Kind, das fehlende Detail in seiner produktiven Vorstellungstätigkeit zu ergänzen. Das kleine Kind hat die Neigung, durch seine Phantasie im Spiel den Gegenständen einmal diese, einmal jene Bedeutung zu geben. Diese Neigung wird hier erzieherisch aufgegriffen. Dadurch bindet sich die Vorstellung nicht an die feste Form des Gegenstandes; sie bewahrt sich eine innere regsame Lebendigkeit.

Das ist insbesondere für die weitere Entwicklung des Denkens wichtig, z.B. für die Intelligenz, die im zweiten Lebensjahr erwacht. Da wird dem Kind an den Dingen z.B. der Zusammenhang von Ziel und dem Mittel zum Erreichen des Zieles bewußt. Das ist nur dadurch möglich, daß sich die Vorstellungstätigkeit etwas von der Wahrnehmung löst und dadurch etwas erfaßt, was in der konkreten Einzelwahrnehmung nicht enthalten ist. Die Intelligenz beruht auf einem freieren Vorstellungsprozeß, der gerade in der geschilderten Weise pädagogisch angeregt wird.

Das Denken ist bis zum siebenten Lebensjahr weitgehend an das gebunden, was das Kind in seiner Umwelt an Dingen und Vorgängen wahrnimmt.[33] Es wird stark durch Geschehnisse angeregt, deren Abläufe von Gedanken bestimmt sind wie sinnvolle Handlungen und Arbeit der Erwachsenen. Indem das Kind erlebt, wie da die eine Tätigkeit auf die andere folgt, wird ihm durch sein Denken der

Gedankenzusammenhang bewußt. Deshalb ist eine soziale Umgebung, in der Menschen viel an sinnvoller Arbeit verrichten, für die geistige Entwicklung ein wichtiger Faktor. Allerdings muß die Handlungsfolge offen vor Augen treten. Je mehr Tätigkeiten in der Welt des Kindes von Maschinen, deren Ablauf der unmittelbaren Wahrnehmung entzogen ist, ausgeführt werden, desto mehr schwinden die Anregungen nicht nur für das Nachahmen, sondern auch für das Denken.

Bestimmte geistige Tätigkeiten entfalten sich vor allem an der Sprache. Worte bezeichnen ja nicht einzelne Dinge, sondern ganze Klassen oft sehr verschiedenartig aussehender Gegenstände (Blume, Haus usw.). Die Wörter veranlassen das Kind, das in den verschiedenen Dingen Gemeinsame zu erfassen. Hier bereitet sich die Fähigkeit, Begriffe und Ideen zu bilden, vor. Lernt das Kind im Übergang zum dritten Lebensjahr mit den Flexionen die Satzbildung, dann werden ihm in seinem Denken an den Formen der Deklination die verschiedenen Beziehungen der Dinge untereinander bewußt, an den Formen der Konjugation die zeitliche Folge der Geschehnisse. An den Nebensätzen mit ihren Konjunktionen erschließt sich ihm etwas später die Logik. – Die Sprache enthält in ihrem grammatischen Gefüge eine Fülle geistiger Gesetzmäßigkeiten. Diese werden für das Kind im Hören und Erlernen der Muttersprache zur Erzieherin seines Denkens. Deshalb sind gehörlose Kinder in ihrer geistigen Entwicklung in hohem Grade gefährdet. Wenn sie nicht die Laut- oder Gebärdensprache erlernen, bleibt ihr Denken an das gebunden, was sie mit den Augen als einzelne Dinge wahrnehmen. Alle höheren geistigen Betätigungen des Denkens – das Verallgemeinern, das Erfassen von Beziehungen und Zusammenhängen, das sogenannte propositionale Denken – können sich bei ihnen nicht entfalten.

Auch diese Tatsachen sind Beispiele dafür, daß in der frühen Kindheit die Entwicklung von dem abhängt, was das Kind wahrnimmt, d.h. von dem, was ihm die Sinnesorgane seines physischen Leibes vermitteln. Erziehen bedeutet, die Umwelt des Kindes, zu der auch das Verhalten des Erziehers gehört, so zu gestalten, daß das Kind an ihr seine seelisch-geistigen Kräfte vielseitig und regsam entfaltet und entwickelt. Beachtet man dies, so vermeidet man Zwang und Dressur, die diese Kräfte beeinträchtigen müßten. Der Erzieher rechnet dann damit, daß sich das Kind aus eigenem Antrieb in freier Weise entwickelt.

Damit wird eine Grundanschauung der anthroposophischen Pädagogik deutlich. Das Ich, das im Aufrichten wirkt, die Kräfte, die im Sprechen tätig sind, die Gefühle, die sich an der Sprache bilden, und das Denken greifen in den bildsamen Leib des Kindes ein. Durch die Umgestaltungen, die hierbei entstehen, wird der aus der Vererbung stammende physische Leib individualisiert. Er erhält mehr oder weniger stark ein Gepräge, in dessen Formen sich die geistig-seelische Individualität des Kindes zum Ausdruck bringt. Die Individualität kommt aus einem rein geistigen Dasein, das vor der Geburt liegt. Sie vereinigt sich in den geschilderten Vorgängen mit dem heranwachsenden Leib. Durch die Umgestaltung vollzieht sich ihre Inkarnation. Ihr in der Präexistenz vorhandenes Dasein ist ein weites Gebiet anthroposophischer Forschung, auf das hier nur hingewiesen werden kann.[34]

Der Waldorfkindergarten

Die ersten drei Jahre sind mit der Aufrichtung, den ersten Phasen in der freien Bewegung[35] und im Erwerb der Muttersprache, ebenso mit den ersten Schritten in der Entfaltung des Denkens die der stärksten Entwicklung. Das beruht darauf, daß das Kind am Anfang seines Lebens am intensivsten in der engen Bindung an die Mutter bzw. die Erzieher nachahmt (unmittelbare Nachahmung). In den letzten Jahrzehnten wurde von verschiedenen Forschern von einer Entwicklung der Nachahmung gesprochen. Genau betrachtet handelt es sich um eine Veränderung, in der das Nachahmen stufenweise schwächer wird. Schon mit dem Auftreten der mittelbaren Nachahmung im zweiten Lebensjahr löst sich das Kind etwas von der engen Bindung an die Erwachsenen. Dadurch kann es in seinem Tun neben dem, was von den Vorbildern stammt, auch eigene Intentionen ausleben. Ohne diese Lösung käme das Kind nie zum Spiel[36] oder dazu, in seinem Sprechen eigene Erlebnisse und Absichten auszudrücken. Besonders einschneidend verändert sich das Nachahmen im dritten Lebensjahr, wenn das Kind während der Trotzphase zum Selbstbewußtsein erwacht. Indem das Kind sich nun als ein Ich erlebt, grenzt es sich gegenüber seiner Umwelt ab. Damit tritt das Nachahmen und mit ihm die Bindung an die Erzieher noch mehr zurück. Das Kind wird fähig, sich in eine Gruppe einzugliedern und mit anderen Kindern bestimmte Schritte seiner weiteren Entwicklung im Kindergarten zu tun.

Bald nachdem die Waldorfpädagogik 1919 durch die Gründung der ersten Waldorfschule verwirklicht werden konnte, wurde dieser Schule ein Kindergarten angegliedert. Heute gehört fast zu jeder Waldorfschule ein Kindergarten, so daß der heranwachsende Mensch zwischen dem vierten Lebensjahr und dem Abschluß seiner Schulzeit nach dem 12. bis 13. Schuljahr eine aus der anthroposophischen Pädagogik begründete Erziehung erfahren kann. Die Prinzipien der erzieherischen Arbeit im Kindergarten liegen weitgehend in dem, was bisher geschildert wurde. Hieraus ergibt sich eine begründete Ablehnung all jener Intentionen, die in den vergangenen Jahrzehnten unter dem Motto kompensatorischer Erziehung ohne Berücksichtigung der anthropologischen Bedingungen Methoden und Inhalte schulischen Lernens auf den Kindergarten übertragen wollten.[37] Der Waldorfkindergarten hat eine seiner erzieherischen Aufgaben darin, die Kinder zu einer reichen Spieltätigkeit anzuregen. Spielen ist die altersgemäße *Metamorphose*, nicht, wie Piaget aufgrund seiner Auffassung von Akkommodation und Assimilation meint, der *Gegensatz* des Nachahmens. Seine Inhalte speisen sich aus dem, was das Kind an Tätigkeiten der Erwachsenen und was es an Vorgängen erlebt hat. Das Kind identifiziert sich ganz mit dem, was es spielt; es *ist* die Mutter, die ihr Kind versorgt, und der Bootsmann, in dessen Schiff Reisende mitfahren. Die für die frühe Kindheit charakteristische Grundhaltung des Nachahmens wird durch das Ich-Bewußtsein zu einer Tätigkeit, in der das Kind nun in freier Weise gestaltet, was es an den Vorbildern und an der Umwelt wahrnimmt. Mit den einfachsten Mitteln (Ständern, Tüchern, Brettern usw.) entsteht aus der produktiven Vorstellungsfähigkeit der Kinder eine Stube, ein Haus, ein Schiff usw. Bei diesem Bauen und Gestalten kommt das Kind in viele Situationen, die seine Intelligenz und seine Geschicklichkeit steigern. Die Dinge, mit denen die Kinder spielen, haben jene schlichten, andeutenden Formen, von denen oben die Rede war. In seinem Spielen verwirklicht das Kind von den Tätigkeiten der Erwachsenen nur das, was es unmittelbar erlebt. Das ist das Geschehen der Handlung, nicht ihr Zweck. Wenn der Erwachsene bei seiner Arbeit etwas herstellt, ist er durch den Zweck auf etwas hin gerichtet, was außerhalb der jeweiligen Tätigkeit liegt. Er kann sich deshalb nur eingeschränkt mit dieser Tätigkeit verbinden. Das aber gerade tut das Kind bei seinem Spiel. Außerdem lebt in ihm ein Bestreben, das, was es gestaltet, bei jedem nächsten Mal schöner und besser werden zu lassen.

So entwickelt das Kind gerade im Spiel jene Kräfte, durch die alles spätere Lernen und Arbeiten ihre volle menschliche Bedeutung erlangen können: das volle Sich-Verbinden mit dem Tun und das Bemühen und die Steigerung der Tätigkeiten. Kinder durchdringen im Spiel ihre Willenstätigkeit mit sinnvollem Inhalt, mit Phantasie, Intelligenz und Freude und begleiten es mit Singen und Sprechen. Das Spiel ist die Betätigung, in der alle Fähigkeiten des Kindes am vollkommensten zusammenwirken. Man kann zwischen dem vierten und siebten Lebensjahr eine deutliche Entwicklung beobachten. Das kleinere Kind läßt sich noch stark von den Umständen anregen und wechselt recht oft das Thema. Ältere Kinder gehen beim Bau eines Hauses oder Schiffes planvoll vor und sind unter Umständen mehrere Tage damit beschäftigt.[38] Das Ich entfaltet zunehmend seine führende Kraft im ganzen Umfang des kindlichen Wesens. Die Bedeutung des Spielens wird an jenen Kindern deutlich, deren Betätigungsdrang sich nicht zu einem sinnerfüllten, gestaltenden Tun entwickelt und in hypermotorische Aktivität einmündet. Damit die Kinder für ihr Spiel Anregungen bekommen, die heute in den modernen Haushalten vielfach fehlen, verrichten die Erzieherinnen die verschiedensten Tätigkeiten – vom Pflegen des Gartens bis zum Backen. Die Kinder lernen im Jahreslauf vielfältige Arbeiten durch eigenes Mittun kennen, z.B. das Herstellen von Brot, angefangen beim Ernten des Getreides über das Dreschen, das Schroten bis hin zum Backen. Sie sehen, wie aus Wolle der Faden gesponnen und dann zu einem Gewebe verarbeitet wird oder wie in der Werkstatt der Schule durch Schmieden oder Treiben Geräte und Gefäße entstehen.

Zu dem gestaltenden Spiel kommt jeden Tag ein einfaches Rollenspiel, bei dem die etwa 20 Kinder einer Gruppe dann gemeinsam durch mehrere Wochen hindurch ein Märchen oder z.B. im Advent ein Krippenspiel spielen. Die Kinder lernen die Lieder, die einfachen, meist rhythmischen Verse, die Bewegungen und Gebärden dadurch, daß die Erzieherin alles mit- und vorspielt, d.h. nachahmend. Bei diesem Spielen identifizieren sich die Kinder mit Gestalten, die nicht ihrer alltäglichen Umgebung angehören. Wenn ein Kind einmal ein König, ein anderes Mal ein Zwerg oder dann einer der sieben Raben sein darf, wird es ein Stück weit jede dieser Gestalten. Hierbei erweitert und vertieft sich sein menschliches Erleben.

Von den weiteren Anregungen, die die Kinder für ihre Entwicklung erhalten, sei noch auf das Malen, das einfache Musizieren mit der Kantele oder der Leier und die Eurythmie hingewiesen. An dem Malen mit den flüssigen Wasserfarben soll sich das Empfinden für die Farbqualitäten und ihr harmonisches Zusammenklingen differenzieren, an den unaufdringlichen Klängen und Melodien der Kantele das musikalische Hören. Zu diesem durchseelten Sehen und Hören tritt mit der Eurythmie die durchseelte Bewegung.

Zum Abschluß versammeln sich die Kinder jeden Tag noch einmal. Die Erzieherin erzählt ihnen ein Märchen. Dadurch, daß die Kinder mehrere Tage hindurch das gleiche Märchen immer wieder hören, nehmen sie den Inhalt stark auf. Man kann beobachten, wie durch das Hören der Märchen mit ihrer differenzierten Sprache die Sprache der Kinder reicher wird (in Wortschatz und grammatischer Differenzierung). Der wesentliche Faktor dieser Sprachförderung liegt darin, daß die Erzieherin insgesamt für die Kinder ein Vorbild ist und sich um eine nuancenreiche, anschauliche Sprache bemüht.

Der Zahnwechsel als Abschluß der frühen Kindheit

Die Umgestaltung des physischen Leibes ist eine der bedeutsamsten Tatsachen der frühen Kindheit, weil sich in ihr die Inkarnation der geistig-seelischen Individualität vollzieht, die durch die geschilderte Erziehung unterstützt und gelenkt werden soll. Diese Umbildung geschieht nicht nur im Nerven- und Knochen-Muskel-System. Sie ist ein umfassendes Geschehen im ganzen Leib des Kindes. So erhält die Lunge bis zum Ende des siebten Lebensjahres, wie man durch röntgenologische Untersuchungen weiß, ihre gestreckte Form mit der seitlichen Ausweitung der Lungenflügel. Ebenso wird die sehr fremdartige Anfangsform des Brustkorbes so weit umgeformt, daß sie beim siebenjährigen Kind «in jeder Beziehung dem des Erwachsenen vergleichbar» ist.[39] Die Niere bekommt durch einen entsprechend starken Umbildungsprozeß im Laufe der frühen Kindheit ihre endgültige Form. Am Magen entsteht erst die voll ausgebildete Höhlung und durch die Curvatura major die Rückbiegung zur Pars pylorica. Ebenso kann man an den anderen Organen eine z.T. tief eingreifende Formentwicklung bemerken. In die Organe des physischen Leibes wirken formverwandelnde, d.h. plastisch gestaltende Kräfte hinein.[40] Durch sie kommt der physische Leib bis in seine äußeren Formen und Proportionen auf eine höhere Stufe der Durchformung.

Nur durch das Wirken dieser plastischen Kräfte können sich das Ich und das Denken, so wie das geschildert wurde, im Skelett und im Vorderhirn ausprägen. Die Individualisierung des kindlichen Leibes geht auf die Tätigkeit dieser Kräfte zurück. Mit dem ersten Gestaltwandel im siebten Lebensjahr geht dieser Formbildungsprozeß weitgehend zu Ende. Im Gehirnschädel, in vielen Partien des Zentralnervensystems und in den Sinnesorganen des Kopfes hört gleichzeitig auch das Wachstum fast vollständig auf. So sieht man, daß sich der Kopf (ohne den Gesichtsanteil) ganz unter dem Einfluß dieser formenden Kräfte entwickelt. Er ist auch der am stärksten durchgestaltete Teil des menschlichen Leibes.

Der Zahnwechsel, d.h. der Durchbruch der mittleren Schneidezähne im siebten Lebensjahr, ist der sichtbare Ausdruck für den Abschluß dieser Lebensepoche. Die Zähne können als hochgradig mineralisierte und in der festen Form erstarrte Gebilde die geschilderte Umgestaltung nicht mitmachen. Bei ihnen tritt an die Stelle der Umbildung die Neubildung. Im Ober- und Unterkiefer entstehen die Kronen der zweiten Zähne. Sie sind größer, zahlreicher, härter und in ihren Formen charakteristischer als die der Milchzähne. Auf diese Weise kommt in ihnen das zum Ausdruck, was sich sonst viel lebendiger als Wachstum und Formentwicklung abspielt. Die Kronen der zweiten Zähne sind alle – mit Ausnahme der Weisheitszähne – etwa im Alter von sieben Jahren, wenn die Formbildung auch sonst im Leibe weitgehend aufhört, fertig. Dann brechen sie sukzessive aus dem Kiefer hervor und treten an die Stelle der ersten Zähne. Für den Pädagogen, der diese Zusammenhänge kennt, ist der Zahnwechsel der Ausdruck dafür, daß im ganzen Organismus die erste Lebensepoche zu Ende gegangen ist, in der die plastischen Kräfte in der stärksten Weise an der Umgestaltung des menschlichen Leibes gewirkt haben.

Durch eine geschulte geistige Beobachtungskraft kann man verfolgen, wie die plastischen Kräfte mit ihrer Tätigkeit im physischen Leibe aufhören und nun im seelischen Bereich zu wirken beginnen.[41] In der Entwicklungspsychologie wurde von verschiedenen Seiten eine einschneidende Veränderung des kindlichen Bewußtseins im Alter von sieben Jahren beschrieben. Am ausführlichsten und vielseitigsten hat sie Piaget als den Übergang des anschaulich-symbolischen Denkens in das logisch-konkrete Denken geschildert. Vor allem verändert sich das Vorstellungsleben. Noch beim fünfjährigen Kind lösen sich die Vorstellungen, die es im Anschauen der Dinge bildet, sehr rasch wieder auf. Das Erinnerungsvermögen von Vorschulkindern ist noch sehr labil.[42] Mit sieben Jahren kann das Kind auch nach dem Anschauen der Dinge die Vorstellung festhalten und sie willkürlich wieder hervorrufen, d.h. beim Erinnern neu bilden. Dieses Erinnern ist ein inneres Gestalten des Bildes. Dieses Gestalten vollzieht das Kind schon im Anschauen der Dinge, wenn es nachher das Bild innerlich festhalten kann. Die Vorstellungen werden dadurch, daß formbildende Kraft ihre flüchtigen Gebilde durchdringt, zu gestalteten Bildern.[43] Die Veränderung im Bewußtsein beruht auf einer Verwandlung im Wesensgefüge des Kindes, durch die die zunächst im Leib plastisch bildenden Kräfte sich aus den Organen lösen und ihr gestaltendes Wirken in dem Vorstellen entfalten. Diese Verwandlung bezeichnet die anthroposophische Pädagogik als Geburt des Lebens- bzw. Ätherleibes, um darauf hinzuweisen, daß Kräfte dieses Lebensleibes, die bisher im Leib des Kindes, abgesondert von der Umgebung, gestaltend tätig waren, nun zu den der Umgebung kommenden Eindrücken in Beziehung treten – wie der physische Leib des Kindes bei der Geburt.

Wenn das Kind nun beim Betrachten der Dinge eine Vorstellung gestaltet, wird sein Verhältnis zur Welt distanzierter. Die Inhalte der Wahrnehmungen werden bewußter ergriffen; sie können nicht mehr wie beim Nachahmen unwillkürlich in den Willen hineinwirken. Damit geht das Nachahmen zu Ende. Das Kind kann wohl noch imitieren; dieses wird aber zunehmend absichtsvolles Nachmachen. Durch die Bilder, in denen sich das Kind Erlebtes im Erinnern willkürlich wieder vergegenwärtigt und noch nie Gesehenes in der Phantasie ausgestaltet, baut es eine Innenwelt auf, die nun zu dem unmittelbaren Wahrnehmen und Erleben der Außenwelt hinzutritt. Bisher hat das Kind nach dem Augenschein geurteilt. Nun weitet sich sein Bewußtsein und Denken von der unmittelbaren Gegenwart des Wahrnehmens auf das Vergangene und das Zukünftige. Hier können sich Zusammenhänge aussprechen, die dem Kind bisher verborgen waren. An ihnen kann sich das Fühlen erweitern und vertiefen; der Wille kann neue Ziele finden. Im Zahnwechsel vollzieht sich im Kind eine tiefgreifende Verwandlung seines Wesens, in der die frühe Kindheit des ersten Jahrsiebtes in die mittlere Kindheit des zweiten Lebensjahrsiebtes übergeht.

Die Geburt des Ätherleibes. Die Kräfte leiblicher Formbildung und ihre Umwandlung zur Fähigkeit, Formen zu gestalten

Das Formbewußtsein und sein Hervortreten in der Kindheit

Man weiß seit langem, daß sich im kindlichen Seelenleben das Erleben von Form und Gestalt mit dem siebten Lebensjahr verändert. Vom ersten Lebensjahr an lernt das Kind, die Dinge seiner Umgebung in ihrer Gestalt zu sehen und seinem Alter entsprechend zu verstehen. Aber erst im Alter von sechs Jahren erwacht es gegenüber dem Reich der Formen. Bis dahin kennt es nur die konkreten Dinge. Die reine Form ist ihm noch verborgen. Den Kreis, das Dreieck oder das Rechteck faßt es als Bild der Sonne, eines Daches oder eines Kastens auf. Dieses «Vergegenständlichen» (Rubinstein) klingt in der späteren Vorschulzeit etwas ab, wenn das Kind von einem Kreis sagt, er sei «wie die Sonne» oder «wie ein Rad». Die Form als solche erfaßt es aber auch da noch nicht; es ist mit seinem Bewußtsein noch ganz dem zugewandt, was es durch die Sinne in seiner Umwelt erlebt. Deshalb sprach Volkelt von der «Formblindheit» des kleinen Kindes. Dieser Begriff wurde von verschiedenen Psychologen abgelehnt, weil das Kind doch Formen sehe und unterscheide. Er ist aber richtig, denn man muß nach Aristoteles die Form als eigenen Wesensbereich gegenüber dem Geformten, d.h. den materiellen Dingen abgrenzen.[1] Ohne diese Unterscheidung kann man bestimmte Vorgänge der kindlichen Entwicklung nicht richtig beurteilen.

In den sechziger Jahren hat Neuhaus[2] beobachtet, daß Kinder vor der Mitte des fünften Lebensjahres noch nicht in der Lage sind, einfachere geometrische Figuren auch nur annähernd formgetreu nachzuzeichnen. Die konkrete Form entfällt dem kindlichen Bewußtsein, wenn es den Blick von ihr abwendet. Von der zweiten Hälfte des fünften Lebensjahres an halten die Kinder einzelne Merkmale der Form fest, aber noch nicht das Ganze. Dazu sind die meisten Kinder erst im siebten Lebensjahr fähig. Das ergibt sich auch aus Untersuchungen, die Nickel einige Jahre später durchgeführt hat.[3] Er ließ Kinder u.a. von vier Bildern dasjenige aussuchen, das mit einer Vorlage genau übereinstimmte. Im fünften Lebensjahr fingen die Kinder an, die Formen zu vergleichen. Von den Sechsjährigen konnte nur ein Teil diese Aufgabe meistern. Erst bei den siebenjährigen Kindern war die Fähigkeit des Formenvergleichs voll ausgebildet.

An diesen Tatsachen kann man ablesen, was sich psychologisch in der neuen Formauffassung ausspricht. Wenn das Kind in den ersten Lebensjahren wahrnimmt, bildet es Vorstellungen, durch die es die Dinge auffaßt, unwillkürlich; die Vorstellungsbildung vereinigt sich mit den Sinnesempfindungen und formt sie zur Gegenstandswahrnehmung. Deshalb ist das Kind mit seinem Bewußtsein ganz an die äußere Erfahrung, an die Menschen und die Gegenstände seiner Umgebung, an die Pflanzen und Tiere und an das wahrnehmbare Geschehen gebunden. Das Reich der reinen Formen erschließt sich erst, wenn man ein kreisförmiges Gebilde nicht mehr als Bild der Sonne oder eines Rades, d.h. in bezug auf äußere Dinge, sondern in seiner gleichmäßig runden Form, also in seiner Formgesetzmäßigkeit bewußt auffaßt. Das geschieht nicht unwillkürlich; es ist ein Auffassen in innerer Tätigkeit.

Diese Tätigkeit kann man genauer fassen. Jede Formwahrnehmung beruht auf Bewegungen, die der Betrachter ausführt, und auf dem Erleben dieser Bewegungen. Es handelt sich vor allem um die Bewegung der Augen, mit denen man die Form der Dinge im Anschauen nachfährt. Nimmt man dem Menschen die Möglichkeit, mit den Augenbewegungen die Form der Dinge nachzuvollziehen, dann sieht er sie nicht. Die Form als selbständige Qualität und ihre Gesetzmäßigkeit, also das Dreieck als Dreieck, den Kreis als Kreis, erfaßt das Kind erst dann, wenn ihm dieses Nachbilden als eigene Tätigkeit zum Bewußtsein kommt. Vorher sind die Bewegungen unwillkürlich, ein bloßes Nachahmen; das Formerleben ist an die äußeren Dinge gebunden, die diese unwillkürlichen Bewegungen anregen. Es fehlt noch die innere Aktivierung, die innere Führung, die das Bewegungserleben zur Selbstgewißheit eines reinen Formerfassens erhebt. Das Formbewußtsein verlangt die Fähigkeit, Formen in innerer Tätigkeit nachzubilden.

Dieser aktive Charakter der Formauffassung wurde in der Gestaltpsychologie wieder aufgedeckt. Das «Gesetz der Prägnanz» macht darauf aufmerksam, daß man z.B. eine Reihe von Punkten, die annähernd auf einer Kreislinie liegen, als einen Kreis sieht. Die äußeren Eindrücke sind nur der Anlaß, die Form in ihrer Gesetzmäßigkeit innerlich tätig zu bilden. Man kann auch durch Selbstbeobachtung bemerken, daß Form immer nur durch die bewußte formbildende Tätigkeit erfaßt wird.

Die innere formbildende Tätigkeit tritt im siebten Lebensjahr im Bewußtsein des Kindes als neue Fähigkeit auf. Sie ist für die weitere Seelenentwicklung von großer Bedeutung. In ihr liegen nicht nur die Anlagen für die Geometrie. Durch sie kann sich das Kind innere Bilder ohne unmittelbare Anlehnung an konkrete Wahrnehmungen machen. Wenn das Kind diese Bilder frei schaffend z.B. an den Erzählungen der Erwachsenen bildet, sprechen wir von Phantasie. Ruft es sich Vergangenes in Bildern willkürlich wieder ins Bewußtsein, dann betätigt es die gleichen Kräfte im Ausgestalten des Erinnerungsbildes. So wirken die neuen Kräfte in jenen beiden Seelenbetätigungen, durch die das Kind zu einem rein innerlich verlaufenden, sich von der Wahrnehmung lösenden Seelenleben kommt.

Der psychologischen Betrachtung ist das Auftreten der formerfassenden Tätigkeit in der kindlichen Seele ein unauflösbares Rätsel;

denn man kann sie nicht auf die bisherigen Inhalte und Vorgänge des kindlichen Seelenlebens zurückführen. Man kann nur feststellen, daß die Kräfte, über die das Kind nun neu verfügt, ihren Ursprung in den unbewußten Bereichen seiner Wesenheit haben müssen und daß dort, in den vom gewöhnlichen Bewußtsein nicht aufhellbaren Regionen, Veränderungen vorgehen, die zum Bewußtwerden eben dieser Kräfte führen. Für die Pädagogik ist diese Auffassung zu unbestimmt. Will man im Unterricht die in den Kindern vorhandenen Kräfte aufgreifen, sie zur Entfaltung und zur Entwicklung der in ihnen liegenden Anlagen führen, dann muß man sie in ihrer inneren Natur kennen. Es genügt nicht, sie in den Resultaten ihrer Betätigung zu beschreiben, wie das im allgemeinen in der Entwicklungspsychologie geschieht. Man muß in die besondere Art ihres Wirkens eindringen und sie dort aufsuchen, wo sie im Kinde tätig sind, bevor sie zwischen dem fünften und siebten Lebensjahr im Bewußtsein auftauchen. Wir müssen die Betrachtung also über die Grenzen der psychologischen Untersuchung in das umfassendere Gebiet der Menschenkunde ausweiten. Indem wir die formbildenden Kräfte in ihrem frühen Wirken kennenlernen, gewinnen wir eine Grundlage, um ihre spätere Bedeutung für die menschliche Entwicklung zu erfassen und sie in diesem Sinne pädagogisch zu handhaben.

Die frühe Kindheit als Zeit leiblicher Umgestaltung

In den ersten Lebensjahren wird aus dem hilflosen Säugling ein Kind, das die menschliche Haltung und Bewegung souverän beherrscht, das durch die Sprache seine Wünsche, seine Erlebnisse und Gedanken anderen Menschen mitteilt, die sprachlichen Äußerungen der anderen versteht und nicht nur weiß, was die Dinge seiner Umgebung sind, sondern auch in Anfängen zum Denken gekommen ist. Im allgemeinen schaut man bei dieser Entwicklung darauf hin, wie das Kind zunehmend seelische und geistige Kräfte in seinem Leib betätigt. Man verfolgt, wie jeder Schritt, durch den das Kind sein geistig-seelisches Wesen stärker im Leibe zum Ausdruck bringt, auf dem Bemühen des Kindes beruht, das zu tun, was es an den Menschen seiner Umgebung wahrnimmt. Man beachtet aber weniger, daß alle Entwicklung in der frühen Kindheit mit Veränderungen des Leibes und seiner Organe verbunden ist. Wenn das Kind die vertikale Haltung erringt, entwickeln sich die Muskeln; sie differenzieren sich funktionell in die phasische und tonische Muskulatur, und große Teile des Knochensystems gestalten sich in ihren Formen um. Während das Kind sprechen lernt, werden Brustkorb, Schlund und bestimmte Partien des Gehirns umgebildet bzw. ausdifferenziert. Im Gehirn entstehen komplizierte Strukturen, wenn das Kind die Fähigkeit erwirbt, die Dinge seiner Umgebung zu sehen, zu verstehen und Zusammenhänge zu erfassen.

Der Leib des kleinen Kindes ist noch weicher und bildsamer als der des Erwachsenen. Während er wächst, verändern sich seine Formen. In diesen Umbildungsvorgängen leben individuelle seelische und geistige Kräfte des Kindes auf. Diese Formverwandlung ist eine der wichtigsten Tatsachen frühkindlicher Entwicklung. In der Physiologie kennt man den Begriff der reifenden Funktion. Ebenso gibt es aber auch die reifende Gestalt. Auf diesen fundamentalen Tatbestand hat Rudolf Steiner in seiner ersten pädagogischen Schrift mit folgenden Worten hingewiesen: «Bis zum Zahnwechsel im siebten Jahre hat der Menschenleib eine Aufgabe zu verrichten, die wesentlich verschieden von den Aufgaben aller anderen Lebensepochen ist. Die physischen Organe müssen sich in gewisse Formen bringen; ihre Strukturverhältnisse müssen bestimmte Richtungen und Tendenzen erhalten. Später findet Wachstum statt, aber dieses Wachstum geschieht in aller Folgezeit auf Grund der Formen, die sich bis zu dem angegebenen Zeitpunkt herausgebildet haben.»[4]

Dieser Prozeß der Umformung hat in den verschiedenen Bereichen des kindlichen Leibes einen recht unterschiedlichen Charakter. Der größte Gegensatz besteht zwischen den Organen des statischen Systems, durch die sich das Kind aufrichtet und in die Wirkungsrichtung der Schwere hineinstellt, und dem Kopf, der durch seine in sich geschlossene Form weitgehend aus den Wirkungen der Schwere herausgehoben ist. Die vertikale Haltung des Leibes bedeutet stärkste Verbindung und Auseinandersetzung mit der Schwere. In den Füßen und Beinen, im Bereich des Beckens und in der Wirbelsäule, als den Hauptorganen des statischen Systems, sind die formenden Kräfte in inniger Auseinandersetzung mit den Wirkungen der Schwere tätig. Durch sie entsteht im Laufe der Kindheit die vollkommene Architektur des menschlichen Leibes. Die Kräfte, die im Kopf des Kindes, besonders auch im Gehirn, formend wirken, sind plastisch gestaltend. Der Unterschied zwischen architektonischer und plastischer Gestaltung besteht darin, daß bei allem Architektonischen Lasten und Tragen in das richtige Verhältnis zueinander gebracht werden müssen, das Plastische dagegen ohne diesen Zusammenhang mit der Schwere aus rein inneren Formgesetzen hervorgeht.

Auf die inneren Organe des Rumpfes hat die Schwere einen nur geringen Einfluß. Insofern steht die Formbildung hier den plastischen Gestaltungsprozessen des Kopfes näher als den architektonischen in den Beinen und in der Wirbelsäule.

Um die Qualität dieser verschiedenen Kräfte, die wir bisher nur sehr allgemein charakterisiert haben, konkret zu erfassen, bedarf es einer besonderen Erkenntnismethode. Die anatomische Beschreibung richtet sich auf die physische Form und ihre Veränderung. Man kann von dieser Betrachtung zu einer künstlerischen fortschreiten, indem man im Anschauen die Formen in innerer Tätigkeit nachbildet. Durch diese produktive Regsamkeit lernt man in der Gestalt und ihren Veränderungen die gestaltend tätigen Kräfte kennen. Man findet in den Gestalten das Gestaltende. Diese Erweiterung der Erkenntnismethode, die R. Steiner in verschiedenen pädagogischen und medizinischen Darstellungen skizziert hat, läßt die Gestalt der physischen Organe als Manifestation der diese Gestalt bewirkenden Bildekräfte[5] erscheinen.

Die architektonische Formbildung

Die Umbildungen, die mit der Aufrichtung unmittelbar im Zusammenhang stehen, beginnen in der Wirbelsäule (Abb. 1). Beim Neugeborenen ist die Wirbelsäule noch fast gerade; die Krümmungen der Brustwirbelsäule, des Halses und der Lendenwirbelsäule sind kaum angedeutet. Indem der Säugling sich vom ersten Lebensmoment an bemüht, den Kopf zu heben und sich der Umgebung zuzuwenden, entsteht die Biegung (Lordose) der Halswirbelsäule. Vom neunten Monat an versucht das Kind zu stehen. Dabei bringt es die Beine senkrecht unter den Rumpf. Das ist mit einer Drehung der Hüfte verbunden, durch die die Biegung (Lordose) der Lendenwirbelsäule entsteht. Diese Biegungen bilden sich im Laufe der ersten Lebensjahre ziemlich weit aus. Lediglich die Biegung der Lendenwirbelsäule ist im 7. Lebensjahr noch wenig ausgeprägt. Wie undifferenziert die Wirbelsäule des Kindes in den ersten Lebensmonaten ist, sieht man auch an der Tatsache, daß die Wirbel alle etwa die gleiche Größe haben. Im Zusammenhang mit der Aufrichtung werden die Wirbel, insbesondere die Wirbelkörper, als die tragenden Elemente der Wirbelsäule nach unten hin immer größer. Vergleicht man einen Halswirbel mit dem Lendenwirbel eines Erwachsenen (Abb. 2), dann bekommt man einen Eindruck von dem unterschiedlichen Wirken der bildenden Kräfte in den oberen und unteren Regionen der menschlichen Wirbelsäule.

In dieser Umgestaltung kommt das Zusammenspiel von zwei entgegengesetzten Wirkungen zum Ausdruck. Zum einen bemerkt man,

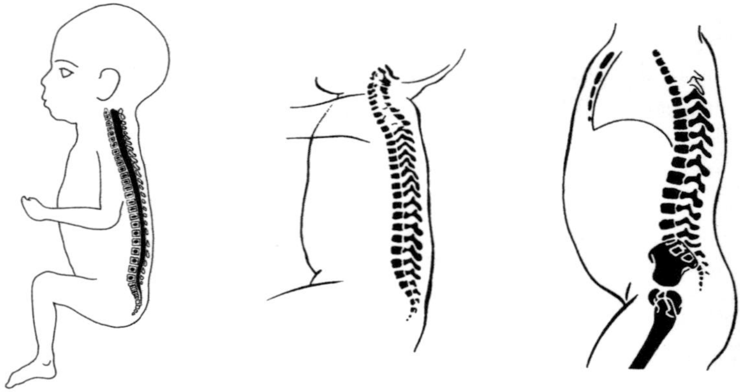

Abb. 1: Links: Die Wirbelsäule eines frühgeborenen Kindes (im Längsschnitt; der Wirbelkanal ist schwarz). Die Biegungen sind kaum angedeutet; die Wirbel haben oben und unten annähernd die gleiche Größe (nach Benninghoff, Anatomie, 1. Band, verändert). – *Mitte:* Ein neun Monate altes Kind hält den Kopf im Sitzen aufrecht. Aus der inneren Aktivität entsteht die Halslordose, die sich bis zum Alter von etwa vier Jahren stabilisiert. – *Rechts:* Ein eineinhalbjähriges Kind. Im Zusammenhang mit der zum Stehen erforderlichen Kippbewegung des Beckens bildet sich die Lendenlordose. Auch sie wird bis zum fünften Lebensjahr zur bleibenden Form. (Aus: Rauber/Kopsch, Anatomie des Menschen, Bd. 1).

wie die Schwere den kindlichen Organismus stark durchwirkt. Sie führt in dem Größerwerden der Krümmungen zu einem leichten Zusammensinken des Rumpfes; denn die Form der Wirbelsäule mit ihren Krümmungen wird nur zum Teil durch Bänder gegen den lastenden Druck des Kopfes und des Rumpfes stabilisiert. Das starke Wachstum der unteren Wirbel ist Ausdruck der größeren Belastung in den tieferen Bereichen der Wirbelsäule. Zu gleicher Zeit wird aber auch deutlich, wie die Schwere bewältigt wird. Die Krümmungen sind jene Form, durch die das Kind die lastende Schwere ergreifen und überwinden kann; nur dadurch, daß die Krümmungen stärker werden, wird die Wirbelsäule, zusammen mit der zu ihr gehörigen Muskulatur, zur Organisation des Sich-Aufrichtens. Im Entstehen der ge-

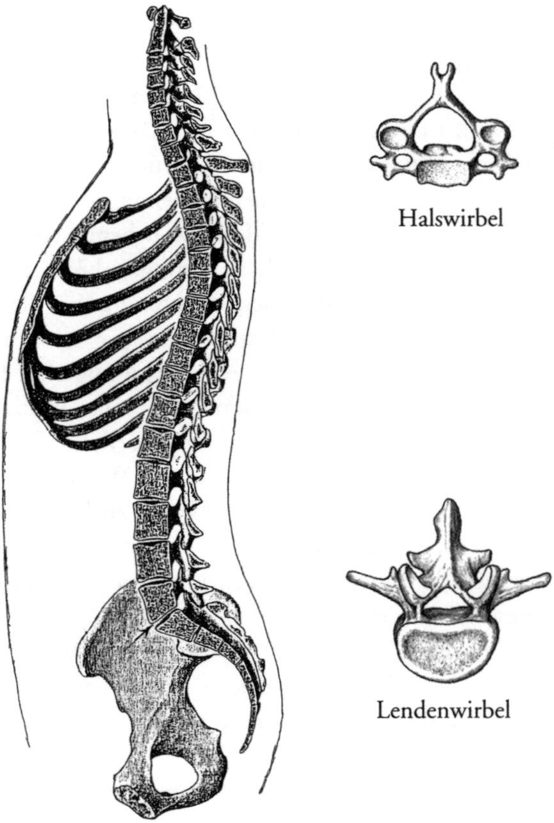

Abb. 2: Wirbelsäule des Erwachsenen (links) mit den voll ausgebildeten Kurvaturen (Halslordose, Brustkyphose, Lendenlordose) und dem sogenannten Promontorium (↗). Dieser Winkel zwischen dem unteren Lenden- und dem ersten Sakralwirbel ist bei der Geburt noch gering (20°). Er wird im Zusammenhang mit der aufrechten Haltung größer und ist im 5. Lebensjahr gut ausgebildet. Er erreicht 60° bei der Frau und 64° beim Mann. (Aus: Rauber/Kopsch: Lehrbuch und Atlas der Anatomie, 20. Aufl., 1. Band.) – An den Wirbeln (rechts) wird durch die unterschiedliche Größe der Wirbelkörper die geringere und stärkere Belastung in der Hals- und Lendenwirbelsäule sichtbar.

schwungenen Wirbelsäulenform greifen die Schwere des Leibes und die vom Kinde errungene innere Kraft der Aufrichtung ineinander. Das gilt auch für die unterschiedliche Ausbildung der Wirbel; denn das stärkere Wachstum in den unteren Bereichen der Wirbelsäule führt zu Bildungen, die der größeren Belastung entsprechen. So kommt bis in die einzelnen Glieder der Wirbelsäule das Wirken von Kräften zum Ausdruck, die die lastende Schwere bemeistern.

In seiner Studie über «Die aufrechte Haltung» schreibt E. Straus: «Immer ist die aufrechte Haltung Gegenrichtung gegen die niederziehenden Kräfte; sie sind stets am Werke; ohne sie wäre die aufrechte Haltung nicht, was sie ist. Sie ist eine Überwindung ohne Ende.»[6] Die Kraft, die der Mensch in jedem Moment erzeugen muß, um die niederziehenden Kräfte zu überwinden, ist der Wille. Die innere Natur des Willens liegt gerade darin, daß er sein Wirken unentwegt erneuert. Deshalb erlebt der Mensch im Willen auch das Zentrum des eigenen Wesens. Aus diesem Zentrum lernt das Kind in seinem Leibe die Schwere bemeistern und sich im Gleichgewicht halten. Dabei gewinnt es das Erlebnis, ganz aus sich selbst tätig zu sein und dabei in sich selbst (im Gleichgewicht) zu ruhen. Das ist das Erlebnis des Ich. – So sieht man, welche Kräfte es sind, die in der Umbildung der Wirbelsäule sich bis in die physische Form ausprägen.

Es ist das Ich des Kindes, das seine Kräfte in denen der Schwere so zum Ausdruck bringt, daß es diese bewältigt (Abb. 3).

Zunächst sind die Wirbel nur unvollkommen verknöchert, sie sind z.T. noch knorpelig. Mit der komplizierten Umwandlung der knorpeligen Bildung in die knöcherne ist immer eine stärkere Durchformung verbunden. Dieser Vorgang spielt sich in der Wirbelsäule vorwiegend bis zum 7. Lebensjahr ab. Bis zum 3. Lebensjahr sind die beiden Hauptelemente der Wirbel, Wirbelkörper und Wirbelbogen, nur knorpelig miteinander verbunden. Sie wachsen dann – von der Mitte der Wirbelsäule ausgehend – bis zum 7. Lebensjahr knöchern zusammen.

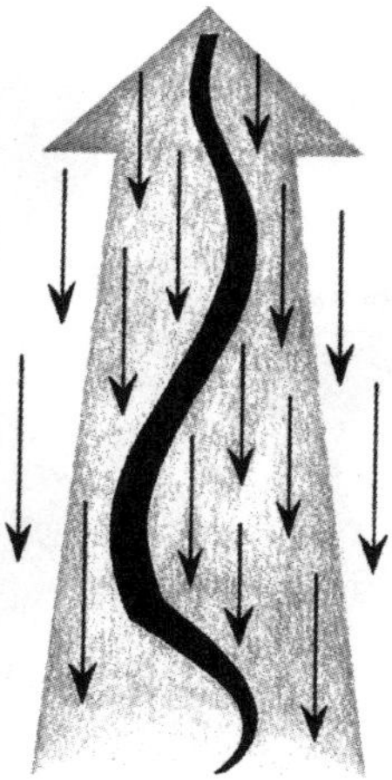

Abb. 3: Die Wirbelsäule eines Jugendlichen (schematisch) als Ausdruck der ineinanderwirkenden Kräfte der lastenden Schwere und des Ich.

Durch die reiche Untergliederung der Wirbelsäule ist das Aufrichten ein lebendiges Wechselspiel von Zusammensinken und innerer Straffung, in das das Atmen und verschiedene seelische Erlebnisse wie Selbstsicherheit, Erleichterung, Ermattung, Niedergeschlagenheit hineinwirken.

In den Beinen und Füßen kommt das Kind in direkten Kontakt mit der Erde. Hier gliedert es sich viel stärker in die physischen Wirkungen der Schwere ein. In der Wirbelsäule betätigt der Mensch seine Kräfte im Inneren seiner Leibesorganisation. Mit den Beinen und Füßen steht er unmittelbar in einer äußeren Kraftentfaltung. Beim Neugeborenen ist davon noch nichts zu bemerken. Keine andere Organisation ist bei der Geburt in der Entwicklung so wenig vorangeschritten wie die der Beine und Füße. Das Kind kann seine kurzen Beine selbst dann, wenn es gehen lernt, in den Knien noch nicht durchstrecken. Erst in vielfältigen Umbildungsprozessen werden sie zu den tragenden Säulen des Rumpfes. Die kleinen Füße

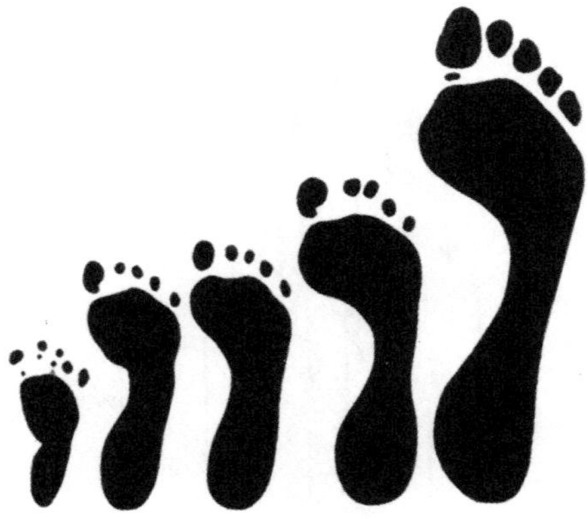

Abb. 4: Die Fußabdrücke zeigen, wie sich im Laufe der frühen Kindheit das Fußgewölbe entwickelt. a. Drei Monate alter Säugling, b. zweijähriges Kind, c. dreijähriges Kind, d. siebenjähriges Kind, e. Erwachsener.
Beim siebenjährigen Kind ist das Gewölbe ausgebildet. Später kommt es – vor allem in der Vorpubertät – noch zu einer Streckung des Fußes. (Aus: Rauber/Kopsch, Anatomie des Menschen. Bd. 1; leicht verändert.)

sind noch verhältnismäßig breit; das für den Menschen so charakteristische Gewölbe ist kaum angedeutet (Abb. 4).

Bei normaler Entwicklung bildet es sich bis zum 7. Lebensjahr. Damit entsteht jene Form, in der zwischen dem Ballen und der Ferse der lastende Druck des Leibes zur stärksten Wirkung kommt und in der sich zugleich die stärksten Kräfte im Bemeistern dieses Druckes entwickeln. Die komplizierte Architektur dieses Gewölbes ist die Basis, über der sich der Mensch im Gleichgewicht halten kann.

Sehr eindrucksvoll ist der Umgestaltungsprozeß in den Unterschenkeln des Kindes, insbesondere im Schienbein (siehe Abb. 5 a). Seine Form ist beim Neugeborenen noch ganz uncharakteristisch. Verfolgt man ihre Veränderung, so erfaßt man in der Streckung des Knochenschaftes ein starkes Wachstum gegen die Schwere. Wo am

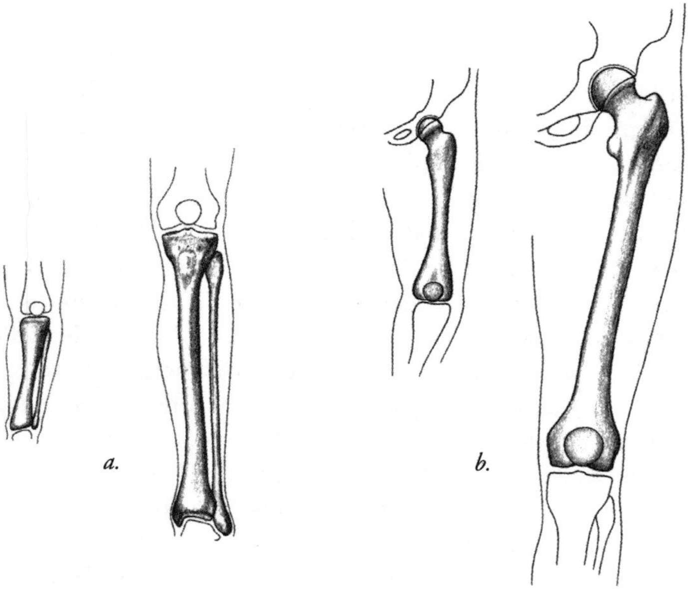

Abb. 5: a. Die Formen des Schien- und Wadenbeins beim Neugeborenen und Jugendlichen. – b. Die Formen des Oberschenkelknochens beim Neugeborenen und beim Jugendlichen. (Nach Crelin, Benninghoff und Lanz-Wachsmuth. In allen vier Abbildungen sind die Epiphysenfugen nicht eingezeichnet.)

Knie das Gewicht des Leibes auflastet, entsteht eine schöne kapitellartige Form. Das Schienbein wird zu einem Gebilde, an dem die gestaltenden Kräfte in den Formen sichtbar werden: das kraftvolle Überwinden der Schwere und die Verdichtung des stützenden Tragens an der Stelle, wo der Druck von oben in das Schienbein hineinwirkt. Seine Formen bekommen einen künstlerischen Charakter. Von künstlerischer Gestaltung kann man sprechen, wenn die unsichtbaren Kräfte und Gesetze, die in einer Bildung am Werke sind, diese so stark durchdringen, daß sie in dieser ihr eigenes Wesen zur Erscheinung bringen – wenn das Geistige dem Stoff sein Gepräge gibt. In diesem Sinne erhält das Schienbein in der Kindheit eine künstlerische Gestaltung.

Ebenso wird auch der Oberschenkelknochen in seiner Formentwicklung architektonisch-künstlerisch durchgestaltet (Abb. 5 b). Im Längerwerden manifestiert sich eine starke Impulsierung des Wachstums gegen die Schwere; im Hervortreten des Oberschenkelhalses und im Kleinerwerden seines Winkels mit dem Schaft die drückende Last des Rumpfes und zugleich deren kraftvolle Bewältigung. Beim Neugeborenen beträgt der Schenkelhalswinkel im Durchschnitt 135°, vom dritten Lebensjahr an sinkt er auf schließlich 125°.

Zwischen den Gestaltungsvorgängen in der Wirbelsäule und denen in den Beinen und Füßen besteht ein wichtiger Unterschied. In beiden Bereichen werden jene inneren Kräfte wirksam, die im kindlichen Organismus die Schwere überwinden – aber in verschiedener Weise. Das Ich des Kindes ergreift die in der Wirbelsäule lastende Schwere vorwiegend auf dem Wege über die Rückenmuskulatur. Dadurch ist die Aufrichtung ein lebendiger Prozeß. In der Umbildung der Beine zu den tragenden Säulen des Leibes ist das Ich ganz in der Formbildung tätig. Dadurch werden die Knochen der Beine und die Architektur des Fußes in ihrer physischen Form zum Ausdruck des in der Schwere wirkenden Ich. Das Ich des Kindes ist hier – unbewußt – an Bildungsvorgängen im Bereich der physischen Stoffe und physischen Kräfte beteiligt.

Von architektonischer Durchgestaltung des kindlichen Leibes kann man bei genauer Anwendung dieses Begriffes nur in den Beinen und Füßen sprechen. Architektur ist Bau. In der Wirbelsäule herrscht innere Beweglichkeit. Sie ist bestenfalls *beginnende* Architektur. Die Kräfte des Tragens und Lastens werden nur in den Wirbelkörpern bis in die feste Form, d.h. als Bau sichtbar. So hat die künstlerisch-architektonische Durchformung des kindlichen Leibes ihren Höhepunkt in den Füßen und den Beinen, die sich im Becken wie in einer Gewölbekonstruktion zusammenschließen. In der Wirbelsäule findet man sie – nach oben abklingend – nur noch in den Wirbelkörpern.

Die plastische Formbildung

In den Beinen und Füßen kann man von irdischer Gestaltung sprechen, weil der kindliche Leib hier in seiner Bildung stark von den aus der Erde ausstrahlenden Kräften der Schwere bestimmt wird. Das Ich organisiert diese Kräfte in den kindlichen Organismus ein. Von entgegengesetzter Art ist die Gestaltung im Kopf des Kindes. Dieser ist beim Neugeborenen, von oben betrachtet, annähernd fünfeckig. Die Stellen, von denen während der Embryonalzeit die zunächst zarte Knochenbildung ausgegangen ist, treten als Aufwölbungen hervor. Von der Seite gesehen fehlt dem Hinterhaupt die spätere Rundung noch weitgehend. In den ersten sieben Lebensjahren wächst der Gehirnschädel etwa zu seiner endgültigen Form heran. Während dieser Zeit erhält er seine schön gerundete Form. Die einzelnen, zunächst voneinander getrennten Knochen schließen sich zu einer einheitlichen Gestalt zusammen, in der sie nur noch Elemente eines höheren Ganzen sind; am stärksten ist dieser Prozeß und das Sich-Abkapseln im Bereich der Stirn. Hier verwachsen die beiden Anlagen des Stirnbeins, allerdings erst nach dem Jugendalter, vollständig zu einem einheitlichen Knochen (Abb. 6). Nur in seltenen Fällen bleibt die Knochennaht erhalten. Durch diese Umbildung erhält der Gehirnschädel mit der einheitlichen Rundung seiner Form eine Orientierung zum Umkreis. Lediglich an der Schädelbasis, wo sich die übrigen Teile des Schädels angliedern, ist diese Rundung deformiert. Wenn man verfolgt, wie diese Umformung mit dem Wachstum verbunden ist, dann erfaßt man, daß die Bildekräfte sphärisch ausweitend tätig sind; sie sind kosmisch orientiert. Zugleich führen sie in die knöcherne Verdichtung und Erstarrung.

Im Rumpf bleiben die plastischen Bildekräfte mit ihrem gestaltenden Wirken mehr im Bereich der weichen, lebendigen Form. Besonders schön kann man sie an den Veränderungen des Brustkorbes und der Lunge studieren. Der Brustkorb des Neugeborenen ist in seiner

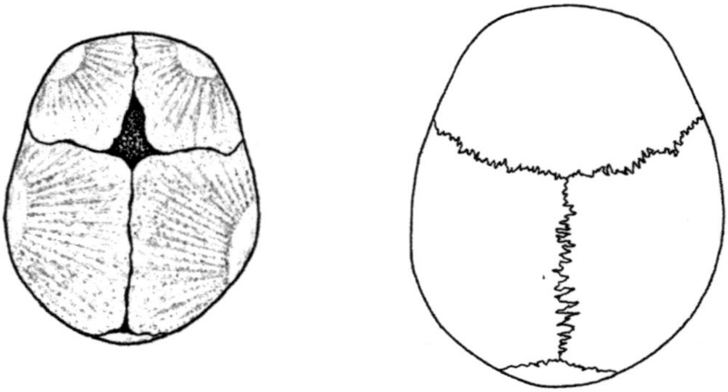

Abb. 6: Der Schädel eines Neugeborenen und eines siebenjährigen Kindes von oben (z.T. nach Langman).

Form der des Schulkindes noch recht unähnlich (Abb. 7). Er ist schmal und durch das schräg nach vorn gerichtete Brustbein weitgehend offen. Er hängt als steifes, unbewegliches Gebilde vor der Wirbelsäule. Das Kind atmet in den ersten Monaten nur durch die Bewegungen des Zwerchfells. Die Umgestaltung beginnt im ersten Lebensjahr. Hierbei wird die Wirbelsäule in den Brustkorb eingegliedert. So kommt das in der Aufrichtung wirkende Ich in eine enge Verbindung mit der sich nun entwickelnden rhythmisch pulsierenden Rippenatmung. Gleichzeitig senkt sich das Brustbein und mit ihm der ganze Brustkorb. Er wird zu einem mehr in sich abgeschlossenen Innenraum, der sich nach beiden Seiten weitet. Die Rippen erhalten in dieser Umbildung ihre schöne Rundung (Abb. 8).

Dadurch, daß die Wirbelsäule tiefer in den Innenraum der Brusthöhle eindringt, während sich diese nach beiden Seiten ausdehnt und sich in der Vertikalrichtung streckt, steigert sich die Symmetrie in diesem Bereich des menschlichen Leibes. Dieser ist auch in anderen Organen weitgehend symmetrisch gebildet, in den Gliedern, in der Lage der Augen und Ohren, im Gehirn und in der Form des Antlitzes. An

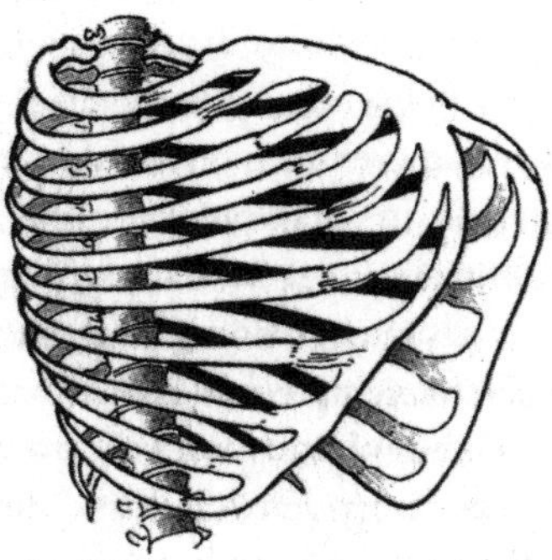

Abb. 7: Der Brustkorb eines neugeborenen Kindes von der Seite (Aus: Rauber / Kopsch, Lehrbuch und Atlas der Anatomie, 20. Aufl., Bd. 1).

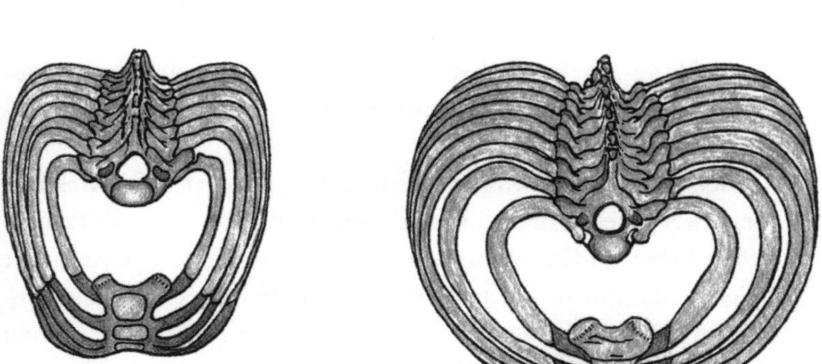

Abb. 8: Der Brustkorb des neugeborenen Kindes und des Erwachsenen von oben.

keiner anderen Stelle ist die Symmetrie durch die zentrale Achse der Wirbelsäule aber so prägnant wie im Brustbereich, zumal der Mensch im Aufrichten an dieser Achse sein Selbst betätigt und erlebt.

Das wird auch deutlich, wenn man verfolgt, wie sich die Lunge mit ihren beiden Flügeln in diese symmetrische Organisation eingliedert (Abb. 9). – Zunächst liegt sie wie eine Kappe auf der flachen Wölbung des Zwerchfells. Im Verhältnis zu den anderen Organen, besonders zur Leber, ist sie noch recht klein. Bis zum achten Lebensjahr erhält sie ihre annähernd endgültige Form wie der Brustkorb, der nun «in jeder Beziehung dem des Erwachsenen vergleichbar ist».[7] Ihre Form dehnt sich nach oben mächtig aus; sie weitet sich sphärisch nach den Seiten; vorn und hinten entsteht eine schöne weitgespannte Rundung.

In dieser Umbildung wirken sphärisch orientierte Bildekräfte. Mit ihnen zusammen sind aber noch andere Kräfte in der plastischen Umgestaltung der Lunge tätig. Diese wölben das Zwerchfell von unten stärker auf; sie drängen die Lunge nach oben zurück und deformieren von unten die sphärische Bildung. Nach Rudolf Steiner[8] sind diese Kräfte wie die in den architektonischen Gestaltungen wirkende Schwere physisch-irdischer Natur. – So sind in der Formentwicklung der kindlichen Lunge sphärisch ausdehnende, kosmisch orientierte und drückende, irdisch zentrierte Kräfte gemeinsam am Werke.

Auch in der Leber wirken während der postnatalen Entwicklung diese zwei gegensätzlichen Kräfte zusammen. Schon bei der Geburt ist die Leber stärker asymmetrisch als die Lunge. Die Asymmetrie steigert sich, indem die ausweitenden Kräfte im rechten Leberlappen intensiver tätig werden als im linken. Sie führen aber nur zu einer flachen Aufwölbung. Insgesamt ist die drückende Wirkung mächtiger als die sphärisch-ausdehnende. Dadurch entsteht an der Unterseite der Leber eine weitgespannte Einbuchtung, die sich den Verdauungsorganen zuwendet. Von dort strömen der Leber mit dem Blut die neu aufgenommenen Substanzen durch die Pfortader zu.

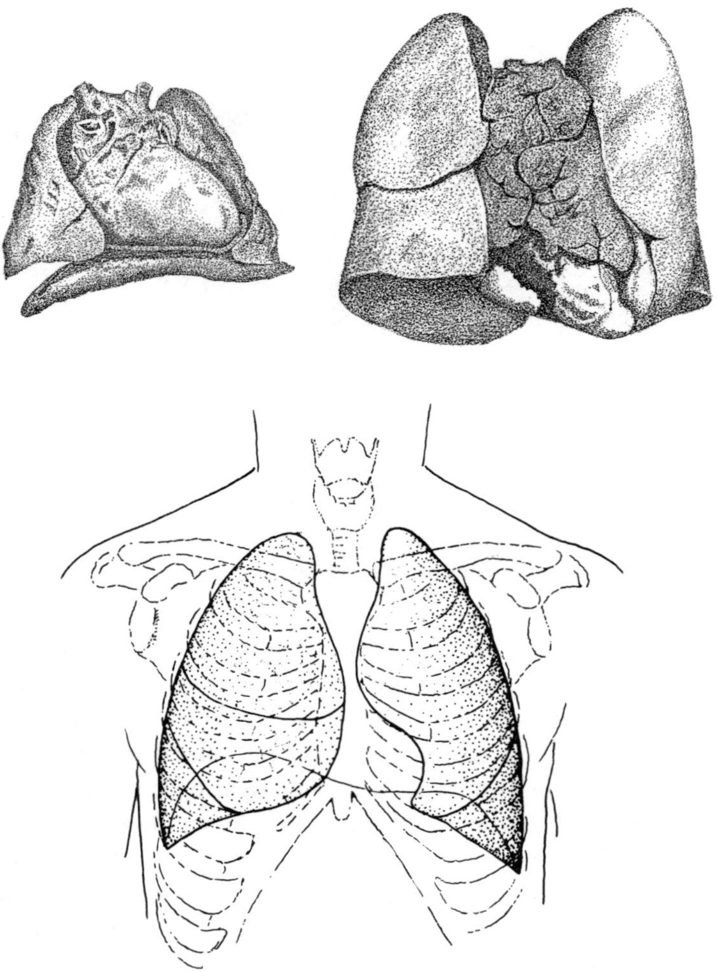

Abb. 9: Oben Lunge und Herz eines Neugeborenen und eines zweijährigen Kindes. Letzteres ist zum Teil von der Thymusdrüse bedeckt. Der Vergleich beider Abbildungen veranschaulicht die starke Formentwicklung der Lunge. (Nach anatomischen Präparaten von Sh. Mori gezeichnet.) – *Unten* die voll ausgebildete Form der beiden Lungenflügel.

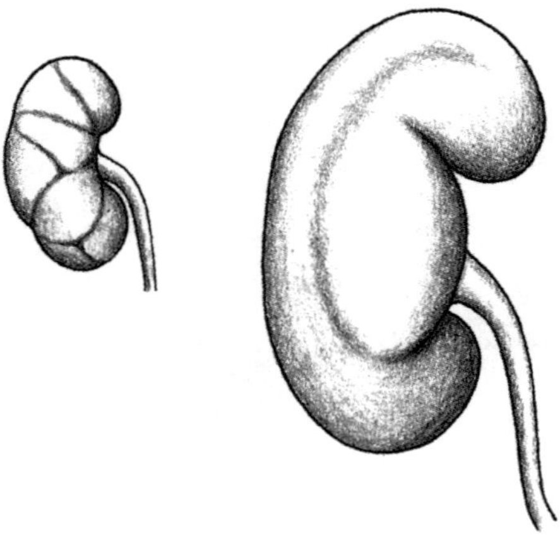

Abb. 10: Die rechte Niere eines Neugeborenen und eines Erwachsenen. (Nach Crelin und Benninghoff, z.T. verändert.)

Von der Vielseitigkeit der im Kinde tätigen plastischen Bildekräfte bekommt man einen Eindruck, wenn man die Formentwicklung weiterer Organe betrachtet, z.B. die der Niere (Abb. 10). Auch hier ist die Form bei der Geburt noch recht einfach. Sie erscheint auch deshalb etwas ungewöhnlich, weil die Nierenlappen sich durch die dünne Nierenkapsel an der Oberfläche abdrücken. Bis zum sechsten oder siebten Lebensjahr entsteht dann die charakteristische Form mit der umgreifenden Gebärde über und unter dem Nierenhilus. Hierbei weitet sich der innere Raum der Niere viel umfänglicher zum Umkreis. Die Formbildung führt durch Verdichtung der Nierenkapsel zu einer derben Begrenzung und damit zu einer einheitlichen Gestalt. – Im Gegensatz zu Lunge und Leber sind in der Niere vorwiegend sphärisch ausweitende, kosmisch orientierte Bildekräfte tätig, die allerdings nach den verschiedenen Richtungen des Umkreises mit unterschiedlicher Intensität wirken.

So entwickeln sich in der frühen Kindheit alle Organe des Rumpfes zu plastisch vollkommeneren Formen. Das gilt auch für den Rumpf in seiner ganzen Gestalt. Die Kräfte, die hier im Unterbewußten die zunächst primitiven Formen wie ein innerer Künstler zu den plastisch höher stehenden umarbeiten, sind von sehr verschiedener Qualität. Sie können so differenziert sein wie die in der Lunge tätigen oder so einfach wie diejenigen, die dem Magen seine endgültige Form geben.

Die Formbildung betrifft aber nicht nur die äußere Gestalt der Organe. Die gestaltenden Kräfte führen auch zur inneren Durchstrukturierung. In den Knochen bilden sie die ungeordnete Substanz des Geflechtknochens im Zusammenhang mit der Aufrichtung, d.h. mit dem Eingreifen der Schwerewirkungen in die vollständig durchgeformte Struktur des Lamellenknochens und den trajektoriellen Bau der Knochenbälkchen in der sogenannten Spongiosa um. In der Lunge entstehen im wesentlichen erst nach der Geburt die Alveolen, die vom Blut umspülten Lungenbläschen, «deren Zahl bis zum achten Lebensjahr ansteigt und deren Einzelgröße sodann bis zur Maximalentfaltung des Brustkorbes noch zunimmt».[9] Durch viele Jahre werden hier die feineren Strukturen gebildet; danach wachsen sie nur noch. Ebenso bilden sich in der Leber erst nach der Geburt die kleinen 1,5 bis 2 mm langen Leberläppchen, in denen die aus der Verdauung stammende Substanz umgewandelt und in den menschlichen Lebensorganismus aufgenommen, aber auch die Gallenflüssigkeit gebildet wird.

Die frühkindliche Formbildung – ein vom Kopf ausgehendes Geschehen

Wie ist nun das Verhältnis dieser nach der Geburt tätigen Gestaltungskräfte zu jenen Bildekräften, die während der Embryonalzeit überhaupt erst den menschlichen Leib im Rahmen der durch die Vererbung gegebenen Bedingungen formen? Die Art wie die postnatale Organbildung in der Entwicklungsgeschichte beschrieben wird, führt zu der Auffassung, sie wäre einfach die Fortsetzung der pränatalen. Das ist eine Annahme, die heute weitgehend als eine Selbstverständlichkeit gilt. Es ist aber bekannt, daß die Umbildungen in der Wirbelsäule oder in den Füßen nur dann eintreten, wenn sich das Kind durch sein individuelles Bemühen aufrichtet und in seiner Haltung sein Ich zum Ausdruck bringt. Diese Umgestaltungen sind also nicht das Resultat einer genetisch bestimmten Entwicklungsfolge. Das wird noch deutlicher, wenn man mit künstlerischem Sinn erfaßt, wie das Ich sich in diesen Formveränderungen ausprägt.

Die postnatale ist nicht einfach die Fortsetzung der embryonalen Formbildung. Nach der Geburt wächst und gestaltet sich der Leib des Kindes nur, wenn die Hypophyse Somatotropin in der richtigen Menge an das Blut abgibt. Im Mutterleib entwickelt sich der kindliche Leib aber auch dann, wenn die Hypophyse und damit auch das Somatotropin fehlen. Erst nach der Geburt ist diese vom Kopf ausgehende physiologische Wirkung die Bedingung für Wachstum und Gestaltung.

Dies ist ein Beispiel einer allgemeineren Gesetzmäßigkeit. Viele Entwicklungsprozesse verlaufen beim Menschen kraniokaudal: die Bildungsvorgänge beginnen im Kopfbereich und dringen dann von hier aus immer weiter in den übrigen Organismus vor. Wie ist das bei den Vorgängen postnataler Formbildung?

Zunächst entsteht der Leib des Kindes während der Embryonalentwicklung. Die embryonal tätigen Bildekräfte tragen in sich die aus der Vererbung stammenden Spezialwirkungen. In die aus der Vererbung entstandene Leibesorganisation strahlen nach der Geburt neue Bildekräfte hinein. Sie durchdringen und verwandeln das embryonal entstandene Gefüge der Bildekräfte. Dieses Geschehen durchzieht die ganzen Jahre der frühen Kindheit. Dabei entsteht, wie wir das an verschiedenen Organen geschildert haben, eine verwandelte Kräfteorganisation. Die Kräfte, die da im Kind als plastisch- und architektonisch-gestaltende aufleben, werden in den Leib gleichsam hineinorganisiert. Sie haben auch eine kraniokaudale Wirkungsrichtung. Aus seiner Erforschung der im Kinde tätigen Bildekräfte hat R. Steiner dargestellt, wie die umgestaltenden Kräfte vom Kopf des Kindes ausgehen, in den übrigen Organismus hineinstrahlen und dort formend in den Organen tätig werden.[10]

Das ist eine Konsequenz der besonderen Konfiguration des kindlichen Leibes. In ihm hat der Kopf gegenüber dem Rumpf und den Gliedmaßen ein deutliches Übergewicht. Beim Neugeborenen umfaßt der Kopf ein Viertel der Körpergröße, beim Siebenjährigen noch ein Sechstel. Wenn im lebendigen Zusammenwirken der Organe ein Teil ein Übergewicht hat wie der Kopf beim kleinen Kind, dann haben die von ihm ausgehenden Kräfte im Ganzen des Leibes eine prägende Wirkung. Was den Kopf gegenüber den übrigen Bereichen des menschlichen Organismus auszeichnet, ist die Formbildung. Sie manifestiert sich in der starken Verknöcherung, in der intensiven strukturellen Durchgestaltung des Gehirns, der Augen und des Innenohrs, aber auch in dem physiognomisch geprägten Charakter des ganzen Kopfes. So vollzieht sich die Entwicklung im übrigen Leib unter dem starken Einfluß der im Kopf wirkenden und vom Kopf ausgehenden Formkräfte. Formbildung ist in der frühen Kindheit das vorherrschende Geschehen im Leib des kleinen Kindes.

Dieser Vorgang ist dem Nachahmen des Kindes eng verwandt. Wenn ein Kind z.B. die Bewegungen der Mutter nachahmt, dann wirken die Bilder, die von diesen Bewegungen in seinem Bewußtsein entstehen, unwillkürlich in seine Glieder. Das Nachahmen beruht darauf, daß die an der Außenwelt entstandenen Bilder vom Kopf in den übrigen Organismus hineindringen. Sie leben dort in den Formen der Bewegung und des kindlichen Verhaltens. Insofern ist auch das Nachahmen eine Art von gestaltendem Geschehen, das allerdings von der Seele aus in den Leib hineingreift. – Beim kleinen Kind besteht insgesamt ein besonders enger Zusammenhang zwischen dem Kopf und dem übrigen Leib; vom Kopf gehen gestaltende Wirkungen auf den übrigen Organismus aus.

Der Zahnwechsel als Abschluß der Formbildung

So sind formende Bildekräfte in den Verwandlungen des kindlichen Leibes am Werk, bevor das Kind formbildende Kräfte im Bewußtsein, d.h. seelisch betätigt. Um den Zusammenhang zwischen der formenden Tätigkeit im wachsenden Leib und in der Seele des Kindes sachgemäß beurteilen zu können, müssen wir die Zahnbildung und den Zahnwechsel betrachten. Die Zahnbildung (Abb. 11) nimmt unter allen Formbildungsvorgängen eine besondere Stellung ein. Im Kiefer des Kindes entstehen die sog. Zahnsäckchen und in ihnen das zarte Schmelzorgan. Es ist die Hohlform der späteren Zahnkrone; in ihr entsteht die Zahnkrone, der Zahnschmelz von außen nach innen, das Zahnbein von innen nach außen. Dabei findet keine Formentwicklung wie bei den anderen Organen statt. Deshalb wird das Schmelzorgan in der Odontologie als Gußform bezeichnet. In den Zähnen hat die Formbildung ihren reinsten Ausdruck. Die entstehenden Gebilde sind ganz Form, d.h. erstarrt, ohne Wachstum und fast ohne Leben. Deshalb muß jener Vorgang, der sich im ganzen Leib des Kindes als Formentwicklung abspielt, bei

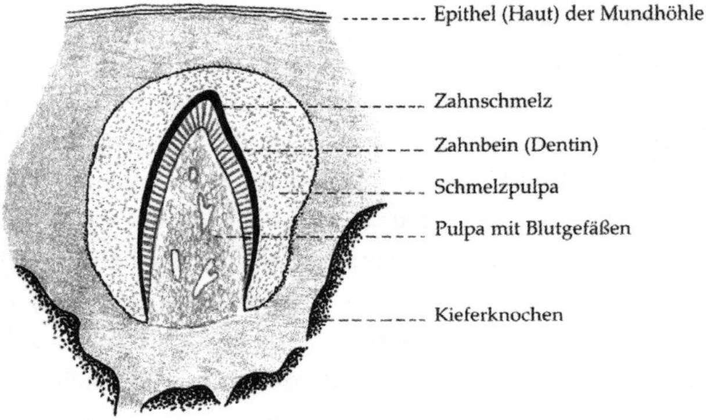

Abb. 11: Die Krone eines Schneidezahnes auf einer frühen Stufe ihrer Bildung (im Längsschnitt). Der Zahn «wächst», indem die Formbildung am unteren Ende fortschreitet. Der entstandene Teil des Zahnes hat bereits die endgültige Form und Größe.

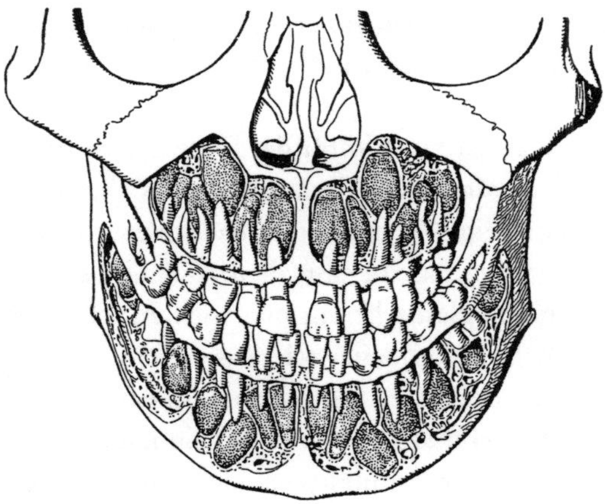

Abb. 12: Der aufpräparierte Unter- und Oberkiefer eines sechsjährigen Kindes kurz vor dem Zahnwechsel. Im Inneren der Kieferknochen sind die Kronen der bleibenden Zähne (grau) mit Ausnahme jener der Weisheitszähne voll ausgebildet. (Aus: Benninghoff, Lehrbuch der Anatomie des Menschen, 2. Band., 8. Auflage.)

den Zähnen in einer stark modifizierten Weise erscheinen. Die Kräfte, die einem Organ seine neue Gestalt geben, können hier nicht in ein bildsames Material umgestaltend eingreifen. An die Stelle der Umbildung tritt die Neubildung. Sie beginnt bei den Schneidezähnen und dem Eckzahn schon im ersten Lebensjahr, bei den Backenzähnen dann, wenn die Milchzähne durchgebrochen sind, also im dritten Lebensjahr. Von den ersten zu den zweiten Zähnen vollzieht sich wie in den übrigen Organen auch «Wachstum» und stärkere Durchformung: Die zweiten Zähne werden größer; sie sind charakteristischer geformt; und mit den Prämolaren bildet sich zwischen dem Eckzahn und den eigentlichen Backenzähnen eine neue Zahnform. Zwischen sechs und sieben Jahren haben sich die Kronen der zweiten Zähne voll ausgebildet (Abb. 12); nur bei den Weisheitszähnen ist die Entwicklung stark retardiert. Damit ist die Formbildung der Zähne in ihrem wichtigsten Teil abgeschlossen. Das kommt dadurch sehr anschaulich zum Ausdruck, daß die neu entstandenen Gebilde aus dem lebendigen Innern des Organismus beim Zahnwechsel herausgedrängt werden. Hierbei erhalten die Zahnkronen ihre Wurzeln.

Es gibt kein deutlicheres Bild für das Ende der im ganzen kindlichen Organismus wirkenden Formbildung als dieser beginnende Durchbruch der zweiten Zähne. Er ist das äußere Zeichen für eine tiefgreifende Veränderung. In fast allen Organen stockt jetzt die architektonische und plastische Formentwicklung. Im Hinblick auf ihre Form bleiben die Organe, wie das bereits erwähnt wurde, weitgehend auf der erreichten Stufe stehen. In einigen Organen wie dem Gehirn, dem Gehirnschädel und den Sinnesorganen des Auges und Ohres hört mit der Formbildung auch das Wachstum weitgehend auf.

Die leibliche Entwicklung der Kinder nimmt nun eine neue Richtung. Durch Formbildung werden die Organe dichter, d.h. weniger bildsam. So zeigen die Untersuchungen von Scammon[11] in vielen Organen des kindlichen Leibes besonders zwischen dem vierten und siebten Lebensjahr eine zunehmende Verlangsamung des Wachstums. Nach dem Beginn des Zahnwechsels im siebten bzw. achten Lebensjahr beginnen die Organe als Ausdruck einer neuen Belebung wieder stärker zu wachsen.

In den folgenden Jahren, besonders vom zehnten Lebensjahr an, kann man z.B. an dem Hervortreten der sekundären Geschlechtsmerkmale eine Durchseelung des wachsenden Leibes bemerken. Am deutlichsten wird die seelenhafte Durchprägung des Leibes im Antlitz, unter anderem in der Veränderung der Nase, sichtbar. Dieser Vorgang führt zu einer stärkeren Ausbildung des Gesichtsschädels und damit zu einer Streckung der ganzen Kopfform. Man muß also die Umbildungen, in denen die architektonisch und plastisch gestaltenden Kräfte wirken, von jenen unterscheiden, durch die sich im Verlauf der weiteren Entwicklung das Seelische stärker im Leibe ausprägt (siehe das Kapitel «Die Geburt des Astralleibes»).

An der Verlangsamung des Organwachstums und dem damit verbundenen Abklingen der architektonisch-plastischen Umgestaltung kann man eine tiefgreifende Veränderung ablesen. In der Entwicklung des Kindes geht die Epoche der Formbildung, d.h. der Individualisierung des physischen Leibes, zu Ende. Die formenden Kräfte strahlen nicht mehr wie bisher vom Kopf in den übrigen Organismus des Kindes hinein. Sie lösen sich von ihrem bisherigen Wirken in den Organen. Das sichtbare Symptom für diesen Vorgang ist der Zahnwechsel. Die Zähne, die jetzt aus dem Kiefer des Kindes hervorbrechen, zeigen und bewahren den Formzustand, den der menschliche Leib im siebten Lebensjahr erreicht hat. An ihrer erstarrten, mineralisierten Gestalt kann man auch sehen, daß sich die bildenden Kräfte von ihrem Werk getrennt haben. So werden die zweiten Zähne zum Denkmal für die Formbildung im ersten Jahrsiebt.

Die Kräfte, die bisher im Organismus des Kindes gestaltend tätig waren, machen nun besonders im Hinblick auf den Bereich ihres Wirkens eine Verwandlung durch. R. Steiner hat diese Veränderung in verschiedenen seiner pädagogischen Darstellungen beschrieben.[12]

Er vergleicht sie bisweilen mit einem physikalischen Vorgang: mit dem Freiwerden von Wärme beim Gefrieren des Wassers. Im Wasser war die Wärme als latente Energie wirksam. Mit dem Erstarren des Wassers tritt sie aus der Materie heraus. Sie war es, die den beweglich-flüssigen Zustand bewirkt hat. In entsprechender Weise emanzipieren sich Bildekräfte im siebten Jahr. Sie werden nun in der Seele, im Bewußtsein des Kindes tätig. Und die Aufgabe der Erziehung besteht nun darin, das Kind dazu anzuregen, diese Kräfte ihrem Wesen gemäß zu ergreifen und zu betätigen. Diese Kräfte, die sich aus den Organen emanzipieren und vom Leib in die Seele aufsteigen, «wollen eigentlich übergehen in plastisches Gestalten, in Zeichnen und so weiter».[13] Das sogenannte Formenzeichnen ist dasjenige Gebiet, in dem die Kinder besonders in den ersten Schuljahren übend und erlebend aus dem Ergreifen dieser ihrem Wesen nach formenden Kräfte tätig werden.

Das Bewußtwerden der formbildenden Kräfte

Das Auftauchen jener Kräfte, die bisher in den Organen gestaltend tätig waren, im Bewußtsein des Kindes, kann man an verschiedenen Phänomenen bemerken. Das kleine Kind sieht wohl die senkrechte Lage und Stellung vieler Dinge, empfindet aber noch nicht das Besondere dieser senkrechten Orientierung. Es macht ihm auch wenig Mühe, Bilder anzuschauen, die schräg oder «auf dem Kopf» stehen. Das verändert sich zwischen dem sechsten und achten Lebensjahr. Besonders durch die Experimente von H. Witkin[14] über das gesichtsfeldabhängige und das gesichtsfeldunabhängige Erfassen des Vertikalen weiß man, daß sich kleine Kinder in hohem Grade an dem orientieren, was sie in ihrer Umgebung sehen. Das innere Erleben des Vertikalen durch den Gleichgewichtssinn hat kaum eine Bedeutung für die Bestimmung dessen, was senkrecht ist. Erst im achten Lebensjahr löst sich das kindliche Erleben von dieser äußeren Abhängigkeit. Nun kommt dem Kinde von innen das Senkrechte zum Bewußtsein. Die vertikale Haltung hat das Kind durch die Aufrichtung erworben. Sie wurde durch die gestaltenden Kräfte seinem Organismus, insbesondere auch in der Umformung der Wirbelsäule, durch mehrere Jahre hindurch eingeprägt. Damit war die Umgestaltung des Brustkorbes verbunden, durch die die Arme des Kindes weiter zur Seite gerückt sind, bis sie in ausgestreckter Haltung mit der Wirbelsäule ein Kreuz bilden.

Diese Umgestaltungen erreichen im siebten Lebensjahr weitgehend ihren Abschluß. Nun werden dem sehenden wie dem blinden Kinde die bisher im Unbewußten organisierenden Kräfte als das Erlebnis des Vertikalen und Horizontalen zur inneren Erfahrung. Und zu gleicher Zeit wird dem Kinde auch in seiner Umgebung das Senkrechte viel stärker als bisher bewußt. Das innere Erleben des Vertikalen durch den Gleichgewichtssinn durchdringt das äußere Anschauen. Diese von der Umgebung unabhängige innere Erfahrung des Senkrechten taucht im achten Lebensjahr wohl auf, sie steigert sich aber, vor allem bis zum 13. Lebensjahr (Witkin). So kommt es, daß die Kinder erst im neunten Lebensjahr nicht nur im Stehen, sondern auch im Gehen linke und rechte Seite sicher unterscheiden können.[15] Sie kommen jetzt durch die innere Erfahrung der vertikalen Mitte zum Erleben ihrer eigenen Symmetrie. So kann das Kind erst im neunten Lebensjahr auch in seiner Umgebung das Symmetrische, das an einer Senkrechten Gespiegelte, und das Asymmetrische richtig erfassen.

In diesen Erfahrungen erlebt das Kind die Kräfte, die vorher in seinem statischen System organisierend tätig waren. Wenn man ein Kind nun veranlaßt, senkrechte Linien, waagerechte Linien oder Figuren aus der Kombination vertikaler und horizontaler Linien zu

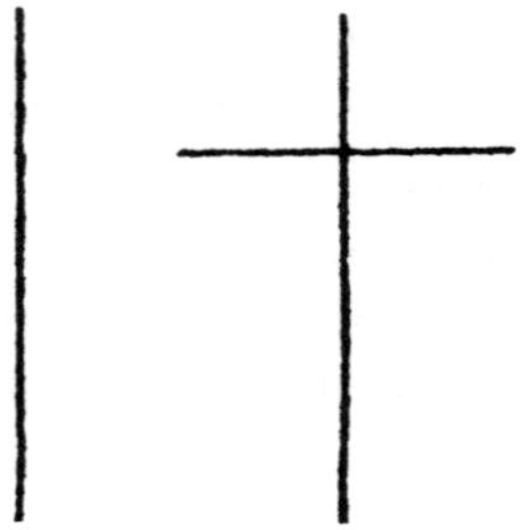

Abb. 13

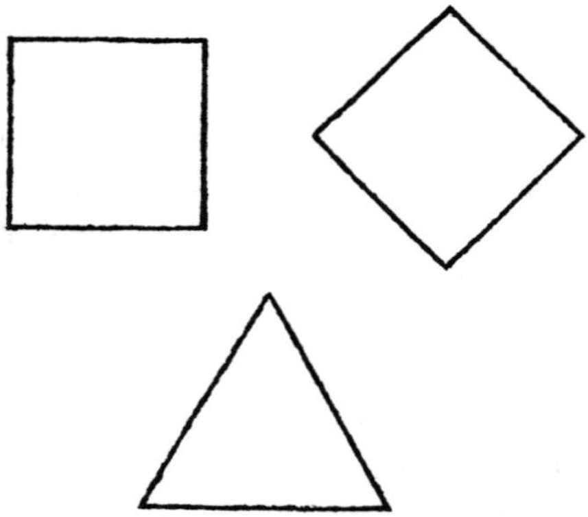

Abb. 14

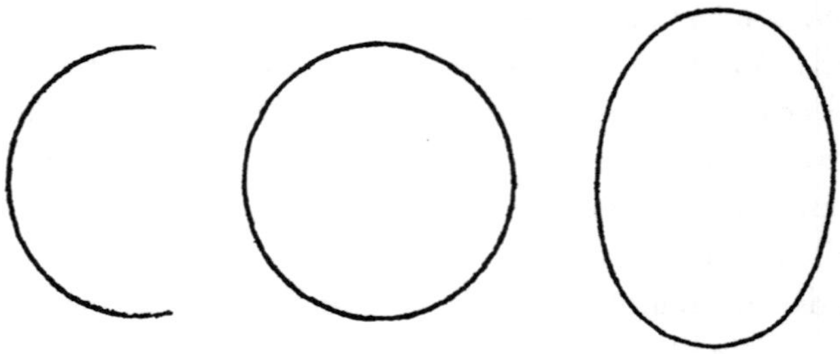

Abb. 15

zeichnen (Abb. 13), wird es aus dem Empfinden jener Kräfte tätig. Zeichnend ergreift das Kind Kräfte der eigenen Organisation und läßt sie in den Linien zum äußeren Bild gerinnen. Wie stark hierbei die verschiedene Richtung der Linien empfunden wird, kann man sich an vielen Beispielen verdeutlichen. Ein Quadrat mit horizontaler und vertikaler Begrenzung wirkt ruhig lagernd und passiv. Um 45° gedreht hält es sich wie ein Artist aktiv in der Gleichgewichtslage (Abb. 14). Hier wird im Betrachter die innere Kraft des Vertikalen in verschiedener Weise angesprochen.

Läßt man Kinder runde Formen zeichnen (Abb. 15), so wendet man sich in ihnen an jene Kräfte, die vor dem Zahnwechsel plastisch gestaltend in seinen Organen gearbeitet haben. Das Kind soll sich im Zeichnen mit diesen verbinden und aus ihnen die äußeren Formen zeichnen. Hierbei kann dann auch vielfältig das Vertikale und Horizontale mitklingen wie z.B. bei einer stehenden oder liegenden Ellipse.

Das Einmünden der formbildenden Kräfte in das Gestalten innerer Bilder und freier Formen

Hat man durch das Studium der frühen Kindheit die plastisch und architektonisch gestaltenden Kräfte in ihren künstlerischen Qualitäten kennengelernt, so ist das für die Pädagogik von großer Bedeutung. Die Entwicklungspsychologie beschreibt auch die Veränderung des kindlichen Bewußtseins im siebten Lebensjahr. Sie beachtet dabei vorwiegend das, was sich als Auswirkung jener tieferen Umwandlungsprozesse, die wir geschildert haben, im Vorstellungs- und Gedankenleben der Kinder abspielt. Das Kind hat ja seit dem ersten Lebensjahr gelernt, im Anschauen der äußeren Dinge

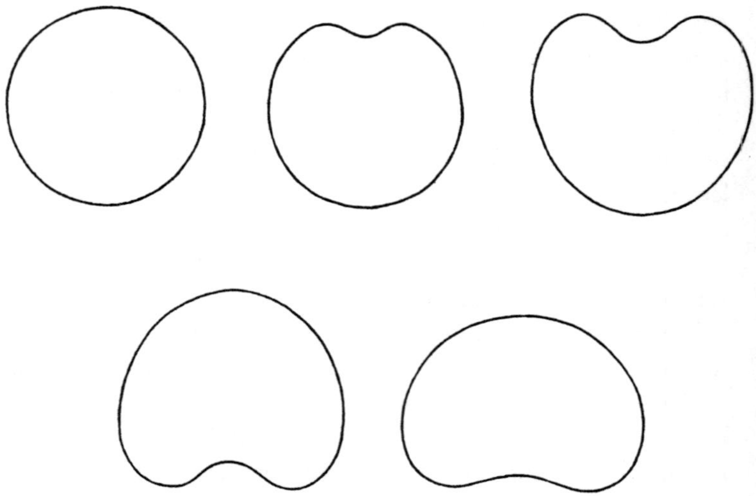

Abb. 16

Vorstellungen zu bilden, durch die es deren Formen und Bedeutung erfaßt. Diese Vorstellungen sind aber flüchtig. Erst wenn sie von formenden Kräften durchdrungen werden, kann das Kind das Gesehene festhalten und als Erinnerungsbilder wieder aufrufen, auch wenn der äußere Gegenstand nicht mehr vor Augen steht. Diese Bilder kann das Kind verändern, innerlich beweglich umbilden. Damit erschließen sich seinem Denken neue Bereiche des Verstehens, die vor allem Piaget und seine Mitarbeiter erforscht haben. In dieser Betrachtung erscheint die Umwandlung des kindlichen Bewußtseins im siebten Lebensjahr als ein Geschehen in der Ebene des Kognitiven. Die Veränderungen im Vorstellungs- und Gedankenleben sind aber die Wirkung eines tieferen Geschehens – eben in dem Bereich künstlerisch gestaltender Kräfte.

Kennt man diese, dann weiß man, daß man die Kinder nach dem siebten Lebensjahr zu künstlerischem Formgestalten und künstleri-

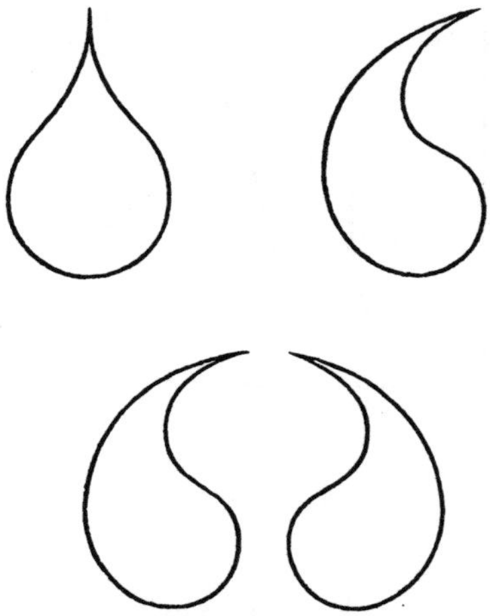

Abb. 17

schem Formerleben führen muß. Andernfalls würde man die innere Natur dieser Kräfte ignorieren, die dem Kinde nun für seine Entwicklung neu zur Verfügung stehen. Was mit dem Wort künstlerisch im Hinblick auf die pädagogische Tätigkeit gemeint ist, sei noch durch einige einfache Beispiele erläutert.

Man kann z.B. (Abb. 16) von einer kreisförmigen Form ausgehen und diese durch Einmuldung und Ausweitung in eine zweite Form umgestalten. Diese bringt man zu einer inneren Harmonie von aufsteigend sich weitender Gebärde und konkaver Eintiefung (obere Reihe rechts). Wenn man diese Form um 180° dreht, wirkt sie leer und verspannt (untere Reihe links). Man muß sie umgestalten, damit sie der aufsteigenden Gebärde der dritten Form als eine ruhende Gebärde entspricht (untere Reihe rechts). Das geschieht aus künstlerischem Empfinden, in dem die inneren plastisch gestaltenden Kräfte des Menschen regsam werden.

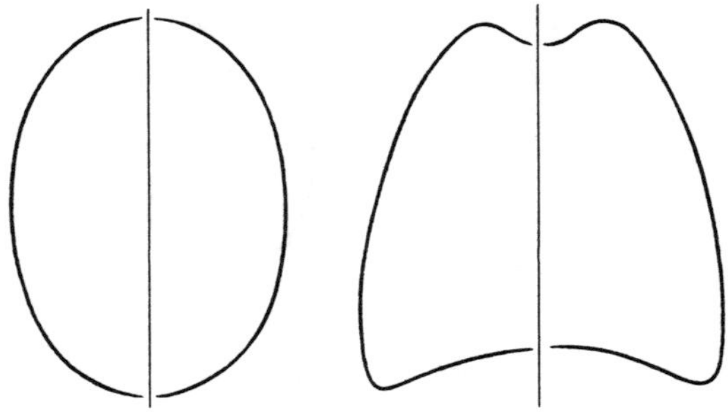

Abb. 18

Etwas komplizierter ist folgender Prozeß (Abb. 17). Im Betrachten der tropfenartigen Form kann aus dem künstlerischen Formempfinden der Drang entstehen, diese Form so umzugestalten, daß sie nicht in die Schwere sinkt, sondern sich gegenüber der Schwere hält. Die neue Form kann für sich alleine nicht bestehen; sie verlangt als Ergänzung die Gegengebärde. So kommt man aus dem künstlerischen Empfinden zu einer Form, in der Symmetrie, Bewegung und Ruhe auf einer höheren Stufe wieder zusammenklingen.

Die Formen, die man in den unteren Klassen die Kinder zeichnen läßt, dürfen nicht ausgedacht sein, wenn die Kinder durch das Formenzeichnen in ihrer Seele die plastischen und architektonischen Kräfte ergreifen sollen. Die Formen müssen zunächst vom Lehrer aus künstlerischem Formempfinden entwickelt werden. Fügt man z.B. an eine senkrechte Linie links und rechts symmetrisch eine längliche Rundung an, so erhält man eine leere, spannungslose unkünstlerische Form (Abb. 18, links). Ihr fehlt der Gegensatz von oben und unten. Aus dem künstlerischen Empfinden wird man diese Form z.B. so umbilden, daß sie zunächst etwas aufsteigt, sich nach unten weitet und unten sich gegen das Versinken in die Schwere hält (Abb. 18, rechts). Gibt man Kindern die linke Hälfte einer solchen Form und läßt sie spiegelbildlich die rechte Hälfte ergänzen, so gestaltet das Kind eine Form, die ihren Ursprung im Künstlerischen hat. Indem die Kinder sich hierbei aber an der senkrechten Achse orientieren, werden sie besonders stark aus dem Erleben des eigenen Ich zur Tätigkeit angeregt. Sie ergreifen die gestaltenden Kräfte stärker aus dem eigenen Ich, als das bei den anderen Formen möglich ist.

Auf diese Weise betätigt der Mensch jene Bildekräfte, die früher den Leib in seinen Organen zu vollkommeneren Formen umgestaltet haben. Das künstlerische Empfinden führt immer wieder zu Gestaltungen, in denen jene Formen anklingen, die im Laufe der ersten sechs bis sieben Jahre im Leibe des Kindes herausgearbeitet werden. Die letzte Form mit ihrer symmetrischen Gestaltung (Abb. 18, rechts) entspricht etwa der Lunge, wenn man sie mit ihren beiden Flügeln von vorne betrachtet; die vorletzte (Abb. 17, unten) den beiden Lungenflügeln in ihrer Form von unten.

So sind es die plastischen und architektonischen Kräfte selbst, die zu künstlerischem Gestalten drängen. Dieses Gestalten verlangt jeweils die volle Beteiligung des Willens in dem bewußt geführten Zeichnen und des Gefühls im Erleben der Formen.

Die Bedeutung des Formenzeichnens für die menschliche Entwicklung

Von hier gehen die erzieherischen Wirkungen des sogenannten Formenzeichnens aus.[16] Wenn Kinder in den ersten Schuljahren richtig angeleitet werden, einfache Formen und Formverwandlungen zu zeichnen und in ihrer Formgesetzmäßigkeit zu erleben, dann entwickelt sich die Fähigkeit einer innerlich regsamen Formauffassung. Der junge Mensch lernt durch das Formenzeichen auch in den Formen, die ihm an den äußeren Dingen entgegentreten, die Formgebärden zu erfassen. Beim Anschauen der Dinge entstehen dann nicht nur die Vorstellungen, durch die er bisher diese Dinge in ihrer Gestalt und Bedeutung aufgefaßt hat (s. S. 99 f.); diese Vorstellungen werden von den plastischen und architektonischen Gestaltungskräften durchdrungen und belebt. Dadurch sind dem Kinde die Formen nichts Starres oder Totes; sie sind ihm wie von innerer gestaltender Regsamkeit erfüllt. Das Wahrnehmen wird zu einem Vorgang, in dem das Kind zu innerer Gestaltungstätigkeit kommt.

Dies ist für die weitere Entwicklung von Bedeutung. Wenn der junge Mensch in den Formen der Natur – in denen der Landschaft, der Pflanzen, der Tiere usw. –, in denen der Kunst und der anderen Werke menschlicher Tätigkeit die Formgebärden erlebt, wird sein Verhältnis zur Welt konkret und reichhaltig. Das gewöhnliche Anschauen, das noch nicht von den plastisch-architektonischen Kräften durchdrungen ist, kann nur das Gewordene, das in der Form Erstarrte oder Erstorbene erfassen. Es beschränkt das menschliche Bewußtsein auf das, was in der Welt das Tote ist. Mit dem gestaltend tätigen Anschauen aber bleibt der Mensch nicht an der Oberfläche des Gewordenen stehen; er kann in das innere Leben der Dinge eindringen. Lernt er z.B. die Formen der Pflanzenwelt[17] so nachzubilden, wie er es vorher mit den einfachen Figuren im Formenzeichnen getan hat, dann findet er in der lebendigen Natur deren Bildungsgesetze und ihre gestaltenden Kräfte. Dadurch, daß sein Anschauen zu einer dem künstlerischen Schaffen verwandten Tätigkeit wird, dringt er in das Leben und in die geistig schaffenden Kräfte der Welt ein. Mit dem Formenzeichnen beginnt die Ausbildung von Fähigkeiten, die das menschliche Erkennen weit über die materialistisch begrenzte Naturauffassung hinausführen können.

Von den Vorstellungen, die durch die plastisch-architektonischen Kräfte künstlerisch belebt sind, gehen Wirkungen auch auf die unbewußt verlaufenden Lebensprozesse des Kindes aus. Nach dem Zahnwechsel beginnen die Organe des Rumpfes, die Lunge, das Herz, die Niere usw., wieder stärker zu wachsen. In der Pubertät wird dieses Wachstum wieder schwächer. Dieses Wachsen ist der Ausdruck eines inneren Geschehens. Wenn Lunge, Niere usw. wachsen, nehmen die Lebensprozesse des Atmens, des Ausscheidens usw. zu. Mit dem Zahnwechsel beginnt eine Zeit, in der sich vor allem die Lebensprozesse entwickeln. Auf die Formbildung folgt eine Phase der «Lebensentwicklung» (R. Steiner). Nach der individuellen Durchformung des physischen Leibes kommt nun die des Lebensleibes, der unter anderem in den Lebensprozessen und ihrem wechselseitigen Sich-Durchdringen tätig ist.

Die Entwicklung des Lebensleibes vollzieht sich in zwei recht verschiedenen Bereichen des kindlichen Wesens, im Bewußtsein und im Unterbewußten. Die plastisch-architektonischen Kräfte, die das Kind nach dem Zahnwechsel im Bewußtsein ergreifen und betätigen kann, gehören ihrem Wesen nach auch zum Lebensleib. Sie waren lebendig bildend im physischen Leib des Kindes tätig und sind weiterhin mit der im Leibe des Kindes wirkenden übersinnlichen Lebensorganisation verwandt, auch wenn sie sich vom Leibe emanzipiert haben. Werden sie nun im inneren Gestalten und Nachgestalten von Formen betätigt, dann durchdringt sie das Kind mit den Kräften seines Ich. Das führt zu der künstlerischen Belebung der Vorstellungen. Diese Vorstellungen, die durch die plastisch-architektonischen Kräfte zu lebendigen, gestaltend tätigen Vorstellungen werden, sinken immer in die unbewußten Regionen des Menschenwesens hinunter; sie kommen in das Gebiet des Vergessens. Sie sind dort in jenem Gebiet, in dem die plastisch-architektonischen Kräfte vor dem Zahnwechsel gewirkt haben, d.h. im Gebiet der organischen Vorgänge. In diese Tiefen der kindlichen Organisation gehen die Wirkungen des Formenzeichnens und der lebendigen Formauffassung. Die künstlerische Belebung der Vorstellungen ist auch deshalb so wichtig, weil sie sich im Vergessen mit der sich in den Organen entwickelnden Lebensorganisation verbindet. Was in diesen lebendigen Vorstellungen in den wachsenden Leib des Kindes hinunterdringt, trägt dreierlei Wirkungen in sich: eine belebende Wirkung; diese ist durchdrungen vom Ich des Kindes, und sie ist durchströmt von den Gefühlen, mit denen sich das Kind im Erleben der Formen mit diesen verbunden hat. So wird die Lebensentwicklung durch die Vorstellungen belebt; und zugleich verbindet sich das Kind mit seiner fühlenden Seele und dem willenshaften Charakter seines Ich mit den wachsenden Organen seines Leibes.

Lebendige Begriffe – die ätherische Durchkraftung des Denkens

Das erste, was man auf dem Wege vom sinnesgebundenen Bewußtsein zu einem höheren Bewußtsein, dem sich die verborgenen Bereiche der Welt erschließen, zu erarbeiten hat, ist eine innere Durchkraftung des Denkens. Die Belebung des Denkens ist aber auch ein Kernstück der Waldorfpädagogik.[1] Das Wissen soll in den Kindern und jugendlichen Menschen eine erzieherische Kraft werden, die nicht nur den Kopf ergreift, sondern belebend bis in die Bereiche des Fühlens, des Willens und sogar bis in den Leib hineinwirkt. Da muß sich das Wissen aber über die gewöhnliche Verstandeserkenntnis erheben.

Die Entwicklung des menschlichen Denkens über das Niveau des Verstandeserkennens hinaus ist vor allem eine zentrale Forderung der Gegenwart. Auf vielen Gebieten ist das Denken den Problemen des Lebens nicht mehr gewachsen. Unsere Zivilisation ist in eine innere Lähmung hineingeraten, weil der Mensch mit den enormen Möglichkeiten, die er durch die Technik erlangt hat, in die Natur, in das Leben, in den Kosmos eingreift, ohne die Natur, das Leben und den Kosmos zu verstehen. Dadurch entstehen immer neue Fragen. Zwischen dem, was diese Fragen vom Menschen fordern, und dem, was das Denken leistet, klafft ein Abgrund. Deshalb werden immer mehr Stimmen laut, die von der Notwendigkeit sprechen, über den Verstand, den Intellekt hinauszukommen. Damit stehen wir heute am Ende einer Entwicklung, die vor einigen Jahrhunderten begonnen hat.

Im 13. Jahrhundert schreibt Thomas von Aquin (1225–1274) über das menschliche Erkennen: «Wenngleich alle unsere Erkenntnis mit der Erfahrung anhebt, so entspringt darum doch nicht eben alle aus der Erfahrung.» Er stellt dar, daß der Mensch einen «intellectus agens», ein tätiges Denken besitze, das an der Sphäre des göttlichen Lichtes, an der Sphäre der ewigen Wahrheit teilhabe und dadurch erfassen könne, was als innere Wahrheit in den Dingen enthalten ist. Dadurch spiegele sich die Wahrheit der Dinge in der menschlichen Seele. Diese Auffassung ist Abenddämmerung einer geistigen Auffassung. Schon wenige Jahre nach dem Tod des Thomas tritt in Wilhelm von Ockham (1280–1349) eine Denkerpersönlichkeit auf, durch die eine ganz andere Auffassung zum Durchbruch kommt und damit eine veränderte Beziehung des Menschen zur Welt. Wilhelm von Ockham, der als Franziskaner-Mönch tief in der christlichen Glaubenswelt steht, bezeichnet die äußere Erfahrung als notitia intuitiva, d.h. als die einzige Quelle der Gewißheit. Die Einzeldinge sind ihm für das Denken das einzig Reale.

Nun bleibt der Mensch aber nicht bei den Einzeldingen stehen. Er bildet sich Begriffe, d.h. er geht vom Einzelnen zum Allgemeinen. Er betrachtet nicht bloß Dinge, sondern will das erfassen, was allen Dingen einer bestimmten Art zukommt. Nun gab es für das Denken des Wilhelm von Ockham nur die Einzeldinge als äußere Tatsachen, aber keine innere Wahrheit, kein inneres Wesen in den Dingen. So war ihm der Begriff nicht mehr die allgemeine in den Dingen liegende Wahrheit, sondern ein Produkt, das der Mensch in seiner Seele bildet. Er schreibt:

> «Daran halte ich fest, daß es kein wie auch immer außerhalb der menschlichen Seele existierendes Allgemeines gibt; sondern alles, was allgemein ist und von mehreren (Dingen) ausgesagt werden kann, existiert nur im menschlichen Denken.»[2]

Das Denken, die Begriffe werden zu etwas, was den Menschen nicht mehr mit dem Wesen der Welt verbindet. In seinem Denken und seinen Begriffen ist der Mensch abgesondert von der Welt, nur im Innern seiner Seele.

Wenn man die Aufmerksamkeit darauf richtet, wie man heute im allgemeinen Begriffe bildet, kann man gegen diese Auffassung zunächst gar nichts einwenden. Wie bildet man z.B. den Begriff der Eiche? Man macht sich klar, was das Allgemeine ist, zu dem die Eichen gehören. Das sind die Laubbäume (speziell die Buchengewächse). Dann macht man sich durch den Vergleich in der Vorstellung bewußt, wodurch sich die Eichen von den anderen Laubbäumen (insbesondere von den anderen Buchengewächsen) unterscheiden. Das Unterscheidende hebt man heraus, das andere läßt man weg. So kommt man durch Aussondern bestimmter Eigenschaften zum Begriff. Was ist nun der Begriff? Er ist eine abstrakte, eine verarmte Vorstellung, die nichts von einem inneren Wesen enthält. Man gewinnt den Begriff, indem man von außen auf die räumliche Erscheinung, auf das Gewordene hinschaut. Diese Begriffe sind abstraktes Raumeswissen, in dem das Denken ganz an das Gewordene der Welt gebunden ist.

Das Denken verändert sich im 14. und 15. Jahrhundert. Es wird innerlich kraftlos und kann sich nur noch an den Krücken des äußeren Anschauens bewegen. Aus sich selbst entwickelt es nur noch formale Anweisungen für den Umgang mit den Inhalten des äußeren Anschauens.

Im Denken des Thomas von Aquin erlebt man noch innere Kraft und geistiges Leben. Die Begriffe haben einen lichtvollen Inhalt. Davon bemerkt man bei Wilhelm von Ockham nichts mehr. Dessen scharfe Logik enthält keinen wesenhaften Inhalt mehr. Die Begriffe erlöschen geistig; sie erstarren zu abstrakten Vorstellungen des Gewordenen.

Die Begriffe sind im Menschen in den Bereich übergegangen, durch den der Mensch sein äußeres Raumesbewußtsein entfaltet. Sie sind gleichsam heruntergesunken in den Bereich des physischen Leibes; dadurch sind sie erloschen und erstarrt (siehe das Kapitel «Atmen-Lehren als Aufgabe der Waldorfpädagogik», S. 172 f.).

Betrachtet man mit diesen Begriffen den Menschen und die Welt, dann hat das eine doppelte Wirkung. Alles, was im Menschen und in der Welt als bildendes Leben wirkt und in diesem Leben als innere

Wesenheit lebt, bleibt dem Denken in starren Begriffen unerreichbar. Deshalb bemüht sich dieses Denken, die ganze Welt – den Kosmos in der Astrophysik, die Lebensvorgänge in der Physiologie, die Lebewesen und ihr Verhalten in der Genetik – als Mechanismus zu interpretieren. Damit setzt man sich über sein geistiges Unvermögen hinweg und greift im Sinne dieser mechanistischen Deutungen in das Leben in einer Weise ein, die den inneren Gesetzen des Lebens zuwiderläuft.

Deshalb sind das Denken und die Begriffe aus der Fesselung an das Erstarrte zu lösen. Sie sollen fähig werden, nicht nur Mechanismen, sondern auch das Leben zu begreifen. Das hat in der Schule zu beginnen und ist nach R. Steiner eine zentrale Aufgabe der Waldorfpädagogik.[3] Da müssen das Denken und die Begriffe sich mit lebendigen Kräften durchdringen, d.h. mit Kräften, die aus jenem Bereich des Menschen stammen, in dem das Leben im Wachsen des Leibes und im bildenden Gestalten wirkt. Dieser Bereich ist die Lebensorganisation, der Lebens- oder Ätherleib, die den gesamten Leib des Menschen durchdringt.

Rudolf Steiner hat 1921 vor Ärzten dargestellt, wie man zum konkreten Verstehen des Ätherleibes komme:

> «... es ist ja sehr natürlich, daß dieser Ätherleib nicht in seiner Differenzierung betrachtet wird von einer bloß physischen Wissenschaft. Allein, wenn Sie sich die Überzeugung verschaffen können, daß dieser Ätherleib vorhanden ist, dann werden Sie sich auch sagen müssen: Ja, was wäre es denn, wenn man den physischen Leib so betrachten würde, daß man sagt: ach was, Magen, Herz, Leber, das ist doch alles eins, das ist alles ein in sich Verschwimmendes. – Was wäre das? Aber so verhält man sich ja auch zum Ätherleib, wenn man ihn bloß als eine allgemeine, so ein bißchen differenzierte Nebelwolke hinstellt. Man muß ihn wirklich studieren, und wir werden heute nun sehen, wie sein Studium mit einer ganz wesentlichen Vorstellung zu-

sammenhängt, die wir auch beim letzten Kurse schon von einem andern Gesichtspunkte aus betrachtet haben, auf die wir aber heute von diesem mehr geisteswissenschaftlichen Gesichtspunkte aus hindeuten wollen.

Wenn wir den Äther überhaupt betrachten, von dem ja auch der menschliche Ätherleib ein Glied ist, eine besondere Aussonderung ist, wenn wir den Äther im allgemeinen betrachten, so stellt er sich, wie Sie schon wissen aus der allgemeinen geisteswissenschaftlichen Literatur, nicht undifferenziert dar, sondern er stellt sich zunächst dar als aus vier Ätherarten bestehend: aus dem Wärmeäther, dem Lichtäther, dem chemischen Äther und dem Lebensäther.»[4]

Welches sind die besonderen Qualitäten dieser vier Ätherarten? Und welche von ihnen können das Denken und seine erstarrten Begriffe verwandeln?

Wärme oder Wärme-Äther ist das erste Gebiet des Ätherischen, das gleichsam angrenzt an das Gebiet des stofflich-materiellen Daseins. Wärme durchdringt ja die Stoffe – die Luft, das Wäßrige und das Feste. Wieso bezeichnet man Wärme als Äther? Die Wirksamkeit der Wärme tritt uns am reinsten in der Luft entgegen. Wärme dehnt die Gase in gesetzmäßiger Weise aus. Gase sind eine Substanzform, die sich im Gegensatz zum Wäßrigen nicht von der Umgebung durch Grenzflächen absondert, sondern in sich die Tendenz hat, sich zur Umgebung hin zu verflüchtigen. Gase sind zum Kosmos hin orientiert.[5] Und diese kosmische Orientierung wird durch die Wärme gesteigert. So erfaßt man, daß Wärme selbst in ihren Kräften nicht zur Erde, sondern zur Sphäre des Kosmos hin «zentriert» ist. Dadurch ist sie nicht Stoff, sondern Äther.[6] Im Gegensatz zum Stofflichen ist sie durch und durch Wirksamkeit, sie ist Tätigkeit. Wenn man sich in Wärme vertieft, dann bemerkt man, daß Wärme kein Zustand ist. Warm ist ein Zustand; Wärme ist ein unentwegt inneres Aufglühen.

Dadurch hat sie eine Beziehung zum Willen des Menschen. Wille ist aus sich heraus tätig. Indem er die Kraft seines Wirkens in jedem Moment neu erzeugt, ist er im Menschen jene Aktivität, die sich fortwährend aus sich selbst schöpferisch erneuert. Dadurch ist der Wille der Wärme verwandt. Wärme ist das Medium, durch das Wille im Menschen (in der Muskulatur und im Blut) seine Wirksamkeit entfaltet.

Licht ist eine höhere Ätherart. Das bemerkt man schon daran, daß das Licht dem Menschen nicht mehr wie die Wärme durch ein äußeres Sinnesorgan zugänglich ist. Licht lebt jenseits der Sinneswelt. Wenn man das, was man in der Sinneswelt vom Licht erfahren kann, aufsucht, z.B. beim Anblick der Sonne, dann kann man an die Sphäre des Lichtes herankommen: Licht ist eine Macht, die den größten Gegensatz zur Materie darstellt. Die strahlende Helle ist Ausdruck davon, daß etwas in die volle Offenbarung tritt. Finsternis entsteht dort, wo Kräfte sich ganz nach innen auf sich selbst konzentrieren. Materie ist in diesem Sinne finster, besonders die feste Materie. Im Licht verströmen die Kräfte in den Umkreis, in den Kosmos. Licht ist verströmende Wirksamkeit, die sich offenbarend an den Kosmos hingibt. Licht ist seinem Wesen nach kosmischer Natur; es ist Äther, der in der Hingabe an den kosmischen Umkreis seine Wirksamkeit entfaltet.

Im Menschen hat der Lichtäther eine Beziehung zu jener Seelenkraft, durch die sich der Mensch innerlich mit anderen Wesen verbindet, durch die sein Inneres hinströmt zu anderen Wesen: das Fühlen. Das Fühlen im Menschen lebt in den Kräften des Lichtäthers. In den Vorträgen über «Das Lukas-Evangelium» sagt R. Steiner:

> «... alles Seelische ist gewissermaßen den Substanzen des Ätherischen zugeteilt. Was wir Gefühl nennen, drückt sich in dem Teil des Ätherleibes aus, der dem Lichtäther entspricht. Weil das so ist, sieht der Hellseher die Gefühle als Lichtformen.»[7]

Mit dem Tonäther kommt man in einen geistigeren Bereich. Das kann man erfahren, wenn man sich auf die Manifestation des Ton-äthers im Medium der Luft, auf die Töne konzentriert. Vertieft man sich hörend in einen Ton, dann wird er zu einer tönenden Sphäre mit einer größeren oder geringeren Weite, mit einer bestimmten «Harmonie» oder Spannung usw. Man lebt sich in etwas hinein, was zunächst in der Zeit verläuft, dann aber ein innerer Raum wird. Das ist nach R. Steiner eine wesentliche Eigenschaft des Ätherischen: die Zeit wird zum Raum. Nun existiert der Ton nie als einzelner. Ein Ton hat sein Dasein und seine Wesenheit nur durch seine Harmonie mit den anderen Tönen. Licht ist wie eine innerlich einheitliche Ätherwesenheit. Von der einheitlichen Welt des Lichtäthers kommt man in eine Region der Vielheit, der zusammenklingenden Ton-Räume, von denen jeder eine andere innere Qualität hat, eine andere Weite, Kraft, Spannung und Farbigkeit. Ton-Äther ist eine Sphäre zusammenklingender Harmonie, in der es viele Einzelgebilde (Töne) gibt, die aber mit allen anderen in innerem harmonischen Zusammenhang stehen.

Der Tonäther steht auch mit dem menschlichen Innenleben in Beziehung. Diese ist aber eine andere als beim Licht- und Wärmeäther. Der Tonäther ist dem im Menschen verwandt, was ebenfalls eine Sphäre aus vielen Gliedern ist, die aufeinander abgestimmt sind. Das ist die Gedankenwelt, die in den *Grundlinien einer Erkenntnistheorie der Goetheschen Weltanschauung* von R. Steiner in folgender Weise beschrieben wird:

> «Wie erscheint uns unser Denken für sich betrachtet? Es ist eine Vielheit von Gedanken, die in der mannigfachsten Weise miteinander verwoben und organisch verbunden sind. Diese Vielheit macht aber, wenn wir sie nach allen Seiten hinreichend durchdrungen haben, doch wieder nur eine Einheit, eine Harmonie aus.»

Und dann wenig später:

> «Tritt irgendein einzelner Gedanke im Bewußtsein auf, so ruhe ich nicht eher, bis er mit meinem übrigen Denken in Einklang gebracht ist. Ein solcher Sonderbegriff, abseits von meiner übri-

gen geistigen Welt, ist mir ganz und gar unerträglich. Ich bin mir eben dessen bewußt, daß eine innerlich begründete Harmonie aller Gedanken besteht, daß die Gedankenwelt eine einheitliche ist. Deshalb ist uns jede solche Absonderung eine Unnatürlichkeit, eine Unwahrheit».[8]

Der isolierte Gedanke ist ebenso ein Unding wie der einzelne Ton. Die Harmonie, die das innere Wesen des Ton-Äthers ist, ist geistiger Natur. Sie ist geistige Einheit in der Vielheit. Tonäther ist «Abglanz der Gedankenwelt» (R. Steiner).

Noch höher als der Ton-Äther steht der Lebensäther, «der dem Leben zugrunde liegt» (R. Steiner). Was ist aber Leben? Goethe hat einmal geschrieben: «Jedes Lebendige ist kein Einzelnes, sondern eine Mehrheit.» Leben ist immer das Geschehen in einem Organismus, dessen verschiedene Glieder in einer bestimmten Weise zusammenwirken. Jedes dieser Glieder sendet seine Kräfte in alle übrigen Glieder und wirkt dadurch in ihnen belebend. So hat ein Organ sein Dasein und Leben nur aus dem Zusammenhang mit dem ganzen Organismus. Leben ist Harmonie im wechselseitigen Zusammenwirken der Organe im Organismus. Das ist eine höhere Harmonie als die im Bereich der Töne. Denn das Zusammenklingen ist hier belebendes Wirken. Dieses ganzheitliche Geschehen vollzieht sich in Rhythmen, d.h. in einem Wechsel von Anschwellen und Abebben. Jenes Zusammenwirken, in dem das eine aus dem andern und zugleich in dem andern wirkt, ist die Qualität des Lebensäthers.

Der Lebensäther steht im Zusammenhang mit dem tiefsten Bereiche der Gedankenwelt, in dem man nicht nur die Zusammenhänge der Welt erfaßt, sondern den Sinn, die wahre Bedeutung der Dinge findet. Im Sinn einer Sache lernt man das kennen, was von ihr für das Dasein der anderen Dinge und Wesen als belebende und fördernde Wirkung ausgeht. Der Sinn einer Handlung z.B. liegt in dem, was sie an Leben in der Welt anregt. Der Lebensäther ist jenes Äthergebiet, in dem die Belebung des einen durch das andere das innere Prinzip ist.

So lernt man den Zusammenhang des Seelisch-Geistigen mit dem Ätherleib in einer differenzierten Weise kennen und verstehen.

Wärme-Äther	–	Wille
Licht-Äther	–	Fühlen
Ton-Äther	–	Gedankenwelt
Lebens-Äther	–	Sinn

Eine zentrale Aufgabe des Lehrers an einer Waldorfschule ist es, den Unterricht so zu gestalten, daß sich das Vorstellungs- und Gedankenleben der Kinder mit ätherischen Kräften durchdringt, um dem Erstarren der Vorstellungen und Begriffe entgegenzuwirken. Das ist möglich, weil Kräfte des Ätherleibes, die in den ersten Lebensjahren belebend und plastisch-architektonisch gestaltend im Leib des Kindes tätig waren, wie das in dem vorangehenden Beitrag beschrieben wurde, sich vor allem im siebten Lebensjahr aus diesem Wirken in den Organen zum Teil lösen (siehe das Kapitel «Die Geburt des Ätherleibes»). Bei diesen sich aus den unbewußten Bereichen des Leibes emanzipierenden Bildekräften handelt es sich vorwiegend um solche des Lebensäthers. Diese Lebensätherkräfte kann man hineingliedern in die Gedanken. Dann entstehen Begriffe mit einem lebendigen Zusammenhang ihrer Glieder und innerer gestaltender Regsamkeit. Wie man zu solchen Begriffen kommt, ist am besten an jenen Gebieten zu verdeutlichen, in denen es sich um das Verstehen lebendiger Gestaltungsprozesse und Lebewesen handelt, d.h. an der Betrachtung von Pflanzen und Tieren. Deshalb sei der Charakter der vom Lebensäther belebten Begriffe zunächst durch einige Hinweise auf die Tierkunde und die Pflanzenkunde geschildert.

So wie man zunächst Pflanzen und Tiere betrachtet, nimmt man ihre Gestalt (und bei den Tieren auch das Verhalten) wahr. Diese Gestalten sind aber ein Rätsel, denn man ist nicht in der Lage, bei einer Pflanze z.B., den inneren Zusammenhang zwischen dem Sproß und der Blüte oder bei einem der höheren Tiere den zwischen der besonderen Form der Gliedmaßen, der des Rumpfes und Halses oder gar der inneren Organe zu erfassen. Um einen solchen Zusammenhang aufzuhellen, muß man sich im Sinne der Goetheschen Erkenntnismethode zunächst ein allgemeines Bild des pflanzlichen und tierischen Organismus erarbeiten, um dann jene Prozesse zu studieren, durch die sich dieser allgemeine Organismus, der Typus, in den konkreten Einzelformen der Pflanzen- und Tierwelt verwirklicht.[9]

Um ein Bild vom Typus des Tieres (genau genommen: dem des Säugetieres) zu gewinnen, kann man z.B. mit den Sinnesorganen beginnen; man hat sich aber vor allem den inneren Zusammenhang der verschiedenen Organsysteme bewußt zu machen. In den Sinnesorganen öffnet sich der tierische Organismus zu den verschiedenen Qualitäten der Umgebung (Licht, Farbe, Klang, Geruch usw.); er läßt diese in sich hineinwirken. Dadurch kann das Tier an ihnen empfindend teilnehmen. Was da an der Peripherie geschieht, setzt sich durch Nerven nach innen fort und wird mit dem, was an Empfindungen im Leib erlebt wird, zu einem Ganzen integriert. Das geschieht vor allem im Gehirn. Es ist das Organ der Vorstellungen und der Bilder. Im weiteren bildet sich wie eine gesteigerte Metamorphose zum Stofflichen hin und tief in das Innere des Leibes hineindringend die Organisation des Atmens. Wie der tierische Organismus im Auge die Qualitäten von Licht und Farbe in sich aufnimmt, so durch die Lunge und die mit ihr verbundenen Organe die Substanz der Luft. An die Atemorganisation schließt sich dann die Blutzirkulation mit ihren verschiedenen Organen an. Sie ist ganz im Inneren des tierischen Organismus verlaufendes Leben. Dieses Leben tritt in Beziehung zum Bereich der äußeren Stoffe und durchdringt sich mit ihnen in der Ernährung. Verdauung und Ernährung sind eigentlich eine in das Dichtere und Gröbere gehende Metamorphose der Atmung. Und schließlich gliedert sich das Tierwesen nicht nur in das stoffliche Dasein der Erde ein, sondern auch in die irdischen Kräfte durch die äußere Bewegungsorganisation, durch sein Skelett und seine Muskulatur. Hier ist es so in den irdischen Kräften der Schwere tätig, wie es sich durch die Sinne an die Qualitäten der Umgebung hingibt.

Auf diese Weise bekommt man ein allgemeines Bild, in dem die Glieder des Ganzen in einem inneren Zusammenhang stehen und das einzelne Glied als die Metamorphose des andern erscheint. Es ist wichtig, daß man sich das wechselseitige Ineinanderwirken der Organe bewußt macht; z.B. wie das Atmen durch das Blut in die Bewegungsorganisation hineinwirkt und in der Muskulatur die Bewegungsimpulsierung ermöglicht, wie aber zugleich die Bewegung das Atmen impulsiert. Oder daß man erfaßt, wie das Atmen die Nerven und Sinne belebt und den Organismus für die Umgebung empfänglich macht und wie zugleich eine beruhigende Wirkung von den Sinnen und dem Nervensystem hineinfließt in das Atemgeschehen.

Dieses Bild ist innerlich beweglich; in ihm befindet sich alles in einem lebendigen inneren Zusammenhang. Es ist das Bild bzw. der Begriff des Typus. In ihm durchdringt der Lebensäther mit seinen Eigenschaften, die wir beschrieben haben, den Gedanken und bringt seine Elemente in eine innere sinnvolle Beziehung zueinander.

Wie entfaltet dieser Begriff nun im weiteren seine innere Lebendigkeit? Wie kommt man von dem allgemeinen Bild zu den verschiedenen Tiergestalten?

In einer Anmerkung zu Goethes Aufsatz «Erster Entwurf einer allgemeinen Einleitung in die vergleichende Anatomie, ausgehend von der Osteologie» schreibt R. Steiner:

«Das Ganze des Organismus besteht aus harmonisch zusammenwirkenden Gliedern. Diese Glieder kommen zur Erscheinung im Raume. Damit ist die Möglichkeit einer verschiedenen Ausbildung derselben gegeben. Der Idee nach sind alle Tiere gleich (Goethe: Typus). In der Erscheinung kann ein Glied in den Vordergrund treten und die ganze Gestalt beherrschen. Der ganze Organismus muß sich jenem Gliede gemäß gestalten. Alles übrige bleibt nur angedeutet und tritt zurück.»[10]

Diese Sätze enthalten eine methodische Anweisung. Man soll verfolgen, wie bestimmte Glieder bei bestimmten Tieren besonders hervortreten und durch ihre übermäßig starke Ausbildung modifizierend in die übrige Bildung des Tieres hineinwirken.

So können sich im tierischen Organismus in den hinteren Gliedmaßen Fuß und Unterschenkel stark entwickeln. Die Folge sind intensiver Kontakt mit dem festen Untergrund und kräftiges Emporstemmen. Beides greift auf den hintersten Teil des Organismus über. So wird der Schwanz ungewöhnlich groß und kräftig. Diese Konzentration der Bildungsprozesse in den hinteren Bereichen des Organismus hat bestimmte Konsequenzen im Ganzen. Das Tier ruht durch die langen schmalen Füße und den Schwanz sicher auf dem Untergrund und kann den Rumpf, der zwischen den Schenkeln hängt, aufrichten. Indem der Organismus sich hinten bzw. unten so mächtig entwickelt, bildet er sich im Bereich der Brust, d.h. zum Kopf hin schwächer aus. Der Rumpf wird hier schmal, die vorderen Gliedmaßen entwickeln sich zu kümmerlichen armähnlichen Gebilden. Der Hals trägt einen Kopf, der im Verhältnis zum übrigen Leib auffallend klein bleibt. Er kommt dadurch, daß sich der Rumpf aufrichtet, in eine freie Beziehung zur Umgebung. So bilden sich die Sinne, die Augen und die Ohren gut aus. Da das Tier nur zwei Beine hat, aber nicht wie der Mensch zum freien Stehen, sondern nur zum Hocken kommt, bewegt es sich hüpfend. Das alles ist die Konsequenz der einseitigen Ausbildung von Fuß und Unterschenkel.

Abb. 19: Rotes Riesenkänguruh (Macropus rufus; aus E.-M. Kranich: Wesensbilder der Tiere).

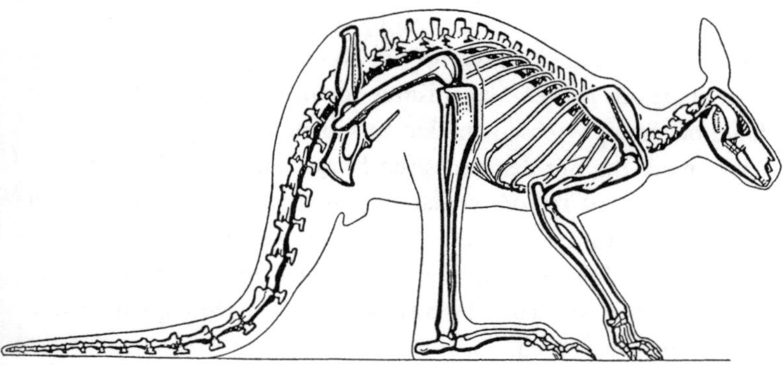

Abb. 20: Umriß und Skelett eines Riesenkänguruhs – in horizontaler Haltung (aus W. Tank: Tieranatomie für Künstler).

So verfolgt man innerlich, wie aus dem allgemeinen Bild des höheren Tieres durch das Übergewicht der Fuß- und Unterschenkelbildung das Känguruh entsteht (Abb. 19 und 20). Man ist innerlich ganz dabei, wie sich das allgemeine Bild des Tierwesens zu dem des Känguruhs spezialisiert. Man kann diesen Vorgang bis in die innere Organisation nachvollziehen, indem man z.B. darauf hinschaut, daß die mächtige Entwicklung der Muskulatur in den Beinen und dem Hinterleib notwendig zu einer starken Ausbildung der Verdauungsorgane und der ganzen Ernährungsorganisation führt.[11]

Wie gestaltet sich der tierische Organismus durch eine übermäßige Ausbildung im vordersten Bereich der Verdauungsorganisation, d.h. durch eine gesteigerte Bildung der vorderen Zähne, der Schneidezähne? Zunächst tritt am Kopf die vordere Kieferpartie im Zusammenhang mit den Schneidezähnen stark hervor. Die Zahnbildung selbst wird so intensiv, daß sie unaufhörlich weitergeht und nicht wie sonst zu einem Abschluß kommt.

Zahnbildung ist ein Vorgang starker Verdichtung ohne eigentliches Wachstum. Wenn ein Organ wächst, weitet es sich als ganzes aus. Wachstum gibt es deshalb nur dort, wo die Organe weich sind. Wenn Zähne «wachsen», wird neue Zahnsubstanz wie bei einer Ablagerung oder Kristallisation angefügt. Es ist eine ins Extrem gesteigerte Formbildung ohne Wachstum. Wenn wie in der Zahnbildung Formkräfte im ganzen Organismus intensiver wirken, dann wird dieser nur wenig wachsen und klein bleiben. Sein Kopf wird aber im Zusammenhang mit der intensiven Entwicklung der Zähne relativ groß. Zähne sind Teil des Verdauungssystems. Deshalb ist der Kopf eng mit dem Rumpf, dem Hauptträger der Verdauung, verbunden. Im Kopf dominieren nicht die Sinne; sonst müßte er sich durch einen langen beweglichen Hals stark in die Umgebung eingliedern wie z.B. bei den Vögeln.

Die Tierbildung konzentriert sich zum Kopf hin in den Zähnen; deshalb wird sie nach hinten zunehmend schwach. Hier entwickeln sich vor allem jene Organe nicht stark, die das Gegenteil von Form und Verhärtung sind: das sind die Gliedmaßen. An ihnen kann man bemerken, wie jener Prozeß, der am Kopf durch die Schneidezähne bestimmend wird, ihre Bildung bestimmt; das ist die Kontaktnahme mit äußeren Gegenständen durch die sensiblen Pfötchen. Besonders deutlich ist die geringe Ausbildung des Hinterleibes. Die schwachen Hinterbeine tragen ihn nicht frei; so krümmt er sich nach unten und erscheint dadurch verkürzt. Der Schwanz wird aber zu einem Organ, durch den das Tier zu einer intensiven Berührung mit dem Untergrund bzw. mit der festen Materie kommt. Das gilt auch für die Unterseite des Rumpfes mit ihren Tasthaaren. So breitet sich gleichsam über das Tier aus, was für die vorderen Zähne charakteristisch ist: der sensible Kontakt mit harter Materie.

Läßt man in dieser Weise aus dem Typus eine Tierform entstehen, dann verfolgt man, wie ein bestimmtes Organ oder Organsystem in das Ganze des lebendigen Organismus modifizierend hineinwirkt. Man vollzieht mit, wie das vom Lebensäther durchwirkte Bild des Typus sich nach einer bestimmten Richtung einseitig zu einer besonderen Tierform spezialisiert. Dadurch lernt man dieses Tier bis in Einzelheiten seiner Organisation und seines Verhaltens verstehen, denn man hat sein Entstehen aus dem Typus geistig mitvollzogen.

Wenn man nun eine Ratte bzw. eine Maus betrachtet (Abb. 21 und 22), kann man empfinden, wie die gesteigerte Zahnbildung in einer inneren Beziehung zu der Kleinheit dieses Tieres, seinen schwach entwickelten Beinen, dem Drang nach fester Nahrung usw. steht. Aus dem lebendigen Begriff des Typus kommt man zum lebendigen Begriff des einzelnen Tieres.

Ein Gebilde ist lebendig, wenn seine Glieder untereinander in einem inneren Zusammenhang stehen und wenn jedes dieser Glieder wie das Ganze von innerer gestaltender Tätigkeit durchwirkt sind. Das gerade sind die Kennzeichen des lebendigen Begriffes. Wenn in einem lebendigen Wesen die lebendige Wechselbeziehung der Organe und in diesen das gestaltende Wirken erlöschen, stirbt es. Es bleibt zunächst die tote, leblose Form, in der die einzelnen Teile nur noch

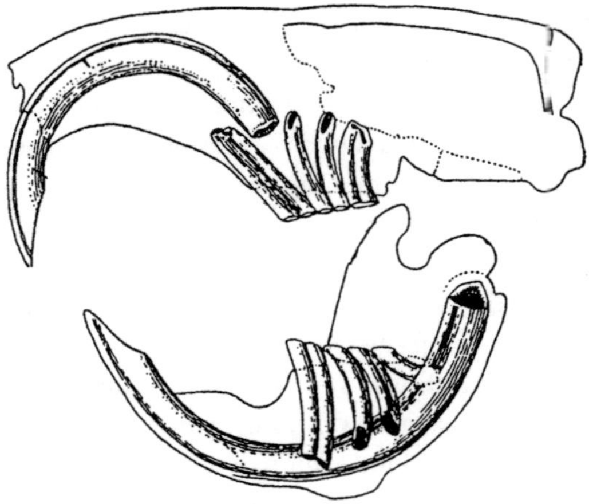

Abb. 21: Schädel einer Taschenratte mit den Schneidezähnen und den wurzellosen, fortwährend wachsenden Backenzähnen. (Aus Remane/Storch/Welsch: Systematische Zoologie.)

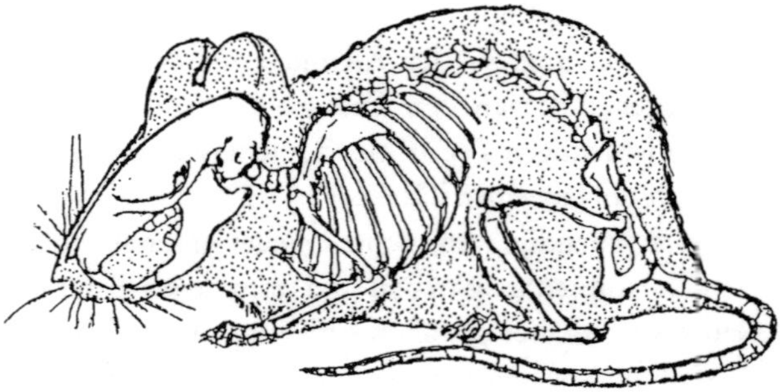

Abb. 22: Umriß und Skelett einer Hausmaus (Mus musculus; aus E.-M. Kranich: Wesensbilder der Tiere.)

äußerlich aneinandergefügt sind. In diesem Sinne sind die meisten Begriffe tot. In ihnen sind die einzelnen Bestimmungsmerkmale ohne geistigen Zusammenhang eine bloße Aneinanderreihung; sie enthalten auch nichts von gestaltender Regsamkeit.

In den pädagogischen Vorträgen R. Steiners stößt man im Hinblick auf den Tierkunde-Unterricht auf Formulierungen, die für den, der mit der von Goethe skizzierten Erkenntnismethode nicht vertraut ist, fremdartig erscheinen müssen. Es heißt dort z.B.:

> «Vom Vogel können wir sagen: er ist gewissermaßen ganz Lunge, entsprechend umgebildet, weil alles andere verkümmert ist. Vom Löwen können wir sagen: er ist gewissermaßen ganz Blutzirkulation und Herz. Vom Rind können wir sagen: es ist ganz Magen. Und so können wir in der Natur die einzelnen Gattungen und Arten so charakterisieren, daß wir hinschauen auf die einzelnen Organe.»[12]

Damit ist gemeint, man solle lebendige Begriffe bilden, durch die man z.B. die Kuh bis in Einzelheiten ihres Organismus und ihres Lebens versteht, indem man geistig nachvollzieht, wie eine übermächtige Magenbildung und damit der Verdauungsprozeß dem ganzen Tier das Gepräge gibt wie die Schneidezähne der Maus. Dann kann man als Lehrer die Kinder im Tierkunde-Unterricht in einfacher Weise zu einem solchen Verstehen, d.h. zu lebendigen Begriffen führen. Das Denken verliert seinen abstrakten Charakter. Man kann nicht mehr sagen: Man denkt über die Kuh, über das Nagetier usw. nach. Man läßt die Kuh, das Nagetier usw. im Denken entstehen. Das Denken wird von einer reflektierenden zu einer schöpferischen, zu einer Gestalten schaffenden Tätigkeit.

Novalis schreibt in den *Lehrlingen zu Sais*: «Um die Natur zu begreifen, muß man die Natur innerlich in ihrer ganzen Folge entstehen lassen.» Und wenige Sätze später: «Der denkende Mensch kehrt zur ursprünglichen Funktion seines Daseins, zur schaffenden Betrachtung, zu jenem Punkte zurück, wo Hervorbringen und Wissen in der wundervollsten Wechselwirkung standen.»[13] Wo Schaffen und Betrachten eines sind, da fließen zwei Tätigkeiten des Menschen zusammen: das künstlerische Gestalten und das wissenschaftliche Erkennen. Im lebendigen Denken sind Wissenschaft und Kunst mit ihren Kräften innerlich vereinigt, weil die Kräfte des Lebensäthers das Denken innerlich durchdringen.

Das ätherisch belebte Denken kommt, wenn man eine größere Anzahl von Tieren in der skizzierten Weise verstanden hat, zu folgender Anschauung: Die einzelnen Tiere sind Sonderformen, in denen sich der Typus ausgestaltet, wenn das eine oder das andere Organ dominiert. Alle Tiere sind nur besondere Ausgestaltungen dieser einen Wesenheit. Und sie alle sind zusammen ein großer, über die Erde hin ausgebreiteter Organismus. Denn das, was bei einem Tier kaum ausgebildet ist, tritt bei einem andern mächtig hervor. So lernt man das eine Tier durch das andere verstehen. Und soweit man sie alle überblickt, erscheinen sie alle doch nur als *ein* Wesen, das in ihnen die innere Fülle seiner Gestaltungsmöglichkeit offenbart.

Der lebendige Begriff erweitert das Bewußtsein über die Enge des Einzelnen. Er führt hinein in die großen Zusammenhänge. Deshalb fühlt man sich als Mensch durch ihn in diese Zusammenhänge innerlich hineingestellt. Man wird durch den lebendigen Begriff tief mit ihnen verbunden, denn der lebendige Begriff enthält in sich diejenigen Gesetze, nach denen die Natur selbst schafft.

Die Form des schöpferischen Erkennens, die wir an zwei Beispielen exemplifiziert haben, entspricht der Erkenntnismethode für die organische Natur, wie sie Rudolf Steiner in seinen *Grundlinien einer Erkenntnistheorie der Goetheschen Weltanschauung* entwickelt hat. Dort heißt es: «Bei einem Lebewesen … handelt es sich darum, die einzelne Form, die in unserer Erfahrung auftritt, aus dem Typus heraus, den wir erfaßt haben müssen, zu entwickeln.» Etwas später wird diese Erkenntnisweise präzisiert. Man «müßte … hypothetisch bestimmte Formen annehmen, wenn man eine rationale Wissenschaft haben wollte. Man müßte dann zeigen, wie diese hypothetischen Gestaltungen stets auf eine bestimmte, unserer Beobachtung vorliegende Form gebracht werden können.»[14] Man ist ganz in einer intuitiven Sphäre tätig. Diese Fähigkeit kann der Erwachsene und der Jugendliche gegen Ende der Schulzeit in Ansätzen ausbilden. Der Weg zu lebendigen Begriffen ist für die Kinder ein anderer. Er ist mehr an die Anschauung gebunden. Die Methode ist die des Charakterisierens.[15] Charakterisieren unterscheidet sich vom Beschreiben dadurch, daß man das zur Sprache bringt, was in den Erscheinungen als Inneres, als Ausdruck eines Wesens enthalten ist. Wenn man ein Tier im Ganzen und in seinen Einzelheiten charakterisiert und durch Vergleich mit anderen Tieren den Blick für das Spezifische schärft, findet man den inneren Wesenszusammenhang im lebendigen Begriff.

Dieser ist noch in einer anderen Weise lebendig, als wir das bisher beschrieben haben. Der Begriff darf nicht die Form behalten, in der er zunächst gebildet wurde. Da wäre er in gewisser Weise eingefroren. Nach Rudolf Steiner müssen die Begriffe im Laufe der Zeit wachsen; sie müssen reicher werden, sich erweitern und umbilden.

Hat man die Maus in der Art, wie das geschildert wurde, betrachtet, wird man vielleicht nach einiger Zeit auf ihren feinen dichten Pelz aufmerksam. Die starke Haarbildung ist ein Prozeß der Absonderung von verdichtetem, totem Eiweiß. Man macht sich bewußt: ein Haar «wächst», indem in der Haut (in der Haarpapille) unten an das bereits gebildete Haar weitere verhornte Substanz angelagert wird. Die Haare «wachsen» also wie die Schneidezähne. Die intensive Haarbildung ist die Wirkung der starken Zahnbildung in der Haut.

Man fügt die neue Tatsache nicht äußerlich zu dem bisherigen Wissen hinzu. Sie gliedert sich organisch in den lebendigen Begriff ein. Dadurch erweitert sich dieser; er wächst.[16]

So ist es auch, wenn man sich verdeutlicht, wie die großen Formen des Känguruhs mit ihrer Bewegungsorganisation zu bestimmten offenen Landschaftsformen Australiens und mit ihrer starken Verdauungskraft zu deren karger Vegetation gehören.

Indem sich der lebendige Begriff erweitert, gliedert er sich immer mehr in den Weltzusammenhang ein. Das liegt als Tendenz in seinem Wesen. Ein Begriff ist immer ein Glied im Ganzen des Gedankenkosmos. Und durch seine Lebendigkeit enthält er die Anlage, sich immer umfassender in die Harmonie der Gedankenwelt einzufügen. Wenn Kinder und Jugendliche etwas von dieser inneren Regsamkeit der lebendigen Begriffe erleben, wird in ihnen das Interesse entzündet, d.h. das Streben, die Welt immer weiter kennenzulernen und tiefer zu verstehen. Lebendige Begriffe werden dadurch zu Kräften, die das geistige Leben des Menschen regsam machen und impulsieren.

Es gibt eine noch tiefere Dimension der lebendigen Begriffe. Diese lernt man zunächst am besten an der Pflanzenwelt kennen, weil man an den Pflanzen erlebt, wie sie sich aus dem Zusammenhang der verschiedenen Naturkräfte, besonders aus ihrer Beziehung zur Sonne entwickeln. Wie bei den Tieren kann man auch bei jeder Pflanze das durchgängige innere Bildungsgesetz erfassen. So kann man mit den Kindern z.B. eine Zwiebelpflanze (Gelbstern, Narzisse, Tulpe u.a.) betrachten. Man bemerkt, wie die Pflanzenbildung in der mächtig angeschwollenen Knospe ganz unentfaltet und zurückgehalten ist, wie die Blätter schmal sind und sich wenig in die umgebende Atmosphäre ausbreiten; und wie die verhaltene Entfaltung die Pflanzenbildung bis in den Blütenstand bestimmt. Dieser ist eng, die Blütenblätter sind schmal und in ihrer Konsistenz derb, noch wenig verfeinert. Im Raps erfaßt man dagegen ein machtvoll aufwärts strebendes Sprießen, das so stark ist, daß selbst im Blütenstand unentwegt neue Blüten entstehen. So kommt die Pflanze nicht dazu, mit ihrem Sprießen in einer Endblüte den Abschluß zu finden und sich in ihr gleichsam innerlich der Sonne hinzugeben. Und beim Doldengewächs wie dem Wiesenkerbel, der wilden Möhre oder der Engelwurz (Archangelica) erlebt man, wie die Pflanzenbildung zu einem Höhepunkt der Hingabe an den Umkreis hinstrebt. Im doldenförmigen Blütenstand tritt der zentrale Sproß ganz zurück; das Blühen strahlt hinaus in die hochsommerliche Licht- und Wärmefülle. Die Blätter lösen sich in diese durch ihre starke Fiederung auf. Und wenn man dann mit den Kindern vielleicht noch den Salbei, den Thymian oder einen anderen der Lippenblütler betrachtet, erfaßt man, wie sich hier die Pflanzenbildung stark konzentriert – in einfachen Blättern mit gegenständiger Stellung, in den dicht am Stengel zusammengezogenen Blütenständen, in den bläulichen Blüten mit ihren engen Röhren. Ein Prozeß der Konzentration durchwirkt die Pflanze vom Hochsommer zum Spätsommer, wo in der Natur die ausdörrenden, zur Reife führenden Kräfte herrschen.

Eine solche Betrachtung führt zu einem lebendigen Begriff. Die vielen Pflanzengattungen und -arten erscheinen als ein Wesen in verschiedenen Zuständen der Entfaltung. Auch hier führt der lebendige Begriff die Seele in einen großen Zusammenhang hinein. Sie lernt verstehen, wie das Pflanzenwesen in der frühen Zeit des Jahres, wo die Sonne mit ihrer verströmenden Macht des Lichtes das Leben der Natur nur schwach durchwirkt, im Nachklang des Winters einen knospenhaften, engen Charakter hat; wie es mit dem Anwachsen der Sonnenwirksamkeit im Frühsommer in vielen seiner Formen von den Kräften des Sprießens beherrscht wird; und wie es dann, wenn die Sonne in der sommerlichen Kulmination mit der Fülle des Lichtes und der Wärme das Leben der Natur durchdringt, in dieser gleichsam aufgeht. Mit dem allmählichen Abklingen des Lichtes treten dann zusammenziehende Kräfte im Pflanzenleben stärker hervor, die sich dort am reinsten zeigen, wo sich das Leben in der Samenbildung konzentriert. – Dieser Rhythmus ist charakteristisch für unsere gemäßigten Breiten, wo auch im Sommer dem Pflanzenleben genügend Feuchtigkeit zur Verfügung steht. Schon in Südeuropa ist dieser Rhythmus durch die ausdörrende Sommerwärme stark verändert.

Wenn wir bei den Verhältnissen der gemäßigten Breiten bleiben, d.h. bei dem, was die Kinder unmittelbar miterleben können, dann tritt uns eine große Gesetzmäßigkeit entgegen. Von den Tieren sagt Goethe einmal, sie seien eine kleine Welt für sich. Die Pflanzen gehören zur Erde; sie sind gleichsam Organe im großen Organismus Erde. So offenbart sich in den verschiedenen Gestaltungen des Pflanzenwesens, wie sich die Erde zum Sommer hin immer stärker mit der Sonne vereinigt und sich dann wieder in sich zurückzieht. Da kann der junge Mensch etwas Bedeutendes erfahren, nämlich den Sinn, der in den vielen einzelnen Pflanzenformen enthalten ist. Es ist der Rhythmus, durch den die Erde sich mit ihrem Leben immer wieder neu im Frühling zur Sonne hin aufschließt, sich mit ihr verbindet und nach der Belebung, die von der Sonne ausgeht, sich wieder in sich selbst konzentriert.

Wenn Kinder und jugendliche Menschen den Sinn in diesem großen Geschehen erfassen, dann gehen davon bestimmte Wirkungen aus. Das Erleben von Sinn berührt den Menschen in den tiefsten Bereichen seines Wesens. In ihnen fühlt er sich verbunden und hineingestellt in diesen Sinnzusammenhang der Natur. In den lebendigen Begriffen werden die Bildegesetze der Welt bewußt. Wenn sie sich bis zum Sinn in diesen Bildegesetzen erweitern, berühren sie den schöpferischen Quell der Natur. Dann wird die Seele wie von durchgeistigter Wärme durchströmt. Das Herz wird in seinen tiefsten Kräften erregt. Fühlen und Wollen erfahren aus der inneren Verbindung mit der Weite und Tiefe der sinndurchdrungenen Daseinszusammenhänge eine Belebung der selbstlosen Kräfte. Das ist in der Seele eine sonnenhafte Wirkung. Man erlebt im Sinn – ohne es zu wissen – die segensvolle Kraft, die von der geistigen Substanz des Lebensäthers ausgeht.

Das Bemühen, durch das in Kindern und jugendlichen Menschen lebendige Begriffe entstehen, ist nicht auf die Betrachtung der Natur begrenzt. Die Pflanzen- und Tierkunde sind neben der Geometrie und der Geographie allerdings die Gebiete, an denen man den Weg zu lebendigen Begriffen am deutlichsten aufzeigen kann. Auf diesem Weg ist alles von Bedeutung, was die Seele mit dem Wesenhaften in Zusammenhang bringt. Das ist alles Künstlerische, insbesondere die Pflege des Schönheitssinnes. Wenn der heranwachsende Mensch die Schönheiten der Welt empfinden lernt, erlebt er an den Erscheinungen immer auch etwas vom Glanz des Geistes. Durch das Schönheitserleben verbindet sich die Seele mit dem Wesenhaften, das in den lebendigen Begriffen dann bewußt werden soll. Noch im 12. und 13. Jahrhundert sah man in dem Schönen etwas, was die Seele aus der Sinneswelt in die Region des Geistes hinaufführen kann. Man bezeichnete diesen Weg als den anagogischen. Er ist heute wieder – in veränderter Weise – wichtig, wo das Denken des Menschen durch die Belebung der Begriffe den Zusammenhang mit dem Geistigen erneut finden muß.

«Atmen-Lehren» als Aufgabe der Waldorfpädagogik

Das menschliche Seelenleben ist, wie in dem Kapitel «Anthropologie – das Fundament der Waldorfpädaogigk» (S. 24 ff.) geschildert wurde, ein lebendiger Organismus, in dem die verschiedenen Seelenkräfte vielfältig zusammenwirken und sich in diesem Zusammenwirken entwickeln. Ein besonders wichtiges Geschehen ist die Wechselwirkung zwischen Denken und Fühlen. Kommt man durch das Denken zum Verstehen, so nimmt in der Regel auch das Gefühl an dem, was man im Verstehen erfaßt, Anteil. Dabei kann das Fühlen weiter und tiefer werden. In allen höheren Gefühlen lebt Einsicht. Man achtet einen Menschen, weil man etwas von seiner sozialen Einstellung erfaßt hat; man bewundert eine Leistung, weil man begreift, wie sie das Ergebnis einer überragenden Fähigkeit ist. So befruchtet das Denken durch das, was es an Einsicht erschließt, das Leben der Gefühle. Aber auch das Gefühl ist für das Denken von Bedeutung. Mit seinen Gefühlen wendet sich der Mensch den Erscheinungen der Welt zu und nimmt an diesen erlebend teil. Er erahnt etwas von der tieferen Bedeutung oder vom Wesen der Dinge. Und so entsteht dann der Drang, das, was in der Ahnung gefühlt wird, im Denken bewußt zu erfassen. Das Gefühl impulsiert das Denken, über das bisher Erkannte hinaus tiefer in das Leben und die Welt einzudringen.

In seinen Gefühlen wie in seinen Interessen und Wünschen erlebt der Mensch sein eigenes persönliches Wesen. Der innere Charakter seiner Persönlichkeit ist in hohem Grade davon geprägt, ob die mehr elementaren Gefühle wie Lust, Unlust, Gefallen oder Mißfallen den

Grundton des seelischen Lebens angeben oder die höheren, vom Denken durchdrungenen Gefühle wie Achtung, Bewunderung, Mitgefühl und Verehrung. Von den Gefühlen hängt es ab, was dem Menschen im Leben wichtig ist, was ihm wertvoll erscheint und was er erstrebt. Deshalb bestimmen die Gefühle weitgehend die Richtung seines Lebens. Und diese Richtung ist eine andere, wenn das Fühlen vom Denken durchlichtet und geweitet wird oder wenn es wie in Lust und Behagen mehr die Folge leiblicher Befindlichkeit ist.

Seit Jahrzehnten vollzieht sich in diesem persönlichen Bereich des Menschen eine Veränderung. Durch eine Reihe von Meinungsumfragen wurde deutlich, daß sich das, was erstrebenswert erscheint und als Sinn empfunden wird, immer mehr verengt. Auf die Frage, was als Sinn des Lebens angesehen wird, antworteten 1974 27 Prozent der Befragten, es sei das, was Genuß bringt. Zwölf Jahre später waren es bereits 44 Prozent.[1] Und 1994 sagten 54 Prozent der jungen Menschen zwischen 14 und 29 Jahren, für sie läge der Sinn des Lebens im Genießen.[2] Das Interesse schrumpft auf den allerengsten Bereich des Erlebens. Was durch Weite und Tiefe des Gefühls, d.h. durch Anteilnahme an anderen Schicksalen wichtig sein könnte, tritt gegenüber dem, was nur das Selbstempfinden betrifft, zurück. Das Seelenleben nimmt offensichtlich bei immer mehr Menschen jene Konfiguration an, die entsteht, wenn das Fühlen nicht mehr vom Licht des Denkens, vom Verstehen des anderen Menschen und des Lebens berührt und durchdrungen wird. Die Konsequenzen beschreibt R. Steiner mit folgenden Worten: «... dann muß der Mensch in jenes Bewußtlose untertauchen, das in seinem Animalischen lebt. Dann wird er in seinen Gefühlen ein Spielball seines inneren Wohlseins oder Nicht-Wohlseins, seiner Instinkte, Triebe, Bedürfnisse, die nicht vom Licht des Bewußtseins durchhellt sind.»[3] Der Genuß, das Lustempfinden ist jenes Gefühl, das vor allem bei der Befriedigung von Trieben, Begierden und Instinkten erregt wird.

Die menschliche Persönlichkeit kann durch die Tiefe ihres Erlebens, durch die Weite der Interessen und der Ideale eine innere Größe haben; sie kann aber auch, wenn sie sich durch Verengung von Gefühl und Interesse auf das Nur-Eigene aus dem Zusammenhang mit der Welt isoliert, auf ein niedriges Niveau des Menschlichen heruntersinken. Sie wird dekadent, wenn ihr durch die vielfältigen Angebote der technischen Zivilisation die schlichteste Form der Unterhaltung, das Vergnügen, das Wohlbefinden und der Genuß zum Lebenswert werden. Der Mensch verliert sich dann in der Bedeutungslosigkeit.

In dieser Situation werden jene Prozesse, in denen sich das seelische und geistige Leben im Zusammenwirken von Denken bzw. Erkennen und Fühlen entwickelt und erweitert, zu einem zentralen Thema.

Bei der Begründung der ersten Waldorfschule hat R. Steiner dieses Thema im ersten Vortrag der *Allgemeinen Menschenkunde als Grundlage der Pädagogik* als eine Hauptaufgabe der Waldorfpädagogik charakterisiert. Er bezeichnet sie als Atmenlehren.[4] Da dieses Wort leicht unzutreffende Assoziationen auslöst, sei zunächst kurz skizziert, was gemeint ist, um dann genauer auf diesen Prozeß einzugehen.

R. Steiner spricht vom Nerven-Sinnesprozeß, d.h. von dem, was sich im Menschen abspielt, wenn er sich mit dem Vorstellen und Denken, das an die Nervenorganisation des Vorderhirns gebunden ist, also mit dem befaßt, was er durch die Sinne, z.B. das Auge von der Welt an Eindrücken gewinnt. Man nimmt z.B. etwas Hohes und Dunkles in einer gewissen Entfernung wahr. Dieser Eindruck löst eine innere Tätigkeit aus, die Bildung einer Vorstellung. Dadurch erfaßt man: das Dunkle und Hohe ist eine Tanne. Diese Vorstellungsbildung ist vor allem an bestimmte Bereiche im Hinterhauptslappen des Gehirns (Area 18, siehe Abb. 23) gebunden.

Man kann weiterschreiten und sich fragen: Was ist eine Tanne? Das führt zur Bildung eines Begriffs. Dabei ist man in anderen

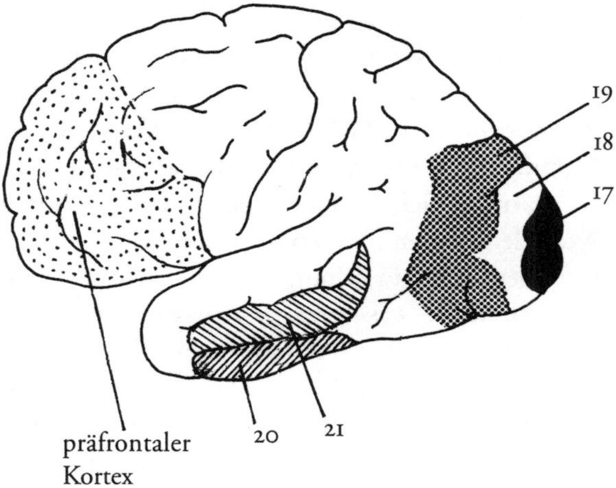

Abb. 23: Das menschliche Vorderhirn mit jenen Bereichen, die vor allem beim sogenannten Nerven-Sinnes-Prozeß beteiligt sind.
Area 17: primäre Sehrinde; sie steht direkt mit der Netzhaut des Auges in Verbindung. – Area 18: sekundäre Sehrinde; sie ist die Grundlage für die Bildung ruhender Vorstellungen und damit der normalen Gegenstandswahrnehmung. (Area 19 ist die Grundlage für die Vorstellung bewegter Dinge.) – Area 20, 21: Diese Felder des sogenannten Assoziationscortex sind mit Area 18 durch Nervenbahnen reziprok verbunden. Sie sind Grundlage für die Bildung von Gedächtnis und das erneute Vergegenwärtigen von Erinnerungsbildern. – Der präfrontale Cortex ist u.a. bei der Bildung von Begriffen und dem Erfassen komplexer Zusammenhänge von Bedeutung.

Bereichen des Gehirns tätig; denn um einen Begriff zu bilden, muß man sich an eine Reihe von Tatsachen erinnern. Dem dienen bestimmte Bereiche im Schläfenlappen (Area 20 und 21). Um aber von diesen Tatsachen zum Allgemeinen des Begriffs zu kommen, benötigt man jene Partien des Gehirns, in denen man durch das Ich zur höchsten Stufe der Bewußtheit kommt. Das sind bestimmte Regionen des präfrontalen Cortex im Frontallappen.

In diese Prozesse, besonders in den der Begriffsbildung, soll nun das hineinorganisiert werden, was im Atemprozeß lebt. Das ist, so Rudolf Steiner, dadurch möglich, daß der Atemrhythmus sich durch das Gehirnwasser bis in das Gehirn fortsetzt. «Dadurch verpflanzen wir den Atemrhythmus auf das Gehirn.»[5] Etwas später heißt es dann, das Kind habe «noch nicht so atmen gelernt, daß das Atmen in der rechten Weise den Nerven-Sinnesprozeß unterhält. ... Die wichtigsten Maßnahmen in der Erziehung werden daher in der Beobachtung alles dessen liegen, was in der rechten Weise den Atemprozeß hineinorganisiert in den Nervensinnesprozeß.»[6] Das klingt wie eine physiologische Schilderung. Das Physiologische ist aber nur der äußere Aspekt eines umfassenderen Geschehens. Das wird im folgenden Satz deutlich: «Im höheren Sinne muß das Kind in seinem Geist aufnehmen, was ihm geschenkt werden kann dadurch, daß es geboren wird zum Atmen.»[7] Das, was mit dieser Aufgabe gemeint ist, nennt R. Steiner in einer, wie er betont, etwas «groben» Ausdrucksweise: das Kind «richtig atmen ... lehren».

Was R. Steiner etwa in dieser Weise sehr gedrängt beschreibt, steht in einem größeren thematischen Zusammenhang. Im Laufe der Kindheit vereinigt sich die geistig-seelische Wesenheit des Menschen mit dem heranwachsenden Leib, wie das in diesem Band verschiedentlich beschrieben wird.[8] Diese Wesenheit soll durch das «Atmenlehren» während der Schulzeit in eine solche Beziehung zum Leib und durch diesen zu den Tatsachen der äußeren Welt kommen, daß sich dadurch ihre Anlagen entfalten und zugleich die Entwicklung des Denkens und des Fühlens impulsieren. Wie geschieht das nun im konkreten?

Das Atmen ist ein rhythmisches Geschehen besonderer Art. Rhythmus wirkt in allen Lebensprozessen; er ist eine Wesenseigenschaft des Lebendigen. Jeder Lebensprozeß schwillt eine gewisse Zeit an, klingt dann etwas ab und wird im folgenden Anschwellen neu impulsiert. Das Lebendige liegt in der fortwährenden rhythmischen

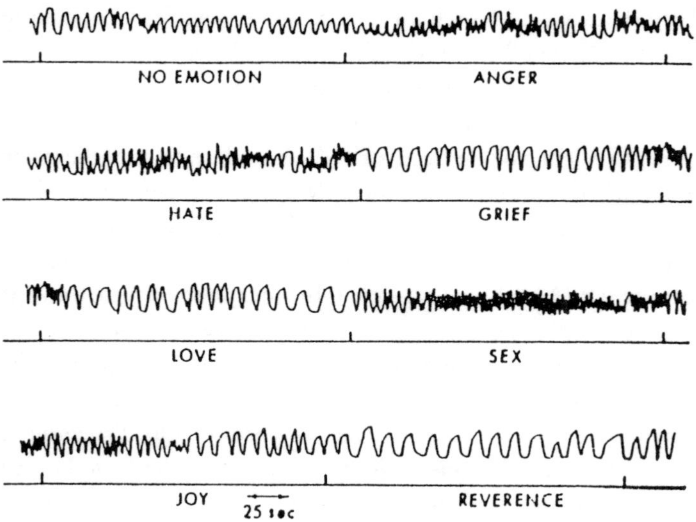

Abb. 24: Variationen des Atemrhythmus unter dem Einfluß verschiedener Gefühle. (Aus K.E. Schaefer: «Individual Respiratory Patterns Affecting Metabolic Processes and CNS Functions»; in: K.E. Schaefer u.a. (Ed.): A New Image of Man in Medicine, Vol. II, New York 1979).

Erneuerung seines Wirkens. Normalerweise verlaufen die rhythmischen Vorgänge weitgehend unwahrnehmbar in den Organen. In den Atemorganen hat das rhythmische Leben eine solche Wirksamkeit, daß es das physische Organ als ganzes durchwirkt und in seinen Rhythmus hineinnimmt – im fortwährenden Wechsel des aktiven Einatmens und passiven Ausatmens.

Nun unterliegt das Atmen starken Variationen in der Frequenz (Häufigkeit der Atemzüge) und in der Amplitude (Atemtiefe). Diese Variationen sind nicht nur die Folge größerer und geringerer körperlicher Betätigung; denn man findet sie auch bei körperlicher Ruhe. Sie stehen dann in einer deutlichen Beziehung zu den verschiedenen Gefühlen, die man ja im Brustbereich erlebt.

Befindet sich ein Mensch im Zustand einer gewissen Gleichgültigkeit, ist er also von keinem Gefühl innerlich bewegt, dann atmet er, wie es in den Atemkurven (siehe Abb. 24) bei «no emotion» dargestellt ist.[9] Nun erregt ihm ein bestimmter Eindruck das Gefühl der Freude. Er erlebt, wie die Seele sich öffnet und weitet und die innere Regsamkeit der Seele stärker wird. Er kommt in den Zustand der freudigen Erregung mit einer gewissen Tiefe des Erlebens. Gleichzeitig beobachtet man, wie das Atmen sich etwas beschleunigt und sich etwas vertieft (Atemkurve bei «joy»). In einer anderen Situation entsteht Ärger, d.h. eine innere Unruhe und starke Erregung. Das Atmen beschleunigt sich, und es wird in dieser Beschleunigung unregelmäßig (Atemkurve bei «anger»). Ein Mensch erlebt ein sehr viel geistigeres Gefühl wie z.B. das der Verehrung. Alle Erregung ist geschwunden. Aus der inneren Ruhe öffnet sich die Seele im Fühlen. Es kommt zu einer starken Vertiefung des Erlebens; denn dem, was man verehrt, wendet man sich aus der Tiefe seiner Seele zu; und das, was man verehrt, möchte man tief in sich aufnehmen. Der Atemrhythmus wird ruhiger, langsamer, und er wird viel tiefer (Atemkurve bei «reverence»).

Durch solche Beobachtungen wird der Zusammenhang zwischen der inneren Dynamik der Gefühle und den Variationen des Atmens deutlich: die Dynamik der Gefühle, d.h. ihre Erregung und Ruhe und ihre größere und geringere Erlebnistiefe manifestieren sich in der Frequenz und Amplitude des Atmens. Das Atmen ist eine lebendige Physiognomie des Gefühlslebens.

Das Gefühlsleben des einzelnen Menschen umgreift einen weiten inneren Raum, der von elementaren Regungen wie Behagen, Lust und Ärger über Gefühle wie Freude, Sorge und Trauer bis zu den durchgeistigten Erlebnissen der Verehrung, des Mitleids und der Liebe reicht. Schon bei Kindern kann man eine große Spannweite des inneren Erlebens bemerken.

In diesem Sachverhalt spricht sich etwas aus, was gleichsam in die Tiefe der kindlichen Seele hineinleuchtet. Gefühle wie Dankbarkeit, Bewunderung, Mitgefühl, Achtung und Verehrung, aber auch Freude und Trauer sind das Ergebnis einer Entwicklung, in der sich elementare Regungen wie Lust und Unlust verwandelt haben. Indem das Licht des Gedankens in solchen elementaren Regungen auflebt, entstehen aus Gefallen und Mißfallen Freude und Trauer. Das sind Gefühle, durch die die Seele an dem teilnimmt, was in ihrer Umgebung vorgeht. Schreitet die Entwicklung durch tieferes Verstehen fort, dann bilden sich jene Gefühle, in denen sich die Seele wie im Bewundern und im Mitleid selbstlos an die Welt hingibt. – Man wird darauf aufmerksam, daß die Seele eine in sich gegliederte Wesenheit ist. In ihren Gefühlen trägt sie verschiedene Grade der Entwicklung in sich; viele dieser Gefühle sind das Ergebnis einer schwächeren oder stärkeren Durchgeistigung.

So lebt im Atmen des Kindes eine seelisch-geistige Wesenheit, die bereits vor dem Beginn der jetzigen Biographie eine reiche Entwicklung durchlaufen hat (siehe hierzu den Abschnitt «Die Herkunft der menschlichen Seele – die Präexistenz» im ersten Kapitel dieses Bandes). Diese Wesenheit verkörpert sich in der Atemorganisation des Kindes und lebt in den geschilderten Modulationen des Atemrhythmus.

Von hier dringt sie tiefer in den Organismus ein. Der Atemrhythmus wirkt zunächst auf die Venen (Vena azygos und Vena hemiazygos in der Brusthöhle und vor allem auf die beiden Gefäße der Vena lumbalis ascendens in der Bauchhöhle), die in der Leibeshöhle hinten rechts und links neben der Wirbelsäule verlaufen (siehe Abb. 25). Diese nehmen das Blut auf, das aus dem Inneren des Wirbelkanals, zum Teil durch die Wirbelkörper, nach außen abfließt. Diese Venen haben keine Klappen, durch die das Blut nur in einer Richtung fließen kann. So wird in ihnen durch den Druck, der vom Einatmen (auf die Eingeweide der Bauchhöhle) ausgeübt wird, das Blut zurückgestaut. Es pulsiert in das Innere des Wirbelkanals zurück; beim Ausatmen strömt es stärker aus dem Wirbelkanal in die beiden

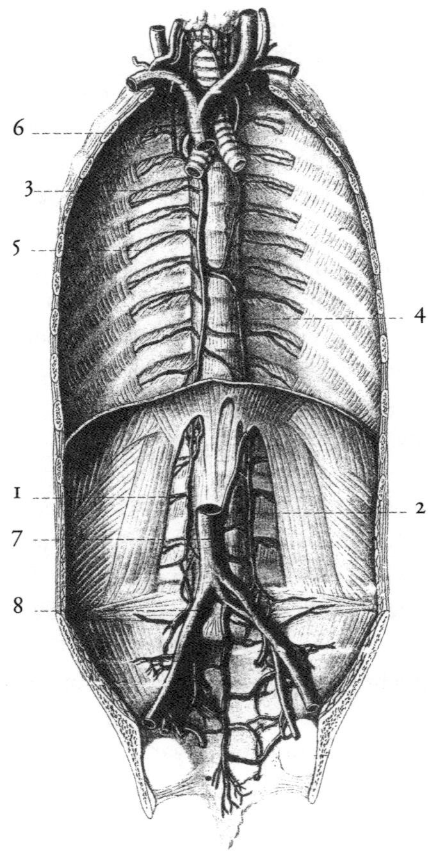

Abb. 25: Blick auf die Hinterwand der Brust- und Bauchhöhle. An der von Bändern bedeckten Wirbelsäule verlaufen die beiden Gefäße der Vena lumbalis ascendens in der Bauchhöhle und deren Fortsetzung in der Brusthöhle, die Vena azygos und die Vena hemiazygos. Oben und unten sieht man die beiden Hohlvenen. (Aus Benninghoff, Anatomie, 1. Band.)
1 Vena lumbalis ascendens; 2 Vena lumbalis ascendens; 3 Vena azygos; 4 Vena hemiazygos; 5 Intercostalvene, mündet in die Vena azygos; 6 obere Hohlvene; 7 untere Hohlvene; 8 Vena iliaca communis.

Stämme der Vena lumbalis ascendens und die Vena azygos und Vena hemiazygos. In dieser Weise pflanzt sich der Atemrhythmus in das Innere des Wirbelkanals fort (siehe Abb. 26 und 27).

Hier befindet sich das Rückenmark (vom Kopf bis zum ersten Lendenwirbel). Es ist von den Rückenmarkshäuten umgeben und schwebt im Liquor cerebrospinalis. Die Rückenmarkshäute sind von einem Venengeflecht umgeben, das in ein fettreiches Gewebe eingebettet ist; durch die Körperwärme ist dieses Fett in einem halbflüssigen Zustand. Wenn nun der Atemrhythmus beim Einatmen das Venenblut in das Innere des Wirbelkanals zurückstaut, dann schwellen die Venen des Venengeflechts an und üben von allen Seiten einen Druck auf den Liquor cerebrospinalis aus. Dadurch wird etwas Liquor in den Schädel hinaufgepreßt, wo er das Gehirn umgibt. Der rhythmisch pulsierende Liquor umgibt aber nicht nur das Gehirn, er dringt überall in feinen Poren in das Gehirn hinein – in die graue Gehirnrinde, den Cortex, und sogar durch die Gehirnrinde bis in die weiße Substanz. Durch diese feinen Kanäle, die sogenannten Virchow-Robinschen Räume, setzt sich das Atmen mit seinen Rhythmen bis in das Gehirn fort (siehe Abb. 28).

Zunächst lebt die Seele des Kindes mit ihren Gefühlen in den Rhythmen des Atmens. Indem diese Rhythmen sich in das auf- und absteigende Pulsieren des Liquors fortsetzen, taucht sie aus dem Medium der Luft in das des Wäßrigen unter. Wenn die Seele aus dem Leben in der Luft in dichtere Bereiche des Leibes hineindringt, wird sie unbewußt. Das geschieht auch beim Untertauchen in den Liquor cerebrospinalis. Hier leben die Gefühle nun unbewußt im rhythmischen Pulsieren dieser wasserklaren Flüssigkeit, die fortwährend in den inneren Räumen des Gehirns, den Ventrikeln, aus dem Blut gebildet wird. Von dort gelangt sie nach außen in den schmalen Raum zwischen der Aderhaut, die das Rückenmark und Gehirn unmittelbar umgibt, und der sogenannten Spinnwebenhaut.[10]

So dringen die Gefühle im rhythmischen Pulsieren des Liquors fortwährend an das Gehirn heran und durch die Virchow-Robin-

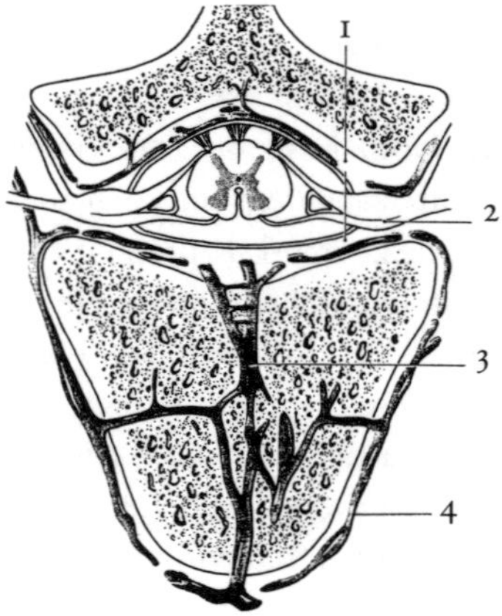

Abb. 26: Aus dem Wirbelkanal strömt das venöse Blut auf verschiedenen Wegen, vor allem auch durch den Wirbelkörper zum Venengeflecht am Wirbelkörper und dann in die Vena lumbalis bzw. die Vena (hemi)azygos. (Aus Rauber / Kopsch: Anatomie des Menschen, Bd. III.)

1 Cavitas epiduralis, das fettreiche Gewebe mit dem Venengeflecht, das im Wirbelkanal das von den Rückenmarkshäuten umschlossene Rückenmark umgibt; 2 Spinalganglion; 3 Vena basivertebralis; 4 äußeres Venengeflecht.

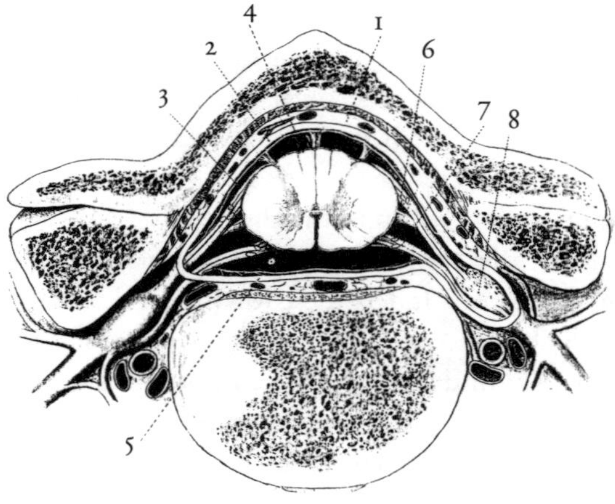

Abb. 27: Das Innere des Wirbelkanals, umschlossen vom Wirbelbogen (oben) und dem Wirbelkörper (unten; aus Rauber / Kopsch: Anatomie des Menschen, Bd. III). – 1 Cavitas epiduralis (siehe Abb. 26); 2 Harte Rückenmarkshaut (Dura mater spinalis): die äußerste der drei Rückenmarkshäute; 3 Spinnwebhaut (Arachnoidea spinalis): die zweite, viel zartere Rückenmarkshaut; 4 Gefäßhaut (Pia mater spinalis): sie umschließt das Rückenmark; 5 Subarachnoidalraum: er ist vom Liquor cerebrospinalis erfüllt; 6 hintere Nervenwurzel des Rückenmarks; 7 vordere Wurzel; 8 Spinalganglion.

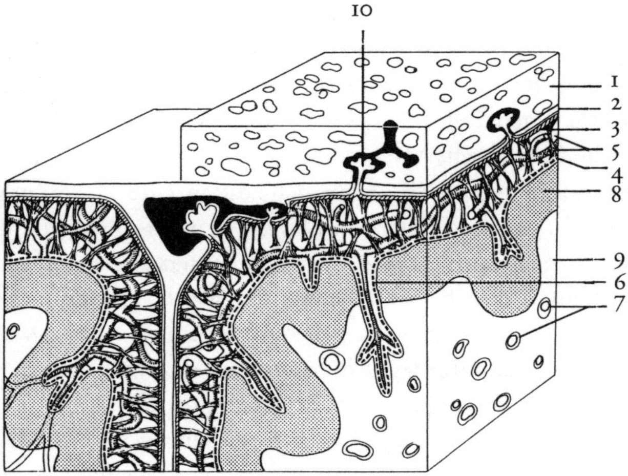

Abb. 28: Im Kopf des Menschen liegt die harte Hirnhaut (2) direkt am Knochen (1). Nach innen folgt die Spinnwebhaut (3). Die Gefäßhaut (4) umhüllt das Gehirn. Zwischen der Spinnweb- und der Gefäßhaut befindet sich der Subarachnoidalraum (5) mit dem Liquor cerebrospinalis. Dieser dringt zusammen mit feinen Blutgefäßen (6) in den Virchow-Robinschen Räumen (7) in die Gehirnrinde (8) und bis in die weiße Substanz (9). An den Pacchionischen Granulationen (10) wird Liquor in das Venenblut resorbiert. (Aus J. Rohen: Funktionelle Anatomie des Nervensystems.)

schen Räume in das Gehirn. Damit kommen sie aber in jene Regionen, in denen das Vorstellen und Denken im sogenannten Sinnes-Nervenprozeß tätig sind. Man hat aber kein Bewußtsein davon, eben weil die Gefühle beim Eintauchen in den Liquor cerebrospinalis in den Zustand des bewußtlosen Lebens übergehen. Das ist aber von großer Bedeutung. Würden die Gefühle mit ihren vielfältigen inneren Regungen direkt in das Vorstellungs- und Gedankenleben hineinwirken, so könnte der Mensch nie zu sachlicher und objektiver Erkenntnis kommen.

Um klären zu können, was das Hineinorganisieren des Atmens in den Nerven-Sinnesprozeß bedeutet, müssen wir auf das eingehen, was beim Vorstellen und Denken im Gehirn vorgeht. Zunächst kennt man nur jenen Teil dieses Geschehens, der als Vorstellungs- und Begriffsbildung bereits beschrieben wurde. Was spielt sich aber in der Nervenorganisation ab, wenn man durch eine Vorstellung begreift, was – so wie die Tanne – an Dingen in unserer Umgebung ist, und wenn man dann zu den Begriffen weiterschreitet? Diese Vorstellungen und Begriffe sind bereits das Resultat bestimmter Vorgänge im Gehirn. Was geht aber diesen Vorgängen voraus? Was sind die Vorstellungen und Begriffe, bevor man mit ihnen mit den äußeren Tatsachen von Vorgängen in Beziehung tritt?

Wenn man am Morgen beim Aufwachen mit seinem inneren Wesen wieder in seinen Leib eintaucht, haben die Gedanken einen anderen Charakter als kurze Zeit danach. Denkt man bald nach dem Aufwachen über etwas nach, sind die Gedanken oft von großer innerer Helligkeit. Sie haben eine geistige Weite, und der eine Gedanke ist mit anderen Gedanken lebendig verwoben. Was man da erlebt, ist ein Nachklang jener Erlebnisse, die der Mensch vor dem Aufwachen hat. Da sind die Gedanken eine Welt lichten Gedankenwebens.

Aus dieser Welt nimmt man, wenn man beim Aufwachen den Leib wieder von innen ergreift, Gedanken mit. Sie leben dann zunächst in den unbewußten Regionen des eigenen Wesens. Beginnt man dann im Laufe des Tages über bestimmte Sinneseindrücke nachzudenken, so ergreift man den einen oder anderen der Gedanken im Unbewußten und bringt ihn zu diesen Eindrücken in Beziehung. Das geschieht, wie bereits erwähnt wurde, in bestimmten Bereichen des Gehirns. Denn von den Sinnesorganen werden die Eindrücke zu den sogenannten (primären) Sinnesfeldern des Gehirns vermittelt. Und zu diesen treten die Gedanken (durch bestimmte Assoziationsfelder) in Beziehung. Dabei dringen die Gedanken in das Gehirn ein. Sie tauchen in das Leben des Gehirns ein.

Dort ergreifen sie mit ihrer eigenen Lebendigkeit dieses Leben und entreißen es der lebendigen Substanz des Gehirns. Damit beginnt diese abzusterben. Von der ersterbenden Substanz wird der lebendige Gedanke reflektiert. Dabei kommt es zu einer Art von Spiegelung des lebendigen Gedankens. Und das Spiegelbild, der Gedankenschatten, gerinnt an den Sinneseindrücken zur Vorstellung.[11] Von diesen Vorstellungen kommt man dann durch Verallgemeinerung zu den gewöhnlichen Begriffen. Deshalb sind auch sie letztlich Spiegelbilder der lebendigen Gedanken; d.h., sie haben wie jedes Spiegelbild kein eigenes Leben, sie sind tot. Mit den toten Vorstellungen erfaßt man von der Welt aber nur das, was sie als Erscheinung von außen ist. Das ist das bereits Gewordene. Und durch die Begriffe kommt man gegenüber dem Gewordenen der Welt zu Abstraktionen. Da wird dann die Tanne ein Nadelbaum mit einer Reihe spezifischer Merkmale, das Pferd ein unpaarhufiges Säugetier mit bestimmten anderen Merkmalen. Durch solche Begriffe kann man in der Welt – abgesehen von bestimmten mechanischen Vorgängen – nichts verstehen. Denn um etwas zu verstehen, müßte man nicht nur die jeweiligen Merkmale kennen, sondern in ihren inneren wesenhaften Zusammenhang eindringen.

Gäbe es für die Kinder in der Schule nur den Nerven-Sinnesprozeß, dann könnten sie durch den Unterricht nur totes Wissen erwerben. Das ist aber ein Wissen, dem die Kraft fehlt, belebend und befruchtend in das Fühlen hineinzuwirken, weil es nicht zur Einsicht und nicht zum Verstehen führt.

Diese Form des Wissens ist seit dem 17. Jahrhundert in einem immer stärkeren Maße bestimmend geworden. Durch die Methoden der Naturwissenschaft hat man die Welt aus der Perspektive des distanzierten Beobachters betrachtet und die Ergebnisse dieses unpersönlichen Zur-Kenntnis-Nehmens mit toten Begriffen interpretiert. Alles, was man persönlich in der Begegnung mit den Dingen und Wesen der Welt erlebt, wurde eliminiert, um die Objektivität der wissenschaftlichen Aussagen zu sichern. Dieses unpersönliche

Wissen und die Erklärungen, die nur den Verstand ansprechen, haben, wie es A. Portmann schon vor längerer Zeit beschrieben hat, zu einer «wenig beachteten Atrophie des Empfindungs- und Gefühlslebens»[12] geführt. Das beginnt bereits in der Schule, wenn die Kinder solches Wissen und solche Erklärungen aufnehmen, d.h. im Lernen nur den Nerven-Sinnesprozeß betätigen. Die Folge ist jene Verarmung des Gefühlslebens, die seit Jahrzehnten in der Verengung des Interesses zu bemerken ist.

Um dieser Tendenz entgegenzuwirken, benötigt man andere Inhalte als jene, die nur aus der Betätigung des Nerven-Sinnesprozesses resultieren. Die Betrachtung der Welt ist um das zu erweitern, was der Mensch in der Begegnung mit ihr erlebt. Wenn man die persönliche Anteilnahme nicht künstlich eliminiert, verbindet sich mit dem Wahrnehmen das fühlende Erleben. Man empfindet die dunkle Tanne gegenüber der Birke als einen Baum, in dem sich das Leben nur wenig an die Umgebung hingibt. Man erlebt die Schönheit eines blühenden Rosenstrauches, die wache Haltung und kraftvolle Bewegung eines Pferdes. Da antwortet im Erleben das Gefühl auf das, was man an den Dingen wahrnimmt. Gegenüber dem nüchternen Betrachten vertieft sich im Erleben die Begegnung mit den Dingen. Nun kann man im Erleben von dem allgemeinen Eindruck zu den Einzelheiten übergehen und mit den Schülern zum Beispiel verfolgen, wie der Rosenstrauch mit seinen bogenförmigen Trieben weit in die Umgebung hinausdringt; wie sich die Blätter in mehrere Fiederblättchen auflösen und in den Umkreis eingliedern; wie von den Bogentrieben des vergangenen Jahres die Blütentriebe in die Höhe streben; wie die rosafarbenen Blüten sich in der Gebärde offener Hingabe der Sonne zuwenden und viele gelb leuchtende Staubgefäße mit ihrer ausstrahlenden Tendenz im Innern dieser Blüten entspringen. Da ist das Erleben nicht mehr der Reflex auf einen etwas unbestimmten Eindruck, sondern innere Hingabe an die Formen, Gebärden und Farben. Diese beginnen sich im Miterleben auszusprechen. Dabei konkretisiert und vertieft sich das Erleben; es wird zum ästhetisch-künstlerischen Erleben. Die Erscheinung wird zum Rätsel: Wie ist der innere Zusammenhang zwischen diesen verschiedenen Bildungen? Was ist das verborgene Wesen, das sich durch alle diese Tatsachen offenbart? Das Erleben berührt eine tiefere Wirklichkeit in den Dingen.

Damit die Schüler angeregt werden, sich an die Pflanzen und Tiere, an die bedeutenden Persönlichkeiten der Geschichte und ihr Wirken, an die Formen der Sprache und die Schönheit einer Dichtung usw. hinzugeben, muß man als Lehrer fähig werden, «nur aus dem Inhalt des Darzustellenden heraus zu reden. So daß wir wirklich in der Lage sind, indem wir den einen Gegenstand darstellen, aus dem Gegenstand heraus tragisch zu sprechen, und übergehen können zu einer humorvollen Stimmung, indem wir in unserer Darstellung fortfahren, wobei wir uns ganz dem Gegenstand überlassen.»[13]

Durch welche Kräfte erschließt sich den Schülern im Erleben der Rätsel der Zugang zu dem verborgenen Wesen der Dinge? Es sind jene durchgeistigten Gefühle, die der junge Mensch als Ergebnis einer früheren Entwicklung in sein jetziges Leben hineinträgt: die Bewunderung, das Mitgefühl, die Achtung, die Verehrung usw.

In diesen Gefühlen entsteht an den Dingen, den Bildern von Menschen usw. die Ahnung eines verborgenen Wesens – und damit der Impuls, dieses Wesenhafte im Verstehen bewußt zu erfassen. Das ästhetisch-künstlerische Erleben entzündet den Drang verstehen zu wollen.

So wird das Erleben zum Impuls für die Gedanken- und Begriffsbildung. Dieses Erleben wogt zunächst im Rhythmus des Atmens. Im Gegensatz zu dem gewöhnlichen Erleben wirkt in ihm aber der Drang, durch das Denken verstehend in die Dinge und Wesen einzudringen. Dadurch erhält das Denken von vornherein eine Richtung zum Realen und nicht zur Abstraktion, d.h. zur Wahrheit in den Dingen. Wenn ein Kind nun anfängt nachzudenken, dann wirken die durchgeistigten Gefühle vom Atmen aus über den Rhythmus des Liquor cerebrospinalis in jene Bereiche des Gehirnes hinein, in denen die Gedankenbildung stattfindet. Nun sind diese Gefühle immer lebendig; in ihnen ist innerlich regsames Leben, das im Bewundern eine andere Dynamik hat als im Mitgefühl. Dieses innere Leben wirkt impulsierend in die Gedankenbildung hinein, wenn das Kind im Unterricht die Dinge, z.B. die Rose verstehen lernt.

Das hat eine bestimmte Wirkung im Nerven-Sinnesprozeß. Indem die Gefühle des künstlerischen Erlebens mit ihrer Lebendigkeit in diesen hineinwirken, kommt es nicht so stark zu dem Abtöten des Lebens, wie das oben geschildert wurde. Vor allem durchdringt das Leben der Gefühle die entstehenden Gedanken. Denn in diesen erwacht zur vollen Klarheit, was das Kind im Gefühl ahnungsvoll erlebt hat. Dadurch wirken die durchgeistigten Gefühle belebend auf die Begriffe.[14] In ihnen kann sich nun das vorher verborgene Wesen der Dinge aussprechen. Und indem dieses im Bewußtsein aufleuchtet, verbindet sich das Kind im Gefühl des Verstehens mit ihm.

Was man so im allgemeinen als Impulsieren des Nerven-Sinnesprozesses durch das im Atmen wirkende Erleben beschreiben kann, sei an einem Beispiel etwas konkreter erläutert (siehe Abb. 29). Wenn das Kind den blühenden Rosenstrauch in seinen Einzelheiten mit innerer Hingabe angeschaut hat und nun dessen Wesen erfassen möchte, dann sucht es nach dem, was in allen Einzelheiten die gemeinsame Bildungsgebärde ist. Was als mächtiges Hinausdrängen in den Trieben wirkt, findet es in den Blättern wieder, in denen der Stiel so stark nach außen dringt, daß sich die Blattfläche in die Fiederblättchen auflöst. Das einzelne Blatt wird selbst wie ein kleiner Trieb, der seine Blättchen in die Umgebung hinausträgt. An den Blütentrieben wird dem Kind bewußt, wie sich die Rose dort zum Blühen erhebt, wo sie schon weit draußen im Raum der sommerlichen Atmosphäre ist. In der Größe der Blüten und ihrer weit offenen Form, selbst im einzelnen Blütenblatt, erfaßt es jene Gebärde, die dem Strauch als ganzem das Gepräge gibt: die Gebärde einer starken Hingabe, die sich in den zahlreichen Staubgefäßen noch steigert.

Abb. 29: Die machtvoll in die Umgebung drängenden Bogentriebe der Heckenrose (a, schematisch). An dem Trieb des Vorjahres entspringt der neue Blütensproß (b) mit den gefiederten Blättern und mehreren Blüten(knospen). Dann öffnet sich weit die Blüte mit den zahlreichen Staubgefäßen (c); (aus Weberling: Morphologie der Blüten und Blütenstände.)

Der Rosenstrauch wird zur Offenbarung kraftvoller Hingabe des sprießenden Lebens an den gesamten Umkreis; die Hingabe verinnerlicht sich im Blühen bis zum Aufgehen in der wärme- und lichterfüllten Atmosphäre des Sommers. Dieser Begriff der Rose ist kein Gedanke neben der Erscheinung, sondern ihr Wesen. In einem solchen Begriff wird die zunächst gleichsam dunkle Erscheinung geistig transparent.

In dieser Weise kann man die Kinder anregen, jede Pflanze und jedes Tier zu verstehen. Wenn das Kind mit Hingabe und Anteilnahme die Sprache durchlebt, erfaßt es die Laute in ihrem Wesen, die Worte als tönende Imaginationen. Es erlebt das Wesen der Zeiten, der Wortarten usw. Durch diese Hingabe lernt das Kind die Farben und die Farbklänge erleben, es erschließt sich ihm die Musik usw. Das Beispiel der Rose erläutert ein Prinzip, das umfassend ist und fast alle Unterrichtsgebiete erneuert.

Man sollte sich als Lehrer bemühen, bei allen Inhalten des Unterrichts das Erleben zu kultivieren. Dem Erkennen sollte immer das Staunen und das Bewundern vorangehen, d.h. das Erahnen der zunächst verborgenen geistigen Dimensionen. Wird das zum Stil des Unterrichts, dann kann sich im heranwachsenden Menschen eine bestimmte Erkenntnishaltung entwickeln: nämlich erst dann mit dem Nachdenken über eine Sache zu beginnen, wenn man sich mit ihr im Erleben verbunden hat. Im Erleben dessen, was einem in der Erscheinung entgegentritt, entsteht eine tiefere Beziehung zu den Dingen als durch die bloße Sinneswahrnehmung. Denn man erlebt im Gefühl etwas vom Wesen, das zu dieser Erscheinung gehört. Solche Gefühle sind «noch nicht ganz gewordene Erkenntnis».[15] Sie weisen dem Erkennen die Richtung und geben ihm dadurch eine innere Sicherheit.

Wenn diese Erkenntnishaltung entsteht, dann organisiert sich das im Atemrhythmus wogende Erleben in den Nerven-Sinnesprozeß hinein. – An der Ausbildung dieser neuen Erkenntnishaltung durch die Führung des Unterrichts zu arbeiten, ist eine Hauptaufgabe der Waldorfpädagogik.

Wird alles beachtet, was «in der rechten Weise den Atemprozeß hineinorganisiert in den Nerven-Sinnesprozeß» (R. Steiner), so ist das in mehrfacher Hinsicht für den Menschen von Bedeutung. Mit dem, was das Kind als Früchte vergangener Entwicklung in sein Leben hineinträgt, soll es sich dem, was ihm nun entgegenkommt, zuwenden. Das geschieht in der Schule, wenn die Kinder und Jugendlichen sich mit den Inhalten erlebend verbinden und von diesem Erleben zum Erkennen und Verstehen übergehen. Im Erleben werden die tieferen, durchgeistigten Gefühle rege, im Verstehen erwacht das geistige Wesen des Kindes. Deshalb sagt Rudolf Steiner: «Dadurch, daß wir harmonisieren das Atmen mit dem Nerven-Sinnesprozeß, ziehen wir das Geistig-Seelische in das physische Leben des Kindes herein.»[16]

Würde sich der Unterricht nur an das äußere Wahrnehmen wenden und in dem jungen Menschen totes Wissen erzeugen, so wäre die Wirkung eine andere. Der junge Mensch könnte seine Gefühle nicht im Erleben der Dinge und sein Denken im Erfassen des in den Dingen vorhandenen Wesens betätigen. Was er als das Wichtigste in sein Leben hineinbringt, die durch eine vorangehende Entwicklung gereiften Anlagen und Begabungen, könnte für die weitere Entwicklung nur unvollständig fruchtbar werden. Der Unterricht würde gegen eines der wichtigsten Lebensgesetze verstoßen. Denn der Mensch entwickelt sich dadurch, daß er mit den gereiften Kräften seines seelisch-geistigen Wesens zu neuen Erfahrungen gelangt und sich an diesen neue Kräfte und Fähigkeiten bilden. In dem, was als «Atmen-Lehren» geschildert wurde, geht es um die Verwandlung des toten Wissens in lebendiges Verstehen und um die Befruchtung des Gefühlslebens durch die Inhalte dieses Verstehens. In diesen Verwandlungsprozessen, die R. Steiner als Atmen-Lehren beschreibt, liegt ein Entwicklungsimpuls, der dem, was sich in der Gegenwart als Dekadentwerden der menschlichen Persönlichkeit abspielt, entgegenwirkt.

Die Geburt des Astralleibes – Wandlungen im Wesen des jungen Menschen zwischen dem zehnten und fünfzehnten Lebensjahr

Das Verhältnis des jungen Menschen zur Schule wird zunehmend problematisch, wenn er sich dem Pubertätsalter annähert und die Schwelle zum Jugendalter überschreitet. Dieser seit langem bekannte Sachverhalt wurde vor wenigen Jahren durch Zahlen erhärtet. In den ersten vier Klassen der Grundschule fühlt sich etwa ein Drittel der Kinder durch die Schule in seinem Befinden beeinträchtigt; in der Realschule erleben mehr als zwei Drittel (69 Prozent) der Schüler die Schule negativ, im Gymnasium – besonders in den oberen Klassen – knapp 80 Prozent (siehe v. Hentig 1993, S. 202). Aber auch die Schule hat mehr und mehr Probleme mit ihren Schülern. In jener Einrichtung, die der Entwicklung des Menschen dienen sollte, herrscht ein gestörtes Verhältnis. Das gilt in einem gewissen Umfang heute auch für Waldorfschulen.

Die Schwierigkeiten treten besonders mit dem zwölften Lebensjahr, also im sechsten Schuljahr, d.h. im beginnenden Übergang zum Jugendalter, auf. Was der junge Mensch in dieser Zeit erlebt, wird aber vielfach für die weitere Biographie bestimmend, ganz sicher für die folgenden Jahre der Schulzeit. Der junge Mensch beginnt sich als Persönlichkeit zu erleben. Soll die Schule für ihn nun eine Bedeutung haben, dann muß er eine persönliche Verbindung zu den Inhalten und den Formen des Lernens finden. Er muß erleben, daß es für ihn als werdende Persönlichkeit einen Sinn hat, Tag für Tag in die Schule zu gehen. So wie heute allenthalben die traditionellen Lebensformen zerfallen und nach Quellen für Erneuerung zu suchen ist, sind auch die Fragen nach den Inhalten und Formen des Lernens neu zu stellen. Das gilt insbesondere für das Lernen im Übergang von der Kindheit zum Jugendalter.

Befriedigende Antworten auf diese Fragen wird man nur finden, wenn man erfaßt, was im jungen Menschen bei diesem Übergang geschieht. Dabei muß man auch darauf hinschauen, wie sich die Veränderungen, die sich da abspielen, vorbereiten. Man muß bis in das siebte Lebensjahr zurückgehen. Da beginnt in der leiblichen Entwicklung des Kindes ein neuer Abschnitt. Am Wachstum der Organe kann man feststellen, daß zwischen dem sechsten und achten Lebensjahr eine erste Phase des Wachstums ausklingt. In dieser ersten Phase bilden sich vor allem die *Formen* der Organe. Die einfachen Organformen des Neugeborenen differenzieren sich durch einen plastischen Umgestaltungsprozeß. Das gilt sowohl für die äußere Form wie auch die innere Struktur der Organe (siehe das Kapitel «Die Geburt des Ätherleibes» in diesem Band). Diese Formbildung kommt zwischen dem sechsten und achten Lebensjahr weitgehend zum Abschluß. In der jetzt beginnenden zweiten Wachstumsphase werden die Organe des Rumpfes *größer* (Abb. 30, S. 182).

Nun hat ein Organ seine Formen nur dadurch, daß diese fortwährend neu gebildet werden. Nur von außen erscheinen viele Organe in einem Zustand der Ruhe. In ihnen vollzieht sich aber ein fortwährender Prozeß der Erneuerung. So wird in den zarten Lungenbläschen das lebendige Gewebe beim Erwachsenen in acht Tagen erneuert, in der Leber in zehn bis zwanzig Tagen (Flindt 1985, S. 193). Der sichtbaren materiellen Form der Organe liegt eine lebendige Kräfteorganisation zugrunde. Sie ist in der Erneuerung der Gewebe und im Stoffwechsel fortwährend gestaltend tätig. Wenn die Organe des Rumpfes nach dem siebten Lebensjahr wieder stärker zu wachsen beginnen, weitet sich diese Kräfteorganisation; sie entwickelt dabei ihre eigenen Kräfte. In jedem der wachsenden Organe entwikkelt sich der sogenannte Lebens- oder Ätherleib des Kindes.

Hierbei wird die Lebenstätigkeit intensiver. In der wachsenden

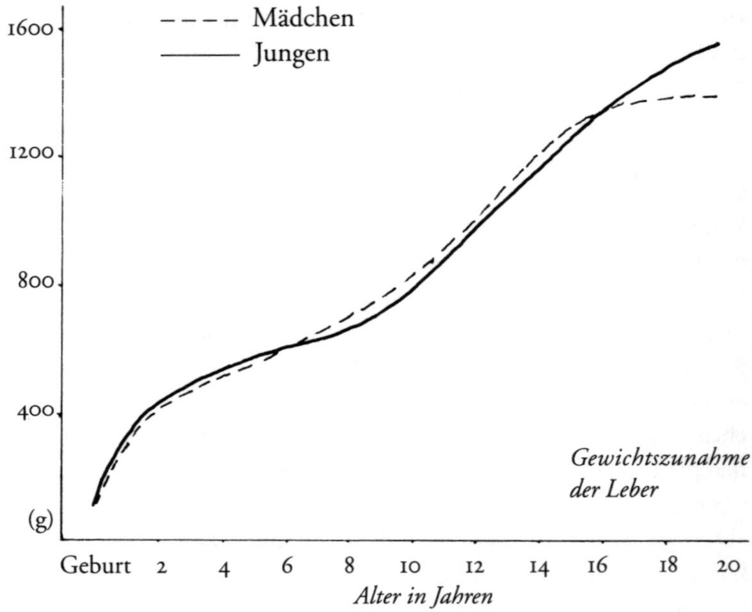

Gewichtszunahme der Leber

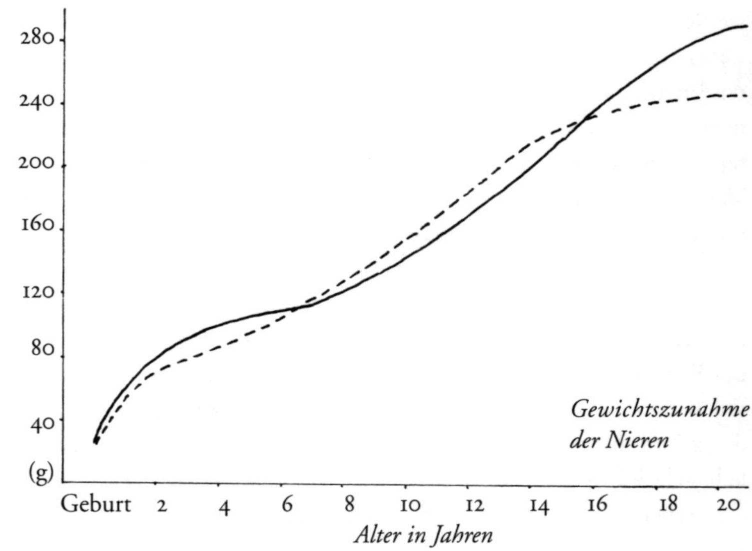

Gewichtszunahme der Nieren

Leber nehmen die Prozesse der Substanzbildung, in der wachsenden Lunge nimmt das Atmungsleben an Intensität zu und so weiter. Im Wachsen der Organe entwickeln sich die Lebensprozesse. So folgt auf die Formbildung der ersten Wachstumsphase in der zweiten Wachstumsphase die Lebensentwicklung (Steiner 1919, S. 168).

Dieses Geschehen äußert sich in der Blutzirkulation und im Rhythmus des pulsierenden Herzens; denn das Leben der Organe ist eng mit der Blutzirkulation verwoben. Der Atmungs- und der Ernährungsbedarf der Organe bestimmt, wie stark sie vom Blut durchströmt werden. Indem das Blut z.B. in die Leber oder die Niere hineindringt, zerteilt es sich in die feinen Kapillargefäße: auf 2500 bis 3000 Kapillaren im Gewebequerschnitt von 1 Quadratmillimeter. So durchdringt das strömende Organ des Blutes die Leber, die Niere und andere Organe außerordentlich intensiv, bei den Kindern noch stärker als beim Erwachsenen. Dabei kommt es zu einem starken wechselseitigen Austausch von Blut und Gewebeflüssigkeit der Organe. Die Organe nehmen das an Sauerstoff und anderen Substanzen auf, was sie für ihre Lebensprozesse und die Erneuerung ihrer materiellen Konsistenz benötigen. Dann sondern sie die Blutflüssigkeit in die venösen Blutbahnen ab. So bestimmen die wachsenden Organe des Kindes mit ihren Lebensprozessen, wieviel Blut aus den Arterien in sie einströmt und wieviel aus ihnen durch die Venen zum Herz zurückströmt. Von der Blutmenge, die dem Herz aus dem Organismus zuströmt, hängt es ab, ob es langsamer oder schneller schlägt. So ist der Puls ein unmittelba-

Abb. 30: An der Dynamik der Gewichtszunahme von Leber und Niere kann man ablesen, daß im Leib des Kindes vom vierten Lebensjahr an eine erste Phase der Entwicklung abklingt. Um das siebte Jahr kommt sie an ihr Ende, indem das Wachstum fast vollständig stockt. Dann beginnt nach der ersten Phase der Formbildung ein erneutes Wachstum. In dieser zweiten Phase entwickeln sich vor allem die Lebensprozesse. (Aus H. Walter, Sexual- und Entwicklungsbiologie des Menschen.)

rer Ausdruck der Lebensprozesse und der Lebensentwicklung im Leib des Kindes.

Vom Herz strömt das Blut dann in die Lunge. Überall sonst im Organismus hört in den Organen das rhythmische Pulsieren des Blutes und der Blutgefäße auf, nur nicht in der Lunge. Deshalb ist die Lunge als ganzes Organ vom Rhythmus des pulsierenden Herzens durchdrungen. So klingen in der Lunge der pulsierende Rhythmus des Herzens und der Atemrhythmus ineinander. Im Atemrhythmus manifestiert sich aber die innere Bewegung, die die Seele des Kindes in den verschiedenen Gefühlen erlebt. Die Regsamkeit, die die Seele in der Freude erlebt, äußert sich in einer leichten Beschleunigung des Atemrhythmus, die lähmende Wirkung der Trauer in einer Verlangsamung, die starke Erregung beim Ärger in einer starken, unregelmäßigen Beschleunigung und so weiter (siehe Abb. 24, S. 165). Im Atmen lebt die seelisch-astralische Wesenheit des Kindes mit ihren zahlreichen Gefühlen, Affekten und Stimmungen; sie manifestiert sich in den Variationen des Atemrhythmus. So begegnen sich in der Lunge des Kindes Puls- und Atemrhythmus. Hier wirken die sich entwickelnde Lebenstätigkeit und die seelisch-astralische Wesenheit des Kindes ineinander.

Auf dieses Zusammenwirken muß man seine Aufmerksamkeit richten, wenn man jene Veränderungen verstehen will, die sich bis zum vierzehnten Lebensjahr abspielen.

Wenn das Kind einschläft, dann löst es sich mit seiner seelisch-astralischen Wesenheit vom Leib. Das innere Wesen wirkt dann nicht mehr im Atemrhythmus. So ist das Atmen während des Schlafes weniger tief und – abgesehen von den sogenannten REM-Phasen – ganz regelmäßig. Auch der Puls wird von den Erlebnissen des seelisch-astralischen Wesens nicht beeinflußt. So äußert sich im Puls des schlafenden Kindes das Leben in reiner Form. Bei Kindern im Alter von sechs und sieben Jahren ist das Verhältnis von Puls zu Atem nach den Untersuchungen von Breithaupt u.a. (1980) während des Schlafes 5 : 1; auf einen Atemzug kommen fünf Pulsschläge.

Wenn das Kind aufwacht, verändert sich der Puls-Atem-Quotient in das Verhältnis 4 : 1. Das Atmen ist nun von der seelisch-astralischen Wesenheit durchdrungen, und diese beeinflußt den Puls beziehungsweise das Leben. Indem das innere Wesen des Kindes in das Leben hineinwirkt, wird dieses abgedämpft. Nur durch eine Abschwächung des Lebens kann in ihm das seelisch-astralische Wesen aufleben. Wenn das Kind dann wieder einschläft, wird der Puls-Atem-Quotient wieder 5 : 1. Die vom Seelisch-Astralischen ausgehende, das Leben dämpfende Wirkung hört auf.

Im zehnten Lebensjahr kommt es zu einer bedeutungsvollen Veränderung: Der Puls-Atem-Quotient von 4 : 1 setzt sich vom Tag in die Nacht fort (Breithaupt u.a. 1980, S. 409). Auch im Schlaf verlaufen Puls und Leben so wie zuvor nur am Tag unter der dämpfenden Beeinflussung durch das Seelisch-Astralische. Der bisherige Gegensatz zwischen dem Puls-Atem-Quotienten im Wachen und im Schlafen hört auf. Das Leben hat sich ganz an die Einwirkung des Seelisch-Astralischen angepaßt. Es ist nun gleichsam offen gegenüber dem inneren Wesen des Kindes. Dieses innere Wesen dringt jetzt von der Lunge aus in das Leben des Blutes und durch die pulsierende Strömung des arteriellen Blutes bis in die wachsenden Organe.

Nach Rudolf Steiner ist mit dieser Veränderung jenes Zusammenwirken zwischen dem sich entwickelnden Leben des Leibes und dem seelisch-astralischen Wesen des Kindes eingetreten, das in die Umwandlungsprozesse des beginnenden Pubertätsalters einmündet. «Wir atmen ... dasjenige ein, was uns geschlechtsreif macht» (Steiner 1921, S. 100). Vom zehnten Lebensjahr an entwickeln sich besonders bei den Mädchen die sekundären Geschlechtsmerkmale. Damit treten im Organismus der Kinder die Vorboten der Pubertät auf.

Bevor wir auf die Umwandlungsprozesse, die im zehnten Lebensjahr beginnen, eingehen, müssen wir beschreiben, was mit dem Ausdruck seelisch-astralische Wesenheit gemeint ist. Es handelt sich um einen reich differenzierten Wesensbereich des Menschen. Zu ihm gehören jene inneren Kräfte, die sich eng an körperliche Vorgänge anlehnen:

- die Kräfte des Begehrens, die von verschiedenen Wahrnehmungen und Empfindungen (z.B. Geruch, Geschmack) entzündet werden;
- die Triebe, durch die der Mensch dumpf zu Tätigkeiten gedrängt wird (Hunger, Durst, Müdigkeit und so weiter);
- die Leidenschaften, die sich am Genuß entzünden und das erneute Erleben von Lust und Genuß suchen.

Diesen Bereichen des Seelisch-Astralischen stehen die Gefühle von Lust und Unlust, von Wohlbehagen und Mißbehagen nahe.

Daneben trägt der Mensch Seelenregungen in sich, die durch Verwandlung aus den genannten elementaren Eigenschaften entstehen. Wenn sich das Gefühl der Lust öffnet und etwas weitet, entsteht das Gefallen. Eine weitere Stufe der Verwandlung führt zum Beispiel zur Freude. Und wenn Lust zum selbstlosen Sich-Verbinden mit einem anderen Wesen wird, dann verwandelt sie sich bis zur Hingabe, zum Mitgefühl, zum Mitleid und zur Liebe.

Ähnliche Verwandlungen vollziehen sich auch bei den anderen elementaren Kräften des Astralischen. So wird das Begehren nach einer Richtung zum Verlangen, zum Wunsch und zur Hoffnung, nach einer anderen Richtung zur Neugier und auf einer höheren Stufe zum Interesse.

Aus den Kräften der Leidenschaft kann Sucht entstehen; sie können sich aber auch über verschiedene Stufen bis zum Enthusiasmus vergeistigen.

Diese Beispiele weisen auf den inneren Reichtum des astralisch-seelischen Wesensbereiches hin und auf den Unterschied zwischen den elementaren Triebkräften und den verwandelten Eigenschaften. Mit astralisch sind die elementaren Kräfte gemeint, mit seelisch die verwandelten und damit mehr innerlichen. Im weiteren folgen wir der Terminologie R. Steiners und bezeichnen den ganzen Umfang dieser astralischen und seelischen Kräfte als Astralleib. Besonders im

Hinblick auf die seelischen Eigenschaften des Astralleibes bestehen zwischen den Menschen große individuelle Unterschiede.
Wir können nun genauer verfolgen, wie sich im Leib des Kindes die Organe nach dem zehnten Lebensjahr entwickeln und wie in dieser Entwicklung die astralischen und seelischen Kräfte, die in der beschriebenen Weise in das Leben des Leibes hineindringen, beteiligt sind. Vom zehnten Jahr an tritt zwischen der Entwicklung der Mädchen und der Knaben ein deutlicher Unterschied auf. Bei den Mädchen beginnen sie zwei Jahre früher. So setzt bei ihnen gerade im zehnten Lebensjahr eine eigentümliche Beschleunigung des Lungenwachstums ein (Abbildung 31). Bis zur ersten Hälfte des vierzehnten Lebensjahres nimmt die Vitalkapazität – das ist das Atemvolumen zwischen tiefstem Ein- und tiefstem Ausatmen – von 2463 ± 430 cm^3 auf 3486 ± 437 cm^3 zu. Das ist eine Zunahme um 41 Prozent. Bei den Knaben wächst die Vitalkapazität in einer noch markanteren Wachstumsbeschleunigung der Lunge zwischen dem zwölften und beginnenden sechzehnten Lebensjahr von 2623 ± 399 cm^3 auf 4290 ± 815 cm^3 an, d.h. um 55 Prozent (Schwartze u. Schwartze 1977, S. 119/120).

Dieses Anwachsen der Vitalkapazität bedeutet eine mächtige Vertiefung des Atmens beziehungsweise einen über Jahre sich steigernden Einatmungsprozeß. Dabei verändert sich auch der Atemrhythmus. Beim kleineren Kind äußern sich die Variationen des Atmens vor allem in der Frequenz, d.h. der Geschwindigkeit des Rhythmus. Jetzt wird das Atmen ruhiger (langsamer) und tiefer. Und die Variationen des Atmens betreffen nun vor allem auch die Tiefe des Atmens, die sogenannte Amplitude. Die Vertiefung des Atmens steht in Beziehung zu den übrigen Veränderungen im Organismus des Kindes, insbesondere zum Größerwerden und dem damit verbundenen höheren Sauerstoffbedarf seiner Gliedmaßen; die Entwicklung eines Organs erfolgt im Organismus immer im Zusammenhang mit der Entwicklung der anderen Organe. Um das Wachstum der Lunge und die Veränderung des Atmens ganz zu verstehen, muß man aber

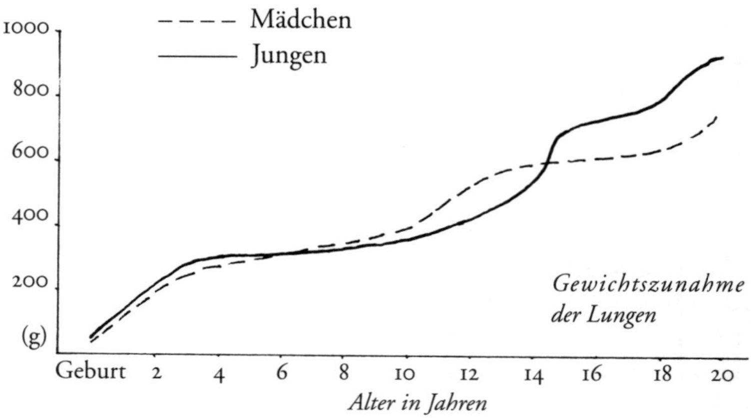

Abb. 31: Die Entwicklungsdynamik der Lunge unterscheidet sich von der der Leber und Niere durch die starke Beschleunigung im 10. bzw. 12. Lebensjahr. (Aus H. Walter, Sexual- und Entwicklungsbiologie des Menschen.)

auch andere Phänomene berücksichtigen. Wenn die Lunge größer und das Atmen tiefer geworden ist, leben in der Seele des jungen Menschen neue Gefühle auf, z.B. das Gefühl der Liebe und das der Sehnsucht, d.h. Gefühle von einer Tiefe des inneren Erlebens, die das Kind nicht kannte. Die Gefühle bekommen insgesamt eine neue Intensität und Tiefe; sie werden persönlich. Die Tiefe eines Gefühls manifestiert sich in der größeren Amplitude des Atemrhythmus. So äußert sich die neue Dimension des fühlenden Erlebens in einem Tiefer- und zumeist auch Ruhigerwerden des Atmens. In der Lunge eines sieben- oder achtjährigen Kindes könnten solche Gefühle noch nicht aufleben; ihre Atemtiefe ist zu gering. Die Lunge muß erst jene Wachstums- und Umbildungsprozesse zwischen dem zehnten und dreizehnten beziehungsweise zwölften und fünfzehnten Lebensjahr durchlaufen. An diesen Prozessen sind die tieferen Seelenkräfte, die dann im inneren Erleben bewußt werden, beteiligt. Sie dringen vom zehnten Lebensjahr an in die Lunge ein. Sie tauchen in das Leben der wachsenden Organe unter. Und indem sie dort im Wachsen der Lunge, d.h. tief in dem unbewußt verlaufenden Wirken des sich entwickelnden Lebensleibes, wirken, gewinnt die Lunge jene Konfiguration, die diesen Seelenkräften entspricht: das tiefere und das langsamere Atmen. (Bei einer bestimmten Steigerung der körperlichen Leistung steigt bei einem neunjährigen Knaben die Herzfrequenz zwei- bis dreimal stärker als dann nach der Pubertät.) Wenn diese neue Konfiguration entstanden ist, wirken die Seelenkräfte nicht weiter in den unbewußten Tiefen des wachsenden Organs. Sie steigen aus dem unbewußten Wirken im Impulsieren der Wachstumsprozesse in das innere Erleben auf und leben nun im Rhythmus des Atmens. Mit diesen Gefühlen im verwandelten Atemrhythmus wendet sich der junge Mensch nun seiner Umgebung zu.

Das Herz der Kinder hat eine ähnliche Wachstumsdynamik wie die Lunge, allem Anschein nach aber ohne die altersmäßige Differenz zwischen Mädchen und Knaben. Die Herzform wird individueller und erreicht in der Pubertät die Erwachsenenform. Auch beim Herz ist das Seelische zunächst ganz im Bereich des Unbewußten, und zwar noch stärker als in der Lunge. Schon vor Jahrzehnten hat H. Plügge festgestellt, daß Kinder mit schweren Herzerkrankungen wie Endokarditis (Entzündung der Herzinnenhaut) und Myokarditis (Herzmuskelentzündung) kein Bewußtsein von den subjektiven Symptomen haben, unter denen der Erwachsene leidet. Er schreibt, «daß Kinder, grob geschätzt, unter 10 Jahren offensichtlich nichts oder sehr wenig oder erst bei sehr bedenklichen beziehungsweise fortgeschrittenen Herzbefunden etwas von ihrer Erkrankung merken» (Plügge 1962, S. 137). Das Kind überfordert, indem es mit anderen Kindern spielt und sich wie ein normales Kind verhält, «unbedenklich die defiziente Leistungsfähigkeit seines Herzens bis an die Todesschwelle» (a.a.O., S. 142). Aus der Beobachtung solcher herzkranker Kinder wird etwas deutlich, was offenbar für alle Kinder gilt, «daß sich zwischen dem zehnten und dreizehnten Lebensjahr ein Wandel in der Erfahrung der eigenen Leiblichkeit vollzieht, der u.a. dadurch charakterisiert ist, daß sich herzkranke Kinder erst *nach* dieser Zäsur wie herzkranke Erwachsene verhalten und daß sie diese Verhaltensweisen dann erlebnismäßig in ihrem Mißbefinden begründen» (a.a.O., S. 142). Das Herz taucht erst um das dreizehnte Lebensjahr im inneren Erleben des Kindes auf. Dann ist es aber jenes Organ, an dem die tiefsten Gefühle aufleben, durch die der junge Mensch sein subjektives Wesen und zugleich seine persönliche Beziehung zur Welt erlebt.

Im Aufleben der tieferen, persönlichen Gefühle im Atemrhythmus der Lunge und im Rhythmus des Herzens wird der seelische Bereich des Astralleibes geboren. Mit dem Begriff «Geburt des Astralleibes» beschreibt R. Steiner (1907, S. 37) jenen Prozeß, in dem die Kräfte des Astralleibes sich aus dem unbewußten Wirken in den Wachstumsprozessen des Leibes herauslösen und dadurch – wie der Leib des Kindes bei der physischen Geburt – zur äußeren Umgebung in Beziehung treten.

Zwischen dem 10. und 15. Lebensjahr vollzieht sich auch im Blutkreislauf eine charakteristische Veränderung. In der frühen Kindheit ist der Anteil des arteriellen Blutes an der Gesamtmenge des zirkulierenden Blutes relativ hoch. Durch das arterielle Blut wirken jene Kräfte, die im Wachstum des Leibes aufbauend tätig sind. Werden bei der Geburt im Herz des Kindes arterieller und venöser Teil des Kreislaufes nicht getrennt, so daß das Blut, das in den Arterien zu den Organen strömt, nicht genügend Sauerstoff enthält, dann wächst das Kind nicht richtig. Im Laufe der Kindheit nimmt der Anteil des arteriellen Blutes ganz allmählich ab, indem der Durchmesser der Aorta im Vergleich zu dem der großen Venenstämme geringer wird. Dieser Prozeß erfährt dann vom 10. Lebensjahr an eine deutliche Beschleunigung (siehe Heck 1964).

Nun ist das strömende Organ des Blutes nicht nur der Träger der Atmungs- und Ernährungsprozesse. Besonders durch die Wärme wirken in ihm auch seelische Kräfte, vor allem solche des Willens und des Gefühls. In dem sauerstoffreichen, belebten arteriellen Blut können sich diese Kräfte stark mit der lebendigen Substanz des strömenden Blutes verbinden, d.h. tief in sie eintauchen. Wird das Leben des Blutes durch die Kohlensäure im venösen Blut abgeschwächt, dann hat das zur Folge, daß die seelischen Kräfte sich nicht mehr so stark mit dem Blut vereinigen können. Sie lösen sich etwas aus ihrem Wirken im Blut (Steiner 1924/1925, S. 28). Dieser Vorgang wird dadurch verstärkt, daß zur Pubertät hin der Kohlensäuregehalt des venösen Blutes und damit die Abdämpfung seiner Vitalität noch zunimmt. Damit vollzieht sich im Blut ein Geschehen, das den Vorgängen im Leben der Lunge und des Herzens entspricht: Seelische Kräfte lösen sich aus dem Wirken in den Lebensprozessen und werden im Erleben bewußt.

Ähnliche Veränderungen vollziehen sich im Entstehen der sekundären Geschlechtsmerkmale und in den Sexualorganen. Bei den Mädchen entwickeln sich die Brustknospen vom neunten und zehnten Lebensjahr an zur Brust; die inneren und äußeren Geschlechtsorgane beginnen stärker zu wachsen. Bei den Knaben setzt die Entwicklungsbeschleunigung der Geschlechtsorgane im zehnten bis elften Lebensjahr ein. Wenn die Geschlechtsorgane bei Mädchen und Knaben ihre volle Größe erreicht haben, können an ihnen die astralischen Kräfte des sexuellen Erlebens aufglühen. Es sind Kräfte der Begierde, mit denen, wie immer bei der Befriedigung von Begehren, Empfindungen der Lust verbunden sind.

Bei den astralischen Kräften der Begierde gibt es das mehr triebhafte Begehren und das aufsaugende Begehren. Die Kräfte des triebhaften Begehrens drängen nach außen, um dort die Befriedigung zu erleben; die aufsaugende Begierde nimmt das Begehrte in sich auf, um an ihm die Lust der Befriedigung zu empfinden. Wenn sich nun in den Sexualorganen das Wachstum beschleunigt, dann beruht das darauf, daß das normale Wachstum von diesen Begierdenkräften impulsiert wird. Bei den Knaben ist es der nach außen drängende

Impuls, bei den Mädchen die sich nach außen wendende und in das Innere aufnehmende Gebärde. Beim Knaben taucht die astralische Kraft des triebhaften Begehrens in das äußere Geschlechtsorgan unter und wirkt impulsierend in den unbewußten Wachstumsprozessen. Beim Mädchen beschleunigt die astralische Kraft der aufsaugenden Begierde das Wachstum der äußeren Geschlechtsorgane.

Dann klingen diese Wachstumsprozesse ab. Die astralischen Kräfte lösen sich aus dem unbewußten Wirken in den Wachstumskräften. Damit beginnt für den jungen Menschen nun jene Phase seines Lebens, in der die Begierdekräfte in den Sexualorganen von außen erregt werden können. Der junge Mensch hat die sexuelle Reife dadurch erreicht, daß die genannten astralischen Kräfte zur Umgebung in Beziehung treten, d.h. geboren sind.

Die auffälligste Veränderung im Organismus des Kindes vollzieht sich im Wachstum der Gliedmaßen. Im Alter zwischen sieben und neun Jahren wachsen die Mädchen fünf bis sechs Zentimeter pro Jahr. Dann steigert sich das Wachstum bis zum Alter von zwölf Jahren auf etwa neun Zentimeter, um dann ziemlich rasch auszuklingen. Bei den Knaben beginnt der Wachstumsschub etwa zwei Jahre später. Das Wachstum nimmt von fünf Zentimeter pro Jahr bis zu einem Gipfelpunkt bei vierzehn Jahren auf das Doppelte zu und dann wie bei den Mädchen ziemlich rasch ab (Abb. 32). Man kann deutlich bemerken, daß zunächst nur die Beine und Arme beschleunigt wachsen.

Dieses Wachstum verläuft recht eigenartig. Die Wachstumsbeschleunigung betrifft zunächst nur das Knochengerüst; die Muskulatur nimmt nicht stärker zu als in den vorangehenden Jahren. Damit erhalten die Knochen in den Gliedern, besonders in den Beinen, ein Übergewicht, das sie bisher nicht hatten. Die Knochen sind aber derjenige Teil der Glieder, der sich durch seine Verdichtung und Erstarrung vom Innern des Menschen loslöst. Sie sind im Leib des Menschen etwas Äußeres; in ihnen kann der Mensch nicht

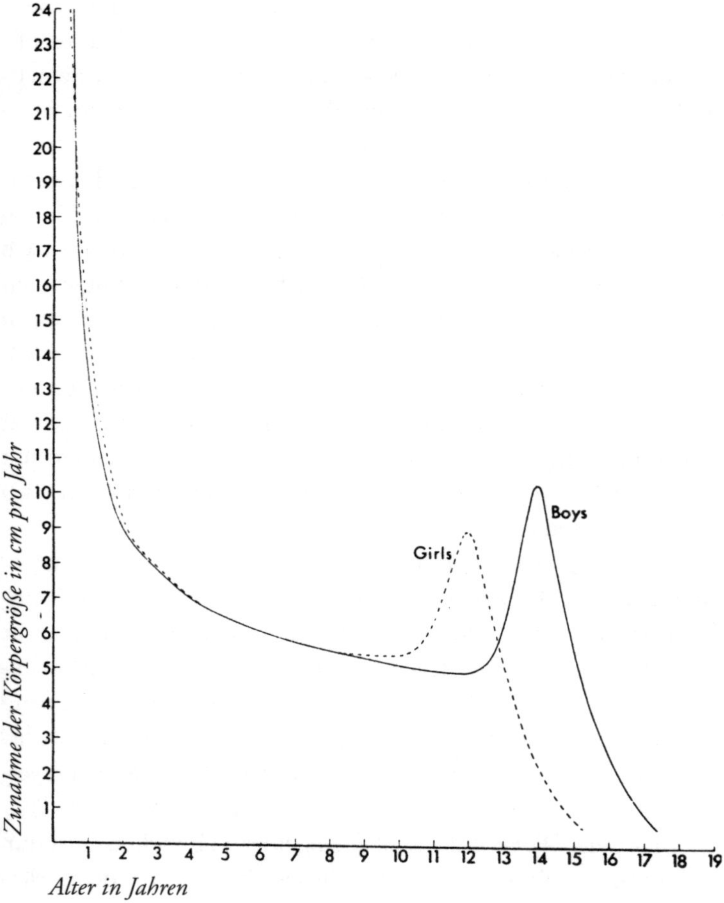

Abb. 32: Die jährliche Zunahme der Körpergröße erfährt im Alter von 10 bis 12 Jahren eine auffällige Steigerung – vor allem durch ein verstärktes Wachsen der Gliedmaßen (Beine) – und fällt nach dem Gipfelpunkt im Alter von 12 bzw. 14 Jahren rasch ab. (Aus W. Marshall and J. Tanner, «Puberty», in Human Growth, Vol. 2, ed. by F. Falkner and J. Tanner.)

innerlich leben und wirken wie in der Lunge oder in der Muskulatur. Dagegen unterliegen sie, besonders auch durch ihr hohes spezifisches Gewicht von 1.936 – das spezifische Gewicht der Muskulatur beträgt 1.058 (Flindt 1985, S. 198) –, stark dem Einfluß der Gravitation. Indem nun in den Beinen zunächst nur die Knochen beschleunigt wachsen, nimmt dieser Einfluß mächtig zu.

Die Wachstumsbeschleunigung beginnt im Skelett der Füße. Einige Monate später ergreift sie die Knochen des Unterschenkels, ein halbes Jahr danach den Oberschenkel. Und erst etwa ein Jahr nach dem Beginn in den Füßen greift die Wachstumsbeschleunigung auf den Rumpf über. So taucht der junge Mensch gleichsam in Etappen immer stärker in die Wirkenssphäre der Gravitation hinunter. Durch diesen zentripetalen Verlauf dringt die Gravitation von unten, von der Erde aus immer tiefer in den Menschen hinein; er sondert die Füße und Beine aus dem bisherigen Zusammenhang mit dem übrigen Organismus ab und gliedert sie stark in die irdischen Kräftewirkungen ein.

Vor dem Beginn dieses Knochenwachstums hat die Beziehung der Muskulatur zur Blutzirkulation und zum Seelischen, das vom Atemrhythmus aus im arteriellen Blut wirkt, eine große Bedeutung für die Bewegung. Die Willenstätigkeit wird in den Beinen stark von Gefühlen und Stimmungen impulsiert. Nun kommt der Wille zunehmend unter den Einfluß der Schwere. Ein Jahr nach dem Beginn der Wachstumsbeschleunigung im Beinskelett beginnt die Beinmuskulatur verstärkt zu wachsen. Diesem Wachsen liegt eine Intensivierung des Willens zugrunde. Dieser Wille ist aber ein anderer als vorher; er ist nun ganz im Bereich der Gravitation und in der Mechanik des Beinskelettes, d.h. in den äußeren Kräften und Gesetzen der Welt tätig. – Was sich im Wachstumsschub der Gliedmaßen vollzieht, ist die Geburt des Willens in den objektiven Weltkräften der Schwere.

Je später das Längenwachstum der Gliedmaßen beginnt, desto länger dauert es und desto größer wird der ganze Leib. Setzt es früh ein wie bei den Mädchen, dann sind die gesamten inneren Lebens-

und Wachstumsprozesse von großer Regsamkeit. Durch sie wird der Einfluß der äußeren Kräfte auf den menschlichen Organismus gedämpft. Das verändert sich, wenn die Intensität des inneren Lebens nach dem zwölften Jahr abklingt. So kommt es, daß bei den Mädchen die Gliedmaßen in der Regel nicht so stark wachsen wie bei den Knaben. Es gibt viele Phänomene, an denen man den mit dem Wachstumsschub einsetzenden starken Einfluß der Schwere auf den männlichen Organismus bemerken kann.

Wenn das beschleunigte Wachstum in den Gliedmaßen abklingt, beginnt der Rumpf intensiver zu wachsen. Nun werden in der Wirbelsäule die Krümmungen stärker, an den Wirbelfortsätzen (Querfortsätze, Dornfortsatz) entstehen knöcherne Epiphysen. Damit werden die Hebel, an denen die Aufrichte- und Bewegungsmuskulatur des Rückens ansetzt, länger. Das alles führt dazu, daß der junge Mensch nun auch im Rumpf die Auseinandersetzung mit der Schwere und das Sich-im-Gleichgewicht-Halten intensiver erlebt. H. A. Witkin hat durch seine geistreichen Experimente entdeckt, daß sich im Alter von zehn Jahren das Gleichgewichtserleben verändert. Jüngere Kinder orientieren sich stark an den vertikalen Strukturen ihrer Umgebung, dann aber an der inneren Erfahrung des Gleichgewichts. «At 8 and 10 years of age, children are very strongly influenced by the prevailing visual field, but by 13 years they achieve a market degree of independence of the field» (Witkin 1973, S. 127).

Wenn der junge Mensch nun in sich das Gleichgewicht, d.h. das Sich-Eingliedern in die zum Erdmittelpunkt gerichtete Gravitation intensiver empfindet, dann erlebt er sich stärker in sich zentriert. Er wird von seiner Umgebung und anderen Menschen unabhängig und läßt sich weniger von den Verhaltensnormen seiner Umgebung bestimmen. Im Extrem sondert er sich wie manche männliche Jugendliche von der Umgebung ab, wird kontaktarm und eigenbrötlerisch (siehe Witkin 1973, S. 467 ff.).

Durch das Zusammenwachsen seiner Willensorganisation mit den Kräften der Schwere und des Gleichgewichts erlebt der junge

Mensch in der Auseinandersetzung mit diesen Kräften seine Selbständigkeit. Er erlebt sein Darinstehen und Wirken in diesen Kräften bewußter als früher. Wenn er im Stehen sein Gewicht auf das eine Bein verlagert, empfindet er, wie damit Veränderungen der Willensaktivität im anderen Bein, in der Hüfte und im Rücken verknüpft sind. Mit jeder Haltungsänderung und jeder Bewegung verändert sich momentan im ganzen Leib die Willensbetätigung. Die Aktivierung an einer Stelle ist streng koordiniert mit den Modifizierungen der Willensaktivität im übrigen Bewegungssystem. Nur durch das Zusammenwirken der Willensdynamik mit der Gesamtkoordination kann sich der Mensch im Gleichgewicht halten. So erlebt der junge Mensch nun durch das tiefe Darinstehen in den äußeren Kräften der Schwere und in der Knochenmechanik ein strenges «Wenn – dann –». Er kommt zum Erleben der Kausalität. «... nach dem zwölften Jahre beherrscht das Knochensystem, das sich in die äußere Welt hineinstellt, das Muskelsystem ... Und die Folge ist, daß der Mensch jetzt ein innerliches, erlebtes Verständnis bekommt von Ursache und Wirkung, von Kraft und von demjenigen, was als Aufrechtes gefühlt wird, was als Horizontales gefühlt wird und so weiter» (Steiner 1922, S. 114).

Im zwölften und dreizehnten Lebensjahr vollzieht sich auch im Gedanken- und Vorstellungsleben eine wichtige Veränderung. Nach dem siebten Lebensjahr ist das Denken eng mit dem Vorstellungsleben verbunden. Dadurch ist das Kind ganz auf das Anschauliche hingerichtet. Nun werden die Vorstellungen «einerseits allgemeiner und abstrakter, andererseits damit auch blasser, vor allem weniger anschaulich» (Nickel 1979, S. 360). Die innere Lebendigkeit des bildhaften Vorstellens wird schwächer. Und damit löst sich das Denken aus der bisherigen Verbindung mit der bildhaften Anschaulichkeit.

Durch dieses Schwachwerden der inneren Bilder gewinnt die äußere Sinnesanschauung einen größeren Einfluß auf das Bewußtsein. Zugleich wird der junge Mensch fähig, Gedanken ohne einen direkten Bezug zum Konkreten zu bilden. Das Denken erhebt sich in die Sphäre der reinen Begriffe und der Beziehung dieser Begriffe untereinander. Und damit erschließt sich die innere Welt der Logik. Nun kann der junge Mensch im schlußfolgernden Denken z.B. begreifen:

> Wenn A die Eigenschaft C zukommt
> und B zu A gehört,
> dann kommt auch B die Eigenschaft C zu.

Im Sinne von J. Piaget beginnt die Stufe der formalen Operationen.

Indem sich das Denken aus der Verflechtung mit dem Anschaulichen löst, wird es als reines Denken geboren. Jetzt «wächst ... das Denken zu seiner vollen Bedeutung aus. Es wird selbständig» (Steiner 1924, S. 117).

In der Sphäre der reinen Begriffe und der Logik kann man sich aber nur bewegen, wenn das Denken geführt wird. Man muß alles Bloß-Assoziative dadurch ausschalten, daß man durch besonnene Willenstätigkeit von einem Begriff zum anderen, von einem Urteil zu einem nächsten Urteil übergeht. Der junge Mensch hat jetzt das Bedürfnis, im Denken und Beurteilen selbständig zu werden. Und wenn er mit jenen Kräften, in denen er seine Selbständigkeit erlebt, das Denken innerlich führen möchte, dann ergibt sich eine bestimmte Forderung. Das innere Erleben der Selbständigkeit entspringt der veränderten Willensorganisation. Und in dieser ist die Qualität des Willens, durch die sich der Mensch im Gleichgewicht hält, das streng kausale Wirken. Es ist eigentlich dem Wesen nach das Gleiche, wenn man von der Kausalität in der Handhabung der Knochenmechanik durch den Willen oder von Selbständigkeit spricht. Das eine Mal schaut man auf die Wirkensgesetzmäßigkeit des Willens, das andere Mal auf die innere Erlebnisqualität in dieser Willenstätigkeit. Wenn der junge Mensch die innere Selbständigkeit im Erkennen, d.h. in der Sphäre des Geistigen erringen will, dann kann er das nur, indem er durch die neue Qualität des streng kausal tätigen Willens das Denken beziehungsweise das Erkennen führt

und nach dem bisherigen bildhaften Verstehen der Welt zum urteilenden Erkennen fortschreitet.
Die beschriebenen Tatsachen weisen darauf hin, daß das Geschehen, das zur Geburt des Astralleibes führt, in zwei unterschiedlichen Phasen verläuft. Die rein innerlichen, übersinnlichen Kräfte des Astralleibes vereinigen sich zunächst mit jenen Kräften des kindlichen Leibes, die ihnen am nächsten stehen. Das sind die in den Organen sich entwickelnden übersinnlichen Kräfte des wachsenden Lebensleibes. Damit taucht der Astralleib zunächst in die wachsenden Organe des Leibes unter und prägt sich mit seinen Kräften in ihnen aus. R. Steiner hat dieses Geschehen verschiedentlich als das Einziehen, das Eindringen des Astralleibes in den Leib des Kindes beschrieben (Steiner 1921, S. 100 ff.; 1924 b, S. 99 f.). Das spielt sich im Unbewußten ab, weil die Kräfte des Astralleibes in das unbewußt verlaufende Leben der Organe hineintauchen.

Wenn die Organe jene Konfiguration erhalten haben, die den Kräften des Astralleibes entspricht, lösen sich diese aus ihrem Wirken in den Wachstumsprozessen. Diesen Vorgang bezeichnet R. Steiner als Emanzipation des Astralleibes (Steiner 1923, S. 73). Der junge Mensch öffnet sich nun aus der Tiefe seines seelischen Wesens zu den Dingen und den Menschen. Er wendet sich ihnen betrachtend, erlebend und urteilend zu und läßt sich von ihnen tiefer als bisher beeindrucken. «Während er bisher mehr in sich lebte, wird er nun für die Welt aufgeschlossen, wird veranlagt dazu … Verständnis zu gewinnen für den anderen Menschen und für die Dinge der Welt» (Steiner 1923, S. 180).

In den Vorgängen, die wir beschrieben haben, vollzieht sich ein Prozeß, der den ganzen Organismus durchwirkt und für den Menschen von größter biographischer Bedeutung ist. Das ist die Differenzierung in die weibliche und männliche Konfiguration des Leibes. Sie ist beim kleinen Kind wohl schon sichtbar, erhält aber erst zwischen dem 10. und 15. Lebensjahr ihre definitive Ausprägung.

Die sexuelle Reifung ist nur ein Ausschnitt in einem weit umfassenderen Geschehen.

Um dieses einigermaßen angemessen zu beschreiben, muß man zunächst den Menschen in den Grundprinzipien seiner Leibesorganisation ins Auge fassen und da insbesondere den Gegensatz des Hauptes und der Gliedmaßen, vor allem der Beine und Füße. In den Beinen und Füßen gliedert sich der junge Mensch, wie das geschildert wurde, am vollständigsten in die irdischen Kräfte der Schwere ein. Im Haupt, besonders in jenem Teil, der das Gehirn umschließt, hebt er sich aus dem Einfluß dieser Kräfte ganz heraus. In die knöchern erstarrte Sphäre des Kopfes können sie nicht eindringen; diese Sphäre ist in ihrer Geschlossenheit gegenüber diesen Kräften gleichsam abgeschirmt und steht mit ihrer sphärenartigen Form zum Weltumkreis in Beziehung. Innerhalb dieser Sphäre schwebt das Gehirn, das Organ des Denkens, nahezu schwerelos im Liquor cerebrospinalis.

Bei den Knaben entwickeln sich die Beine stärker als bei den Mädchen. Sie werden im Verhältnis zum Rumpf länger. Daß der männliche Organismus sich stärker mit den irdischen Kräften vereinigt, kommt im Ganzen der Beine zum Ausdruck. Sie gewinnen gegenüber dem Rumpf eine größere Selbständigkeit als im weiblichen Organismus, wo die Oberschenkel in die Rundung des Rumpfes übergehen. Es entwickeln sich jene Partien besonders, durch die der Mensch am tiefsten in die irdischen Kräfte untertaucht: die Füße und die tragenden Stützen des Unterschenkels. Beim Mädchen und der Frau bleiben dagegen die Füße in der Regel kleiner und die Unterschenkel kürzer.

So kommt der Mensch im männlichen Leib in eine größere Abhängigkeit von den irdischen Kräften. In der Auseinandersetzung mit ihnen entwickelt er zusammen mit der Muskulatur den in den äußeren Kräften tätigen Willen. Insgesamt kommt er dadurch in eine intensive Verbindung mit dem physischen Leib und zu einer stärkeren Hinwendung zur äußeren Realität.

Das Übergewicht der in den Gliedmaßen wirkenden Kräfte manifestiert sich im ganzen Leib, z.B. in der Muskulatur des Rumpfes und in den kräftigen Muskeln des Halses. Und am Kopf entwickelt sich bei den Knaben während der Pubertät besonders jener Teil, der den Gliedmaßen entspricht, das ist die Kieferpartie, vor allem der Unterkiefer. Das tiefere Eintauchen in den physischen Leib und die Kräfte der Schwere äußern sich im Dunklerwerden der Stimme während des Stimmbruchs.

Vor diesem Hintergrund tritt der Charakter des weiblichen Organismus deutlich hervor. Der Kopf erhebt sich durch den schlanken Hals frei über den Rumpf. In der Regel ist er an der Stirn, auch am Hinterhaupt stärker sphärisch gerundet. Der Kiefer bleibt beim Mädchen meistens kleiner als beim Jungen. Damit ist die sphärische, zum Kosmos orientierte Gestaltung intensiver. Die Tatsache, daß sich der weibliche Organismus weniger als der männliche in den Beinen und Füßen mit den Kräften der Schwere verbindet, ist die Konsequenz einer insgesamt stärkeren Beziehung zum Kosmos.

Das zeigt sich auch in der Form, die der Brustkorb in den Verwandlungsprozessen zwischen dem 10. und 15. Lebensjahr annimmt. Im Brustkorb vereinigen sich die Gestaltungsprinzipien des Kopfes und der Gliedmaßen (Steiner 1919, S. 152 f.). Im zweiten Monat der Embryonalentwicklung wachsen von der Anlage der Wirbelsäule die Anlagen der Rippen nach links und rechts – wie eine Serie einfacher Gliedmaßenanlagen. Dann greifen von oben Kräfte ein, die diese gliedmaßenartigen Bildungen sphärenartig zum Brustkorb zusammenschließen. Sphärenhaft gestaltende Kräfte des Kopfes und die radiale Bildungstendenz der Gliedmaßen wirken im Entstehen des Brustkorbes ineinander.

Das geschieht auch dann noch, wenn der Brustkorb gebildet ist. Während der Pubertät wird bei den Mädchen der Brustkorb tiefer und – im Querschnitt betrachtet – runder. Brustkorb und Lunge erhalten gegenüber der Form beim Kinde eine mehr sphärische Form. In dieser Umbildung werden die vom Kopf ausgehenden sphärisch gestaltenden Kräfte stärker. Beim Knaben verändert sich die Form des Brustkorbes in entgegengesetzter Richtung; sie wird flacher und breiter. Die nach links und rechts gerichtete Bildungstendenz, die in den gliedmaßenähnlichen Rippenanlagen zu beobachten ist, tritt nun im Brustkorb und in der Lunge stärker hervor.

Die Umgestaltung des Brustkorbes nach diesen entgegengesetzten Richtungen hat auf die Arme, die sich im Schultergürtel an den Brustkorb angliedern, einen Einfluß. Durch die mehr kosmisch orientierte Form des Brustkorbes lösen sich die Arme des jungen Mädchens und der Frau etwas aus der Verbindung mit den irdischen Kräften. Das äußert sich in der inneren Beweglichkeit, der differenzierten Feinmotorik und der Grazie der Bewegungen. An dem breiten Brustkorb des männlichen Jugendlichen unterliegen die Arme stärker dem von der Erde ausgehenden Einfluß. Anstelle der Grazie kommt es zu stärkerer Kraftentfaltung.

Es sei noch auf einen weiteren Gegensatz hingewiesen. Beim Knaben entwickelt sich während der Pubertät vor allem die Muskulatur, d.h. jene Willensorganik, durch die er seinen Leib in der neuen Verbindung mit der Schwere ergreift und aus dem Erleben der Selbständigkeit beherrscht. Beim Mädchen bildet sich in den tieferen Schichten der Haut jene Substanz, durch die der weibliche Körper seine Modellierung und damit einen seelenhaft-innerlichen Ausdruck erhält. Es handelt sich um Fett, das durch seinen hohen Anteil an Wasserstoff eine tiefe Beziehung zur Wärme und zum Gasförmigen hat. Wärme und Gas sind aber Qualitäten, die durch ihre auflösende und zum Umkreis verströmende Wirksamkeit dem mehr kosmisch orientierten Charakter des weiblichen Organismus entsprechen.

Durch diese gegensätzliche Konfiguration des Leibes kommt der junge Mensch als Mädchen und Junge zu sich und zur Welt in ganz unterschiedliche Beziehungen. Das Mädchen wird seelisch differenzierter, der männliche Jugendliche durch die stärkere Verbindung mit den Kräften der Schwere mehr in sich zentriert. Zu gleicher Zeit werden auch die Begabungsunterschiede charakteristischer als in der Zeit vor der Pubertät. Es erscheinen mit den frei werdenden Kräften auch neue Begabungen und Interessen – künstlerische, erkenntnismäßige, soziale und praktische. In seinem Innern erlebt der junge Mensch die ganze Weite seiner astralisch-seelischen Wesenheit mit Regungen, die er vorher nicht kannte – auf der einen Seite leibgebundene, d.h. sinnliche Begierden und Triebe, auf der anderen seelische Hingabe an Menschen in Freundschaft und Liebe und tiefes, zuweilen schwärmerisches Interesse an Kunst und Natur. Der Jugendliche kann genießen und sich mit jenen inneren Kräften, in denen sich Leidenschaft und Trieb verwandelt und vergeistigt haben, mit Enthusiasmus und Idealen höheren Zielen zuwenden.

Dieses ganze Geschehen ist einem bestimmten Vorgang in der Natur vergleichbar: Zunächst wächst die Pflanze sprießend heran; dann entstehen an ihr die Blütenknospen; schließlich wendet sie sich im Erblühen wie von innen zur Umgebung.

Die anthropologischen Wurzeln des Urteilens und die Entwicklung der Urteilskraft

Die innere Selbständigkeit gegenüber der Vielfalt seiner Erlebnisse und den Forderungen des Lebens gewinnt der Mensch, wenn er die Tatsachen klar beobachten, ihre Zusammenhänge überschauen, wenn er das Einzelne in das Ganze, zu dem es gehört, einordnen kann und wenn er in dem Gegenwärtigen die Bedingungen des Zukünftigen zu sehen vermag. Dies alles hat eine Quelle, das ist die gesund und umfassend ausgebildete Urteilsfähigkeit. Sie ist die Kraft, aus der der Mensch ein freies und offenes Verhältnis zu seiner Umgebung gewinnt. Durch sie gibt er seinem Tun und Leben Inhalt und Form. Durch die Urteilsfähigkeit bleibt sein Denken nicht im Gespinst der Gedankenfäden hängen. Es wird zum Licht, in dem sich die Dinge in ihrer Bedeutung zeigen und das den Menschen zu einer vielfältig mit der Welt verbundenen Persönlichkeit werden läßt. Man kann sagen, die Urteilsfähigkeit ist jene Kraft, die dem Menschen den Charakter und die Reife der Persönlichkeit gibt. Sie kann sich so weit entwickeln, daß sie zu einer höheren geistigen Fähigkeit wird, zur anschauenden Urteilskraft und zur Imagination. So ist sie jene Fähigkeit, die der Mensch ausbilden muß, um seine Persönlichkeit zu gestalten; sie läßt ihn aber auch über die Grenzen des Nur-Persönlichen hinauswachsen.

I.

Der innere Drang, sich urteilend eigene Anschauungen zu bilden und sich von der Autorität zu lösen, tritt in der menschlichen Biographie zwischen dem 12. und 14. Lebensjahr auf (siehe auch im Kapitel über Anthropologie, S. 64 ff., und über die Geburt des Astralleibes, S. 196 f.). Um diese neue Kraft verstehen zu können, muß man sie im Zusammenhang jener Umwandlungsprozesse betrachten, die der junge Mensch in diesem Lebensalter durchläuft. Der eindrucksvollste Vorgang ist da das gesteigerte Wachsen der Glieder, der Organe der äußeren Willensbetätigung. Dieses Wachstum beginnt, wie das bereits S. 192 ff. dargestellt wurde, zunächst vor allem in den Knochen; die Muskulatur, durch die der junge Mensch vom Willen aus das Skelett ergreift, bleibt etwas zurück. Und im Skelett fängt der gesteigerte Wachstumsprozeß dort an, wo die lastende Schwere am stärksten wird, in den Füßen mit ihrem Gewölbe. Einige Monate später greift es auf den Unterschenkel über und schließlich auch auf den Oberschenkel. Ganz entsprechend wachsen auch die Arme, von den Händen ausgehend, zentripetal, von außen nach innen.[1]

Welche Kräfte sind in diesem Wachsen tätig? In den Füßen und Beinen handelt es sich um ein Wachsen gegen die Schwere. Was hier wirkt, sind nicht allein die Kräfte des Lebensleibes, wie in der Lunge, dem Herzen und den übrigen Organen des Rumpfes. Das Wachsen vollzieht sich nämlich im Zusammenhang mit der in den Knochen wirkenden Schwere. Diese Schwere wird aber ergriffen und in den Wachstumsvorgängen der Füße und Beine überwunden. Im Bemeistern der Schwere ist nun jene Kraft des menschlichen Wesens tätig, die in der Lage ist, bis in den Bereich dieser irdischen Kräfte hinunterzudringen und sie zu überwinden. Das ist das Ich (siehe hierzu S. 112). Wir kennen zunächst nur das bewußte Wirken des Ich in der Seele; das Ich ist aber auch tief im Unbewußten des Leibes tätig.

Und im heranwachsenden Leib impulsiert es in seinem Zusammenwirken mit der Schwere in den Beinen das Wachstum. Dabei werden die Beine in ihrer Konfiguration stark verändert. Im Alter von 14 Jahren liegen die Gelenkkugel des Oberschenkelknochens, das Kniegelenk und das Sprunggelenk genau übereinander. Durch das Wirken des Ich werden die Beine nicht nur länger und schwerer, sie gliedern sich vor allem vollständig mit der Richtung der Schwerekraft zusammen.

Dieses Zusammenwachsen der Beine mit der Schwere ist für den ganzen Menschen von großer Bedeutung. Bisher waren die Bewegungen stark mit der rhythmischen Organisation, besonders mit dem Herzschlag und mit den Gefühlen verflochten. Die leichte Grazie der kindlichen Bewegung war Ausdruck dieses Zusammenhanges. Im Zusammenwachsen mit der Schwere lösen sich die Glieder, besonders die Beine weitgehend aus diesem Zusammenhang los. Dadurch werden die Glieder zu selbständigen Organen. Die Willenstätigkeit wird in ihnen nicht mehr wie bisher unmittelbar von den Gefühlen und Affekten beeinflußt und impulsiert. Der junge Mensch entwickelt nun seine Willenstätigkeit in den Gliedern aus dem stärkeren Erleben der Schwere. Man kann das an der veränderten Art des Gehens und der übrigen Bewegungen bemerken. Die Bewegungen werden nun aus dem Empfinden der Schwere impulsiert, bei den Knaben stärker als bei den Mädchen. Das Wesentliche in all diesen Veränderungen liegt darin, daß der Mensch seinen Willen nun weitgehend unabhängig von den Regungen des Gefühls entfalten kann. So gewinnt der Mensch im Übergang von der Kindheit zur Jugend die innere Selbständigkeit seines Willens. Sie entsteht dadurch, daß er in seinen Gliedern in eine viel stärkere Verbindung mit den irdischen Kräften der Schwere kommt.

Dieser Wille hat in den Armen und Händen eine andere Qualität als in den Beinen und Füßen. In den Armen und Händen ist seine innere Regsamkeit größer. Sie sind ja so gebildet, daß die statischen Kräfte nur einen geringen Einfluß haben. Deshalb kann man die

Arme und Hände so bewegen, daß man jede Bewegung bis in die feinste Veränderung innerlich führt und empfindet. Man ist empfindend in der Willensregsamkeit tätig. Die Betätigung im inneren Erspüren der Willensimpulse erreicht eine solche Verfeinerung, daß man einen Gegenstand, wie zart er auch sei, ergreifen kann, ohne ihn zu verändern. Der Wille nimmt sich im tastenden Ergreifen selbst so weit zurück, daß die Sache ihre Eigenart ganz bewahrt.

Von hier aus kann man nun den inneren Vorgang des Urteilens genauer kennenlernen. Dabei geht man am besten von der Beobachtung eines einfachen Urteilsprozesses aus. Man sieht ein Kind, das recht tätig ist, das willig ausführt, was man ihm sagt, und das eine begonnene Arbeit immer zu Ende führt. Man fragt sich, was bei diesem Kinde vorliege. Ist es Ehrgeiz, der das Kind antreibt? Ist es die Erwartung der Eltern, die das Kind so handeln läßt? Oder ist es Fleiß? Für das Urteilen benötigt man die mit dem 12. Lebensjahr entstehende Fähigkeit, sich selbständig im Denken bewußt zu machen, welche Wege zur Klärung eines Sachverhaltes führen können (siehe dazu das erste Kapitel, S. 64 ff.). So findet man im Denken die genannten Begriffe für eine Beurteilung. Man beobachtet dieses Kind nun mit großer Aufmerksamkeit; man zieht alles in Betracht, was man von ihm weiß, und erkundigt sich vielleicht noch bei anderen, die das Kind auch kennen. An all das trägt man durch das Denken diese Begriffe sorgfältig heran. Hierbei wirkt nun eine eigentümliche Willensqualität. Man drängt den Tatsachen nicht einen dieser Begriffe auf. Man trägt die Begriffe heran und hält sie zugleich zurück, wie in einem innerlich regsamen Abtasten. Und gerade durch diesen innerlich lebendigen Vorgang kann man dann bemerken: Dieses Kind hat ein ganz offenes Interesse an den Dingen und an seinem Tun. Man nimmt den Begriff des Ehrgeizes zurück und läßt ihn zurücksinken in das Unbewußte, aus dem man ihn heraufgeholt hat. Weiter bemerkt man: Das Kind tut vieles spontan, was es eigentlich gar nicht müßte; es ist innere Freiwilligkeit in seinem Wesen. So läßt man den Begriff des Gedrängtseins ebenfalls innerlich fallen. Und nun wird klar, daß sich in dem ganzen Verhalten des Kindes das ausspricht, was im Begriffe des Fleißes als innerlich regsame, freiwillige Hingabe an die Tätigkeit gedacht wird. Man hat fragend Begriffe an die Erscheinungen herangetragen. Nur dadurch, daß der Wille, der in dieser Tätigkeit wirkt, im denkenden Betrachten sensibel reagierend verfolgt, ob sich durch den Begriff das Wesen der Sache ausspricht, kommt man zu dem Urteil: Dieses Kind ist fleißig. – Da wird der Begriff zum Licht, in dem die Sache ihr Wesen aussprechen kann. In den *Grundlinien einer Erkenntnistheorie der Goetheschen Weltanschauung* sagt Rudolf Steiner: «Durch das Wahrnehmungsurteil wird erkannt, daß ein bestimmter sinnfälliger Gegenstand seiner Wesenheit nach mit einem bestimmten Begriff zusammenfällt.»[2]

In diesem Urteilen wirkt die gleiche Qualität des Willens, wie die, die wir als die Willensregsamkeit der Arme und Hände kennengelernt haben. Man muß nur so, wie wir das getan haben, in den Armen den Willen und nicht die physisch-materiellen Organe beobachten. Dann bemerkt man im Urteilen die innerlich regsame, sensibel geführte Willensbetätigung, die man in den Armen und Händen entwickelt.[3] Auf diese Weise werden jene Vorgänge, durch die die Gliedmaßen selbständig werden, in einer tieferen Bedeutung verständlich. Würde die Willensbetätigung der Glieder wie vor dem 12. Lebensjahr mit den Gefühlen verflochten und von ihnen impulsiert sein, könnte sie sich nicht objektiv an einen Sachverhalt hingeben, wie das beim Urteilen erforderlich ist. So wird der Wille, wenn er nach dem 12. Lebensjahr relativ unabhängig von der rhythmischen Organisation betätigt wird, in den Armen zur Urteilsorganisation. In den Veränderungen der Glieder entsteht zwischen dem 12. und 14. Lebensjahr jene innere Willensregsamkeit, die der Mensch im abwägenden Urteilen betätigt.

An jedem Urteil ist auch das Fühlen in einer besonderen Weise beteiligt. In dem Augenblick, in dem man erfaßt, wie durch den Begriff ein Ding oder ein Vorgang ihr verborgenes Wesen, ihre innere Gesetzmäßigkeit offenbaren, strömt aus dem Herzen das Gefühl der inneren Bejahung. Erst wenn man sich durch dieses Gefühl mit dem Urteil, d.h. mit dem Aufleuchten der Wahrheit verbindet, erlebt man die innere Wahrheitsgewißheit.[4]

So wirken im Urteilen große Teile der menschlichen Organisation zusammen: Man betätigt die feinere Willensorganisation der Arme und Hände. Was man mit ihr als denkendes Wesen ergreift, trägt man an das heran, was man durch die Sinne und die Vorstellungen von der Welt aufnimmt oder erinnert. Wenn sich dann die Seele im Wahrheitserleben mit dem Urteil vereinigt, verbindet sich, was man in den Armen und Händen urteilend vollzieht, mit dem Fühlen in der rhythmischen Organisation. Das Urteilen ist also eine Betätigung der mittleren Organisation des Menschen, zu der die Arme und die rhythmisch tätigen Organe (Lunge, Herz) mit dem in ihnen pulsierenden Fühlen gehören. Aber es muß sich das, was da als Zusammenklang in dieser mittleren Organisation entsteht, in Wechselwirkung mit dem Wahrnehmen und Vorstellen, d.h. mit der Kopforganisation vollziehen.

Von diesem Geschehen gehen Wirkungen auf die Seele des heranwachsenden Menschen aus. In der Willenstätigkeit der Arme und in der Hingabe des Herzens leben nämlich besondere Qualitäten. In dem Willen, der im Urteilen innerlich tastend die Gedanken an die Erscheinungen heranträgt, lebt die Kraft der Besonnenheit. In dem Gefühl der Bejahung, in dem sich die Seele mit der Wahrheit verbindet, wird das, was sonst in den Gefühlen als Ausdruck des persönlichen Erlebnisses enthalten ist, ganz abgedämpft. Nur durch diesen selbstlosen Charakter des Fühlens kann die Seele die Wahrheit ungetrübt in sich aufnehmen. Das Gefühl der Bejahung ist dem der Dankbarkeit verwandt; denn auch in der Dankbarkeit erlebt man vor allem, was eine Sache bedeutet, weniger sich selbst. Indem die Seele durch das selbstlose Fühlen die Wahrheit in sich aufnimmt, entsteht die Überzeugung. Das ist ein Vorgang, der für die gesunde Entwicklung der Seele von großer Bedeutung ist. Der jugendliche

Mensch findet nur dann inneren Halt und innere Orientierung, wenn er starke Überzeugungen aus dem Unterricht gewinnt.

Neben der bisher betrachteten Art des Urteilens tritt mit dem 12. Lebensjahr noch eine andere auf. In der Logik unterscheidet man seit Aristoteles verschiedene Gruppen von Urteilen; zu diesen gehört unter anderem das hypothetische Urteil. Man hat ein hypothetisches Urteil z.B. in folgenden Aussagen: Wenn ein undurchsichtiger Körper von einer Lichtquelle beleuchtet wird, dann entsteht hinter diesem Körper ein Finsternisbild dieses Körpers. – Wenn man drei Elemente in allen möglichen Positionen nebeneinander anordnet, gibt es sechs verschiedene Anordnungen. – Im hypothetischen Urteil wird ausgesagt, daß aus einer Tatsache oder Tatsachenkonstellation mit Notwendigkeit eine bestimmte andere Tatsache oder Tatsachenkonstellation folgt. Um ein hypothetisches Urteil fällen zu können, muß man in einem inneren Prozeß das eine in das andere überführen; man erfaßt, wie sich das zweite Glied des Urteils dadurch ergibt, daß das erste Glied gegeben ist. Dieses hypothetische Urteil kennen wir vor allem in seiner besonderen Form als Kausalität. Will man etwas im Sinne der Kausalität verstehen, so muß man begreifen, wie die Wirkung mit innerer Notwendigkeit aus der Ursache hervorgeht. Auch das erfordert eine innere Willensbetätigung wie das bisher betrachtete Urteilen. Die Qualität des Willens ist aber eine andere. Die seelische Beobachtung ergibt, daß der Wille im hypothetischen bzw. kausalen Urteil eine größere Intensität hat.

Auch der im hypothetischen und kausalen Urteil tätige Wille hat seinen Ursprung in den mit der Pubertät selbständig werdenden Gliedern, und zwar in der Willensorganisation der Beine.[5] Beim Stehen und Gehen wirken rechtes und linkes Bein immer gesetzmäßig zusammen. Wenn man beim Gehen auf den rechten Fuß z.B. auftritt, verlagert man den ganzen Körper etwas nach rechts. Dies ist eine notwendige Willenstätigkeit, weil man sich nur dadurch im Gleichgewicht halten kann. Dieses Sich-im-Gleichgewicht-Halten ist aber zugleich eine Wirkung des Ich. Läßt man beim Stehen das eine Bein zum Spielbein werden, muß zusammen mit der Verlagerung des Körpers im anderen Bein die entsprechend stärkere Kraft entwickelt werden. Das ergibt sich wiederum aus der Notwendigkeit, sich als Ich im Gleichgewicht zu halten.

In den Beinen führt die eine Willensbetätigung notwendig zu einer entsprechend anderen Willensbetätigung. Jede Tätigkeit folgt mit Notwendigkeit aus der vorangehenden. Hier herrscht im Willen das allerstrengste «Wenn ... dann ...», d.h. strenge Kausalität. Der junge Mensch ist durch sein Ich mit seinem selbständig gewordenen Willen in den Kräften der Mechanik und der Schwere, d.h. im Weltbereich der Kausalität tätig. Der Wille in den Beinen wirkt ganz im Sinne der Kausalität.

Mit diesem Willen möchte der junge Mensch nach dem 12. Lebensjahr die Tatsachen, die ihm von außen entgegentreten, bewußt durchdringen, d.h. im Denken erfassen, wie sich die eine Tatsache mit Notwendigkeit aus einer anderen, vorangehenden ergibt. Das ist das Bedürfnis des jugendlichen Menschen nach kausalem Weltverstehen. Dieses Streben nach dem Eindringen in die inneren notwendigen Zusammenhänge ist einer der wichtigsten Impulse für die geistig-seelische Entwicklung. Ihm stehen heute aber große Hemmnisse entgegen. Es wird zwar viel von Kausalität gesprochen; man dringt aber nur wenig in den notwendigen Zusammenhang der Welterscheinungen ein. Hinter dem Reden von Kausalität steht meist nur die Aufeinanderfolge der Tatsachen ohne die innere Notwendigkeit, d.h. ein bloßer Glaube an Kausalität. Man entwirft Modelle, die eine Erklärung für das geben sollen, was man in seinem inneren Zusammenhang, in seiner Kausalität nicht versteht. Dieses Erklären geht ganz an dem vorbei, was der jugendliche Mensch sucht und braucht.

Deshalb hat R. Steiner gerade für die ersten Waldorflehrer in seinen naturwissenschaftlichen Kursen[6] die Wege zu einem urteilenden, kausalen Weltverstehen gebahnt, das man braucht, um die geistige Lähmung, die von vielen der sogenannten wissenschaftlichen Erklärungen ausgeht, zu überwinden. Das ist die Voraussetzung, um durch wissenschaftlichen Unterricht erziehend zu wirken.[7]

Ich möchte aus dem *Licht-Kurs* ein Beispiel herausgreifen, in dem es darum geht, Klarheit über das richtige Vorgehen zu gewinnen. R. Steiner bespricht den Durchgang eines Lichtzylinders durch eine konkave Linse und die anschließende Auswirkung dieses Lichtzylinders. Er schließt dann an diese Phänomene folgende Betrachtung an: «Nun, was sehen wir aus diesen Erscheinungen? Wir sehen, daß eine Beziehung herrscht zwischen dem Materiellen, das uns zunächst als durchsichtiges Materielles entgegentritt in den Linsen oder Prismen, zwischen diesem Materiellen und demjenigen, was durch das Licht zur Erscheinung kommt. Und wir sehen auch in gewissem Sinn eine gewisse Art dieser Wechselwirkung. Denn gehen wir von demjenigen aus, was wir hier durch eine solche Linse gewinnen würden, die an den Rändern dick und in der Mitte dünn ist, was müssen wir uns denn da sagen, wenn wir eine solche Linse vor uns haben? Da müssen wir sagen: Es ist auseinandergetrieben worden der ganze Lichtzylinder, er ist geweitet worden. Und wir sehen auch, wie diese Weitung möglich ist. Diese Weitung kommt ja dadurch zustande, daß das Materielle, durch das das Licht durchgegangen ist, hier dünn ist, hier dicker ist. Da muß das Licht durch mehr Materielles dringen als hier in der Mitte, wo es durch weniger Materielles dringt. Was geschieht nun mit dem Lichte? Nun, wir haben ja gesagt, es wird geweitet, es wird auseinandergetrieben. In der Richtung dieser zwei Pfeile wird es auseinandergetrieben. Wodurch kann es nur auseinandergetrieben werden? Nun, lediglich durch den Umstand, daß es in der Mitte weniger Materie zu passieren hat und an den Rändern mehr. Nun überlegen Sie sich die Sache: In der Mitte hat das Licht weniger Materielles zu passieren, geht also leichter durch, hat also, wenn es durchgegangen ist, noch mehr Kraft. Also, es hat hier mehr Kraft, wo es durch weniger Materielles hindurchgeht, als hier, wo es durch mehr Materielles geht. Diese stärkere

Kraft in der Mitte, die hervorgerufen wird dadurch, daß das Licht durch weniger Materielles hindurchgeht, die drückt den Lichtzylinder auseinander. Das ist etwas, was Sie sozusagen an den Fakten unmittelbar ablesen können. Ich bitte, sich nur ganz klar darüber zu sein, daß es sich hier handelt um eine richtige Behandlung der Methode, um eine richtige Führung des Denkens.»[8]

Zunächst werden an den Phänomenen sorgfältig Urteile über die Wechselwirkung über das, was zwischen den zusammentreffenden Bedingungen geschieht, gebildet. Da steht man betrachtend vor den Phänomenen. Von der Kraft des Lichts und ihrem Geschwächtwerden durch die erstarrte Materie des Glases kann man aber nur sprechen, wenn man mit seinem Urteilen in jenen Prozeß eindringt, der sich zwischen Licht und dichter Materie abspielt. Dadurch, daß man in der dichten Materie der Linse eine hemmende Wirkung gegenüber der strömenden Kraft des Lichtes erfaßt, findet man den inneren Zusammenhang, d.h. die Kausalität. Man muß allerdings jene seelische Kraft anwenden, durch die man in den Prozeß, der sich da abspielt, eindringt. Ohne die Kraft der Phantasie muß das Urteilen den Dingen und Vorgängen äußerlich bleiben. So ist es eine Forderung, die sich aus der Erkenntnismethodik ergibt, daß alles Urteilen aus der Phantasie hervorzugehen habe.[9] Je tiefer man in die Erscheinungen urteilend eindringen will, desto stärker muß man die Kraft der Phantasie entwickeln.

Welches sind nun neben der wachen Hingabe an die Tatsachen, der Klarheit der Begriffe und der Phantasie die inneren Bedingungen für die Entwicklung der Urteilsfähigkeit? Sie liegen im Bereich bestimmter Gebiete praktisch-handwerklicher Betätigung. In einer Darstellung, die dem Praktischen gewidmet ist, spricht Rudolf Steiner davon, daß man in feinere Zusammenhänge *im menschlichen geistig-seelisch-leiblichen Leben* eindringen müsse, um das Seelenleben kennenzulernen.[10] Da finde man die Bedingungen, aus denen bestimmte höhere geistige Fähigkeiten hervorgehen. Diese Bedingungen lägen gerade im Gebiet der praktischen Betätigungen. Denn hier komme es für eine sorgfältige Betrachtung auf die besonderen Empfindungs- und Denkprozesse an. Es folgt dann der Hinweis auf das Spinnen für die Mädchen.

Welches sind die besonderen Empfindungsprozesse, wenn beim Spinnen durch die Tätigkeit der Finger der Faden entsteht? Das sind jene Empfindungen, die sich in der feineren Willenstätigkeit abspielen, wenn die ertastenden, ergreifenden, erspürenden Fingerbewegungen ausgeführt werden. Spinnen ist eine Schulung jener Willensbetätigung, die der junge Mensch im Urteilen benötigt. Diese Willensqualitäten können sich nicht in jenen praktischen Tätigkeiten entwickeln, in denen man durch äußere Kraftanwendung mit einem schweren Werkzeug ein dichtes Material bearbeitet. Da tritt an die Stelle jener feinen empfindungsdurchsetzten Willensbetätigung die nahezu entgegengesetzte äußere Kraftentfaltung. Hier kommt der Wille in den Zusammenhang der mechanischen Kräfte und der Schwerewirkung. Der Wille wird ähnlich wie in den Beinen in die physische Kraftentfaltung hineingefesselt.

Wenn die feineren Willensprozesse in den Armen und Händen, die innerlich gesetzmäßige Willensbetätigung der Beine und mit ihnen die Kräfte der Besonnenheit und des inneren Gleichgewichts sich mit der Phantasie verbinden, entwickelt sich die Urteilsfähigkeit. Von dieser Entwicklung gehen dann Wirkungen auf die ganze Seele des jugendlichen Menschen aus.

In Goethes Aufsatz über den «Versuch als Vermittler von Objekt und Subjekt» findet man einige wichtige Bemerkungen über den Einfluß der Gefühle, der Affekte usw. auf das Urteil. Es heißt dort: «Man kann sich daher nicht genug in acht nehmen, daß man aus Versuchen nicht zu geschwind folgere, daß man aus Versuchen nicht unmittelbar etwas beweisen, noch irgendeine Theorie durch Versuche bestätigen wolle ...»[11] Zwischen die Beobachtung der Tatsachen und die Beurteilung gehört ein zeitlicher Zwischenraum. Der junge Mensch muß die Experimente und die Tatsachen in ganz reiner

Weise aufnehmen. Sie müssen ungetrübt im menschlichen Bewußtsein leben können; denn der Verstand hat die Neigung, seine Meinung an ihre Stelle zu setzen, d.h. Hypothesen und Modelle auszusinnen. Alles Ausspinnen von Hypothesen, alles Erklären durch Modelle, untergräbt aber die Ausbildung der Urteilsfähigkeit. Die ungetrübte Tatsächlichkeit der Phänomene soll in den Schülern dadurch leben, daß das Kennenlernen der Phänomene zeitlich abgetrennt wird von dem Beurteilen. In dem Hauptunterricht des einen Tages werden die Experimente, die Phänomene der Natur, die Tatsachen der Geschichte oder Geographie in möglichst reiner Form aufgenommen. Dann kann am folgenden Tag im Hinschauen auf das, was man nun in der Erinnerung wieder vor sich hinstellt, aus der Kraft der Besonnenheit das Urteilen folgen. Das ist die zur Unterrichtsmethode gemachte Bedingung für die Entwicklung der Urteilsfähigkeit.[12]

Goethe fährt dann fort: «... hier an diesem Passe, beim Übergang von der Erfahrung zum Urteil, von der Erkenntnis zur Anwendung ist es, wo dem Menschen alle seine inneren Feinde auflauern, Einbildungskraft, die ihn schon da mit ihren Fittichen in die Höhe hebt, wenn er noch immer den Erdboden zu berühren glaubt, Ungeduld, Vorschnelligkeit, Selbstzufriedenheit, Steifheit, Gedankenform, vorgefaßte Meinung, Bequemlichkeit, Leichtsinn, Veränderlichkeit, und wie die ganze Schar mit ihrem Gefolge heißen mag, alle liegen hier im Hinterhalte und überwältigen unversehens den Handelnden, so auch den stillen, von allen Leidenschaften gesichert scheinenden Beobachter.» Was für den Erwachsenen zutrifft, das gilt ganz besonders für den jungen Menschen in und nach der Pubertät. Denn es gibt wohl kaum eine Zeit, wo so viele Urteile gefällt werden, die aber doch nichts anderes sind als unbesonnene, momentane, mit Leidenschaft vertretene Meinungen, in denen das Gefühl, der Affekt und nicht die Dinge sich aussprechen.

Hier sieht man, wie das Urteilen an jene Region des Menschen angrenzt, in der die Gefühle, Leidenschaften und Affekte mit der Fülle ihrer inneren Kräfte wogen und leben. Wenn sich durch den Unterricht die Urteilsfähigkeit entwickelt, d.h. wenn die Seele sich im Erleben der Wahrheit mit der Welt verbindet, dann wird das sich bildende Urteilsvermögen zu einer Erzieherin der Seele. Man schaut als Lehrer darauf hin, wie im urteilenden Betrachten der Phänomene in der Seele der jungen Menschen die Ungeduld dem ruhigen Abwarten weicht. Denn es braucht ja oft mehrere Tage, bis man in der Geschichte oder in der Chemie zu einem etwas umfassenderen Urteil kommt. Man verfolgt, wie an die Stelle der voreiligen Meinung das Abwägen, an die des Leichtsinns das prüfende Betrachten tritt. Und man kann bemerken, wie die Steifheit durch die Kraft der Phantasie bis zu einem gewissen Grade aufgeschmolzen wird und die Selbstzufriedenheit langsam der Hingabe an die Wahrheit weicht.

Die Urteilsfähigkeit wirkt in der Seele wie die Sonne in der Pflanzenwelt. Durch sie entwickelt sich die Seele in der Hinwendung zum Licht der Wahrheit zu einer verwandelten Gestalt. Diese Seelenentwicklung ist notwendig; ohne sie wäre die Urteilsfähigkeit in den Wogen des Seelischen nur eine schwankende und schwache Kraft. Man kann beobachten, wie Schüler, die in die Oberstufe ein entwikkeltes Seelenleben mitbringen, unter Umständen viel besser zum urteilenden Verstehen kommen als andere, die recht klug sind, aber durch den oft mit der Verstandesklugheit verbundenen intellektuellen Eigensinn ihre persönlichen Meinungen vertreten wollen. Da helfen dann keine Debatten, sondern nur Phänomene, an denen diese Klugheit scheitert. Man kann bisweilen deutlich bemerken, wie ein innerlich regsames Seelenleben eine günstige Bedingung für die Entwicklung der Urteilsfähigkeit ist. So hatte sich in einer Klasse durch ihren musikalisch begabten Klassenlehrer durch Jahre hindurch eine reiche musikalische Kultur entwickelt. Diese Musikalität war dann in der Oberstufe wie ein Seelenorgan, durch das die Schüler die feineren Qualitäten in den Phänomenen der Natur und der menschlichen Organisation auffassen und dadurch zu einem tiefen urteilenden Verstehen kommen konnten.

II.

Durch die bisherige Betrachtung ist deutlich geworden, daß besonnenes Urteilen ein Vorgang ist, der weit mehr umfaßt als das, was man üblicherweise als die Verbindung einer Wahrnehmung mit einem Begriff beschreibt. Erfaßt man im Urteil eine Wahrheit im Sinne von «veritas est adaequatio rei et intellectus» (Thomas von Aquin), dann betätigt man im Prozeß der Urteilsbildung die in der Pubertät entstandene Willensorganisation der Arme und Hände in ihrem Zusammenwirken mit anderen Vorgängen des Seelenlebens wie der aufmerksamen Beobachtung, dem Klären von Begriffen und anderem mehr. Im Folgenden sei in knappen Zügen skizziert, wie sich die Urteilsfähigkeit an den Tatsachen und Vorgängen der Welt in bestimmten Stufen entwickelt.[13] Diese Entwicklung verläuft so, daß sich das Urteilen im 8. und 9. Schuljahr noch eng an die Erscheinungen anlehnen muß, dann aber im Verlauf der vier Oberstufenjahre (9. bis 12. Schuljahr) die Kraft gewinnt, durch die sie in den Erscheinungen die umfassenden Weltprozesse und die großen Weltgesetze kennenlernt. Dieser Weg, auf dem der junge Mensch in immer tiefere und umfassendere Zusammenhänge urteilend eindringen soll, hat ganz bestimmte Stufen.

Auf der ersten Stufe, im 9. Schuljahr, lernt der junge Mensch das Urteilen an den Erscheinungen und ihren Veränderungen. Bei der Behandlung z.B. der Kegelschnitte kommt er dazu, Parabel und Hyperbel dadurch zu verstehen, daß er diese Kegelschnitte aus der Ellipse hervorgehen läßt, indem er deren Bildungsgesetz in bestimmter Weise verändert. Ähnlich dringt der junge Mensch in den Charakter der griechischen Plastik ein, indem er durch den Vergleich erlebt, wie in ihren Formen das Bild menschlicher Gestalt reicher und vollkommener erscheint als in den strengen, statisch wirkenden und symbolhaften Formen ägyptischer Plastik. Aus dem Vergleich wird für das Urteil die neue Qualität des Plastischen faßbar.

Diese Art des urteilenden Verstehens wird in entsprechender Weise auch in den naturwissenschaftlichen Fächern erübt. In der einfachen Form, wie einige Bereiche der organischen Chemie behandelt werden, lernen die Schüler die Stoffe aus den Stoffverwandlungen begreifen. Sie haben z.B. den Zucker mit seinen für die Lebensvorgänge so wichtigen Eigenschaften dadurch verstanden, daß sie anhand einfacher Experimente kennengelernt haben, wie in ihm zwei gegensätzliche Prinzipien zusammenwirken: der extrem im festen Zustand beharrende, zur Erstarrung führende Kohlenstoff und das fließend-bewegliche Wasser (Kohlenhydrat). Gegenüber dem Zucker (Mono- und Disaccharide) ist die Stärke eine Substanz von ganz anderer Erscheinung. Sie fühlt sich z.B. nicht nur trocken an, sie löst sich auch nicht im Wasser. Anhand von Experimenten dringen die Schüler nun in den Zusammenhang von Zucker (Traubenzucker) und Stärke urteilend ein, indem sie erfassen: Aus Stärke entsteht Zucker, indem die Substanz der Stärke sich dadurch auflöst, daß sie sich stärker mit Wasser verbindet; umgekehrt entsteht Stärke dadurch, daß aus der Substanz des Zuckers Wasser abgesondert wird, d.h. durch einen Prozeß verdichtender Ausdörrung. Indem der junge Mensch durch seine Phantasie dieses Trockener- und Dichterwerden nachvollzieht, erfaßt er, wie die Stärke in all ihren Eigenschaften mit innerer Notwendigkeit aus dem Zucker hervorgeht. Er kommt zu einem kausalen Verstehen. Durch dieses erhellen sich ihm zugleich auch bestimmte Lebensvorgänge in der Natur wie die Bildung der Stärke im Reifen des Getreides unter dem Einfluß der trockenen spätsommerlichen Wärme und die Verwandlung von Stärke in Zucker beim Keimen der Getreidekörner.

Urteilen ist eine Tätigkeit, in der man nachvollzieht, was in der Welt geschieht. Man begreift die Dinge kausal aus dem Vorgang ihres Entstehens oder urteilend aus dem Vergleich, d.h. aus dem Unterschied. Auf der ersten Stufe kommt man zum Urteil, indem man von einer Erscheinung zur anderen übergeht und durch die

Phantasie erfaßt, welche Kräfte und Gesetzmäßigkeiten der neuen Erscheinung ihren Charakter geben.

Tiefer dringt man in die Dinge, wenn man zu den in ihnen tätigen Prinzipien kommt. Sie führen zu einer wissenschaftlichen Durchdringung der einzelnen Gebiete, die nun systematisch beginnt. In der Chemie muß man studieren, wie die Substanzen in den Prozessen tätig sind. Das geschieht bei der Behandlung von Säure und Lauge. Säure und Lauge sind nämlich jene Substanzen, die in einer Grundpolarität chemischer Prozesse, in der des Sich-Auflösens und des Sich-Verdichtens, wirken. Die Schüler lernen die Säure als jene Wirksamkeit kennen, die auflöst, belebt, durchlichtet; die Lauge als die polare Wirksamkeit, die verdichtet, verfinstert und abtötet. Die Salze als der Ausgleich dieser Gegensätze werden dann aus den besonderen Qualitäten der Säuren und Laugen bis in die Einzelheiten von Farbe, Löslichkeit, chemischer Wirkung, d.h. kausal verständlich. Ebenso aber auch die Bedeutung von Säure und Lauge in den Lebensvorgängen (z.B. die Tatsache, daß die sogenannten Wuchshormone der Pflanzen vorwiegend Säuren und das in den Knochen zur Salzabsonderung führende Enzym eine Base ist). – In der Fortführung der Kunstgeschichte wird die Poetik behandelt, in der man das Kunstwerk nicht so wie in der bildenden Kunst als ruhende Erscheinung betrachten kann. Um die Gattungen der Dichtung zu begreifen, muß sich der Schüler bewußt machen, wie sich der Mensch in der Epik aus anderen Kräften seines Wesens äußert als z.B. in der Lyrik. Er kommt zu den verschiedenen Quellen dichterischen Schaffens; und durch sie findet er einen inneren Zugang zu den vielfältigen Formen, in denen Dichtung sich ausgestaltet. In entsprechender Weise gelangt er in das Gebiet wirkender Prinzipien, wenn er in der Mathematik zur Logarithmenrechnung fortschreitet oder sehen lernt, wie sich in den Organen des menschlichen Leibes – in den Formen und den Prozessen – das Seelische ausgestaltet und wirkt. – Diese zweite Art, den Menschen und die Welterscheinungen urteilend verstehen zu lernen, bestimmt den Unterricht der 10. Klasse.

Im 17. Lebensjahr vertieft sich dann das Verhältnis des jungen Menschen zur Welt. Seine Seele wird nun in höherem Grade als bisher zum Organ, um das mitzuerleben, was in anderen vor sich geht. Der junge Mensch wird fähig zu verstehen, wie sich das Wesen eines Menschen an seinem Schicksal formt und was von innen gestaltend in das Leben eingreift. Er wird reif, urteilend zu dem vorzudringen, was sich im Leben als Entwicklung vollzieht und als Schicksal formt. Das liegt tiefer als das, was er mit den bisher errungenen Kräften des Urteilens erreichen kann.

Auf der dritten Stufe muß der Jugendliche im Urteilen eine stärkere produktive Kraft entwickeln, um in die Bereiche einzudringen, in denen sich diese Verwandlungen in der Natur und im Menschen abspielen. Mit den heutigen Begriffen und Theorien der Genetik und Evolutionslehre kann man die Entwicklung der Pflanzen- und Tierwelt nicht verstehen. Sie liefern Erklärungen ohne Einsicht; sie betrachten Teilaspekte und machen aus ihnen allgemeine Ursachen. Um aber die Entwicklung zu begreifen, muß man verfolgen, wie sich lebende Wesen aus ihren Bildegesetzen im Zusammenhang der Naturkräfte gestalten. Da diese Vorgänge im Pflanzenreich leichter zu erfassen sind als im Tierreich, wird zunächst die Evolution der Pflanzen behandelt. Eine so einfache Stufe der Pflanzenbildung wie die Algen wird verständlich, wenn man genauer verfolgt, wie sie sich schwebend im Raum des Wassers entwickeln, Licht, Luft, Wärme usw. nur durch das Milieu des Wassers in ihnen wirken und sie dadurch nicht zu einer richtig abgegrenzten Formbildung kommen. Sie wachsen sprießend in das belebende Element des Wassers hinein. Die gabelförmige (dichotome) Verzweigung vieler Algen, die vielfältige Auflösung bis zu fadenförmigen Bildungen sind der Ausdruck dieses Hineinwachsens in den lichterfüllten, nach oben hellerwerdenden Wasserraum. Im Extrem löst sich die Pflanze ganz in den umgebenden Raum auf. Die Zellen, die im Plankton einer bestimmten Art zugehören, sind wie eine in der durchlichteten Oberflächenschicht des Meeres aufgelöste Pflanze. – Zur nächst höheren Stufe kommt die Pflanzenbildung, indem sie das von außen wirkende Wasser durch die Wurzelbildung in ihr Inneres aufnimmt und vom Wasser innerlich durchströmt wird. Damit sondert sie sich deutlicher von der Umgebung, von der Atmosphäre, ab, in die sie nun hineindringt. Die Luft wird nun so an der Pflanzenbildung tätig wie bisher das Wasser. Das führt zu den vielfältig gestalteten, z.T. sich stark aufgliedernden Formen der Farnblätter. In der stengelartigen, stark von Kieselsäure durchsetzten Bildung des Schachtelhalms manifestiert sich das Hinaufwachsen in den von Licht durchwirkten Raum. – Erst wenn die noch höhere Kraft der Wärme in der Pflanzenbildung tätig wird, erringt sie die nächste Entwicklungsstufe. Durch die Wärme mit ihrer ausdörrenden, das Sprießen zurückdrängenden Wirkung kann es in der Pflanze zu einer Konzentration der bildenden Kräfte und zur Samenbildung kommen wie bei den Nadelhölzern.

Wie die Pflanze auf einer bestimmten Bildungsstufe erscheint, erkennt man, indem man verfolgt, wie sie sich in dem besonderen Zusammenwirken der Naturkräfte ausgestaltet. Durch die Phantasie kann man dann auch erfassen, wie sie sich bildet, wenn sie die von außen wirkenden «Elemente» immer mehr in die innere Gestaltung aufnimmt. So beschreibt man nicht nur das Nacheinander der Formen als Entwicklung, sondern die Umwandlung der einen in die nächst höhere. Man lernt durch die produktive Kraft des Geistes sehen, wie ein Wesen zu vollkommeneren Stufen seines Wirkens kommt, indem es sich immer umfassender in den «Elementen» der Welt ausgestaltet.

Diese Idee der Entwicklung findet ihre bedeutendste Manifestation, wo ein Mensch aus starken Kräften der Individualität im Laufe seiner Biographie das aufnimmt, was ihm von außen durch das Schicksal zukommt, an ihm Schritt um Schritt innerlich zu den Zielen seines Strebens erwacht und durch die Tiefen und Höhen des Lebens vorwärtsschreitet. Das ist in einer besonderen Größe und Tiefe im *Parzival* des Wolfram von Eschenbach dargestellt. An ihm begegnet der Schüler menschlicher Entwicklung aus einer inneren Kraft, die in ihm selbst die tieferen Fragen menschlichen Lebens und Werdens wachrufen kann. Urteilendes Verstehen ruft das herauf, was im eigenen Wesen an Idealen und Zielen noch unverwirklicht lebt.

Der junge Mensch soll auf dieser dritten Stufe die Welt auch bis in den Bereich des Physikalischen und Chemischen in ihren Prozessen kennenlernen. Man betrachtet ein chemisches Element wie den Stickstoff so, daß sich seine Manifestation in der Atmosphäre, seine Bedeutung für die Lebensvorgänge im Atemgas, sein besonderes Wirken in anorganischen Substanzen, sein Wirken und seine Bedeutung im Eiweiß und anderen organischen Verbindungen als ein die Natur durchziehendes Geschehen zeigt. Wenn man auch andere Elemente wie z.B. den Schwefel und das Kalzium in dieser Weise verfolgt, dringt man in das lebendige Zusammenwirken ihrer Prozesse ein. Und der einzelne Stoff erscheint dann wie das geronnene Produkt aus einem solchen Zusammenspiel. Man lernt urteilend verstehen, wie eines dieser Elemente sich in seinem Wirken manifestiert, wenn bestimmte andere Wirkungen sich mit ihm verbinden.

Damit der junge Mensch am Ende seiner Schulzeit zu einem wirklichen Verständnis der Welt gelangt, muß er in den verschiedenen Bereichen der Welt die Ordnung der Dinge und Prozesse und die Gesetze, aus denen diese Ordnung hervorgeht, kennenlernen. Das ist eine umfangreiche und methodisch anspruchsvolle Aufgabe. Denn für die Geschichte gelten andere Prinzipien als für die Literatur oder die Chemie. Wir können die Wege, die man hier gehen muß, nur an einem Beispiel erläutern. In der Botanik geht es – nachdem die Entwicklung des Pflanzenwesens durch die niederen Stufen besprochen ist – darum, die Blütenpflanzen in der angedeuteten Richtung zu betrachten. Das ist nur mit der auf der dritten Stufe errungenen Urteilskraft möglich. Denn zunächst ist es nötig, in die Entwicklung der Blütenpflanze bewußt einzudringen, d.h. durch die lebendige Kraft der Phantasie die Bildung der Organe und ihre Umbildung zu der nächsthöheren Stufe nachzuvollziehen – die der Blätter von Kelch und Krone, der Krone zu den Staubgefäßen usw. Da erscheint die Pflanze als ein Wesen, das sich durch den Sproß mit den Blättern zu den Blüten bis hin zur Frucht- und Samenbildung zu immer höheren Stufen verwandelt. Durch das innere Nachschaffen dieser Verwandlung im Sinn von Goethes Metamorphosenlehre wird die Pflanze in ihrer Erscheinung zum Ausdruck der bildend und umbildend tätigen Kräfte, sie wird zu einer sinnlich-übersinnlichen Anschauung.

Diese öffnet den Weg zu einem geistigen Verständnis der Naturordnung im Bereich der Blütenpflanzen. In der Knospe befindet sich die Pflanze in einem ganz zusammengezogenen Zustand. Entwickelt sich die Pflanze nun so, daß die Knospenbildung besonders mächtig wird und mit ihrem Charakter die ganze weitere Entwicklung durchwirkt, entstehen die Liliengewächse mit ihren Zwiebeln als mächtigen Knospen, mit ihren einfachen, den Knospenschuppen ähnlichen Blättern, ihren Blüten, in denen die Knospe zur Krone wird usw. Es entsteht in der schaffenden Phantasie aus dem sinnlich-übersinnlichen Wesen der Blütenpflanze die Lilie mit ihren Verwandten. Durchdringt die Knospenbildung das sich entwickelnde Pflanzenwesen noch stärker, dann wird es zum Gras. Entsprechend kann die Sproßbildung in der Pflanzenbildung dominieren; dann entstehen Pflanzen wie die Kreuzblütler, bei denen im Blütenstand bis in die einzelne Blüte das für den Sproß charakteristische Prinzip fortlaufender sprießender Entfaltung herrscht, oder die Brennesselgewächse, bei denen die Blütenbildung von dem aufsteigenden Sprießen überwuchert wird.

Auf diesem Wege erfaßt man, wie die Vielzahl der Blütenpflanzen in ihren Familien dadurch entsteht, daß jeweils ganz bestimmte Bildungsprozesse, die sonst von der Pflanze in der Entwicklung durchschritten werden, mit ihren Kräften, schwächer oder stärker, die gesamte Entwicklung durchsetzen. Hier wird das Urteilen schaffend. Dem sinnlichen Anschauen bleibt verborgen, daß in den Gräsern die

Kräfte der Knospenbildung, in den Rosengewächsen die Kräfte und Gesetze der Fruchtbildung die Pflanzenentwicklung beherrschen. Hat man aber die Pflanze als jenes sich verwandelnde Wesen sinnlich-übersinnlich «sehen» gelernt, dann kann man in ihm selbst den lebendigen Quell erfassen, aus dem alle Einzelformen hervorgehen. Man muß dieses Hervorgehen aber produktiv vollziehen.

Hier erhebt sich das Urteilen des jungen Menschen zu seiner höchsten Stufe, zur anschauenden Urteilskraft, in der die Urteilsfähigkeit schöpferisch wird und anschaut, was sie in voller Bewußtheit hervorbringt.

Der Unterricht der 12. Klasse hat auf verschiedenen Gebieten die Hinorientierung auf die anschauende Urteilskraft. Der Schüler sollte am Ende seiner Schulzeit erleben, wie der Geist im Menschen die Fähigkeit hat, innerlich lebendig, d.h. schöpferisch zu werden. Der passive Geist bleibt an das gefesselt, was die Oberfläche der Erscheinungen zeigt; er dringt nirgends in die Dinge ein. Das wird ein bedrückendes Erlebnis für den jungen Menschen. Denn er findet an den Dingen nichts, was sein Interesse entzündet, und nichts, an dem er etwas von der inneren Bedeutung, von dem Sinn der Dinge erfahren kann. Das führt zur Lähmung und Aushöhlung der Seele, zu einer Pathologie, die sich seit einigen Jahrzehnten immer stärker ausbreitet und sich in den Sprechstunden der Psychiater[14] oder in bestimmten Formen der sog. Subkultur dokumentiert.

In den Aufgaben der Zeit liegt die Forderung, die Urteilsfähigkeit durch den Unterricht bis zu den Anfängen der anschauenden Urteilskraft heranzubilden. Erst dann, wenn der junge Mensch in sich den schöpferischen Geist anfänglich erlebt, erfaßt er sich als freies geistig-seelisches Wesen, d.h. als ein Wesen, das in der Lage ist, das Zentrum seines Wollens und Wirkens in sich selbst zu finden. In dieser Richtung die Anstrengungen der Erziehung zu intensivieren, empfindet jeder als Notwendigkeit, der einsieht, wie machtvoll in unserer Zivilisation jene Wirkungen sind, die den heranwachsenden Menschen in seinem eigentlichen Wesen betäuben wollen.

Veränderungen von Wachen und Schlafen im Kindes- und Jugendalter

Erziehung und Unterricht betreffen den ganzen Menschen. Was ein Lehrer durch seinen Unterricht an Entwicklungsprozessen in Kindern und Jugendlichen anregt, trifft zunächst auf das wache Bewußtsein. Es wirkt aber in jene tieferen Bereiche der Seele und des Ich, in denen sich Anlagen zu Fähigkeiten umwandeln. Diese Bereiche umfassen mehr als das wache Tagesbewußtsein. Deshalb muß Erziehung immer auch mit jenen Vorgängen rechnen, die sich im Schlaf abspielen – Vorgängen, von denen man aus der alltäglichen Erfahrung weiß, daß sie für den Menschen eine große Bedeutung haben. Als Pädagoge sollte man aber nicht bei einem nur ahnungshaften Wissen um die Bedeutung des Schlafes für den Menschen stehen bleiben.

Zu konkreteren Anschauungen über den Schlaf gelangt man, wenn man von überschaubaren Tatsachen ausgeht. In jeder Begegnung mit einem anderen Menschen – aber auch an sich selbst – erlebt man, daß ein individuelles Seelenwesen und ein Ich sich am Tage durch den Leib zum Ausdruck bringen: im Wahrnehmen der äußeren Welt, im Bilden von Gedanken, indem das Fühlen in dem wogenden Leben des Atmens und des Herzens pulsiert und indem der Mensch aus inneren Absichten und Gefühlen in seiner Willensorganisation tätig ist. Das kommt alles zur Ruhe, wenn der Mensch einschläft. Der Leib ist nicht mehr durchwirkt von der individuellen Seele und dem Ich. Diese ziehen sich im Einschlafen gleichsam zurück. Schlaf ist Trennung im Wesensgefüge des Menschen. Dieser Trennung verdankt der Mensch auf der einen Seite die Regeneration des Leibes und dessen Gesundheit; auf der anderen Seite aber jene Erneuerung seiner Seelenkräfte und seines Ich, ohne die ein tätiges Leben und Lernen unmöglich sind.

Diese Vorstellung, daß sich Ich und Seele vom Leibe (physischem Leib und Lebensleib) im Schlafe trennen, eigene Wege gehen und sich dann – zusammen mit dem, was sie durchlebt haben – beim Aufwachen wieder mit dem Leib vereinigen, muß man konkretisieren und differenzieren. Schlafen und Wachen sind nicht immer das Gleiche. Gerade im Kindes- und Jugendalter machen sie starke Veränderungen durch, die man bei äußerlicher Betrachtung des Lebens nur unzureichend erfaßt. Als Lehrer muß man aber in die tieferen und intimeren Bereiche eindringen, in denen sich diese Veränderungen abspielen, weil man erst dort die Aufgaben konkret sehen lernt, die mit dem Erziehen und Unterrichten verbunden sind.

Einen Einblick in diese Veränderungen kann man gewinnen, wenn man Wachen und Schlafen als rhythmischen Prozeß betrachtet. Rhythmus besteht nicht nur darin, daß ein Geschehen regelmäßig immer wieder auf ein anderes Geschehen folgt, sondern daß das eine aus dem anderen hervorgeht. Das Ausatmen ist eine Folge des Einatmens und das Einatmen eine Folge des Ausatmens. Die eine Phase eines Rhythmus wirkt immer hinein in die andere. So muß man, wenn man Wachen und Schlafen als Rhythmus betrachtet, verfolgen, wie das, was im Wachen geschieht, hineinwirkt in das Schlafen und das Schlafen in das Wachen.

Unter diesem Gesichtspunkt sei das Wachen des kleinen Kindes betrachtet. Es erscheint zunächst als ein großer Prozeß des Aufwachens. Das Neugeborene schläft fast den ganzen Tag. Von den 24 Stunden eines Tages ist es insgesamt nur etwa vier Stunden wach. In dieser Zeit dringen durch seine offenen Sinne Eindrücke in sein Inneres; es ist in seinen Gliedern rege, und einfache Seelenregungen durchziehen den zarten Leib. Nach vier Monaten hat sich der Zeitraum des täglichen Wachens auf sieben bis acht Stunden ausgedehnt, am Ende des ersten Lebensjahres auf etwa elf Stunden. Wenn das Kind dann in die Schule kommt, wacht es schon mehr als den halben Tag.

Bei diesem Aufwachprozeß verbinden sich das seelische Wesen und das Ich des Kindes immer stärker mit der äußeren Welt, indem sie mehr und mehr seinen Leib ergreifen und sich in ihm in all jenen Lernvorgängen, die wir am kleinen Kinde beobachten können, zum Ausdruck bringen.

Nun ist dieses Aufwachen ein Vorgang, der sich in der Seele des Kindes abspielt. Man kann das z.B. am Blick des Säuglings bemerken. In diesem Blick drückt sich etwas aus wie: «Was ist das da um mich herum denn eigentlich?» Es gibt Menschen, die sich bis in die frühe Zeit des ersten Lebensjahres zurückerinnern können, z.B. der Schweizer Dichter Carl Spitteler. Er beschreibt sein frühestes Erleben mit folgenden Worten:

> «Sie (die Seele) ist noch fremd hierzulande ... und die Neuigkeiten der Erde, die ihr die Augen melden, erfüllen sie mit Staunen. ‹Was ist das für ein seltsamer harter Traum dort draußen, der sich nicht verflüchtigt, dessen Bilder bestehen, am hellen Tage, bei wachen Sinnen?›»[1]

Die Seele erlebt das, was ihr begegnet, ganz anders als später, nämlich wie aus dem Kontrast zu dem, was sie bisher kannte. Das sind offensichtlich bewegliche Bilder, die kommen und gehen; Bilder im beweglichen Element des Seelischen, vielleicht auch des Geistigen. Und nun, wo die Seele sich durch die Sinne nach außen zur physischen Welt wendet, empfindet sie die festen Gebilde der materiellen Welt als einen harten, erstarrten Traum. Diese Gebilde sind ihr zunächst aber noch völlig fremd.

> «Ich spürte mich auf dem Arm von jemand herumgetragen, der mich schon früher herumgetragen hatte und der nicht meine Mutter war. Eine Unmenge Licht und Luft traf mein Gesicht. Nach welcher Seite ich die Augen wendete, erblickte ich un-

glaublich hohe lautlose Dinge, die ich deutlich sah, aber nicht begriff. Und von Zeit zu Zeit rückten ähnliche unmäßig hohe Undinge zu beiden Seiten heran. Diese stummen Ungeheuerreihen gewahrte ich weder staunend und ängstlich, bloß befremdet und ein wenig scheu.»[2]

Dann entfaltet sich im ersten Lebensjahr an solchen Impressionen das Vorstellungsleben. Dadurch entsteht allmählich das irdische Bewußtsein, das Gegenstandsbewußtsein. Diese Ungeheuerreihen werden zu zwei Reihen von Bäumen, links und rechts neben einem Fahrweg. Damit klingt eine innere Welt beweglicher Bilder ab. Es beginnt das, was wir als das Wachen bezeichnen.

Man darf sich das Wachen des Kindes in den ersten Lebensjahren aber nicht dem des Schulkindes oder dem des Erwachsenen zu ähnlich vorstellen. Für das Kind ist beim Spielen derselbe Gegenstand einmal ein Haus, ein Schiff usw. Er ist das, was sich das Kind in seiner Phantasie vorstellt. Die Welt dieser Vorstellungen hat für das Kind eine weit größere Realität als für den Erwachsenen. Für den Erwachsenen geht die Vorstellung gleichsam ganz in die äußere Anschauung über. Beim kleinen Kinde hat sie ein eigenes Leben, und dadurch bestimmt sie, was die Gegenstände bedeuten. Hierin spricht sich etwas Wichtiges über das Wachen des kleinen Kindes aus. Wenn die Seele in inneren Bildern ohne konkrete Berührung mit der Außenwelt lebt, dann befindet sie sich im Traum. Hat sich das Vorstellungsleben ganz an die äußere Realität angepaßt, ist sie wach. Das kleine Kind lebt in einem Zwischenzustand. Denn wenn die Gegenstände ihre Bedeutung von dem bekommen, was das Kind sich in seiner Phantasie vorstellt, dann ragt etwas vom Wesen des Traumes in das Tagesbewußtsein hinein.

Wodurch aber hat die Vorstellungswelt des kleinen Kindes diesen traumähnlichen Charakter? Wenn die Seele im Schlaf träumt, wirkt in ihr eine lebendige schöpferische Kraft, die die Bilder entstehen läßt.

Diese Bilder sind viel kraftvoller, viel mehr von innerer schöpferischer Wirksamkeit als die gewöhnlichen Vorstellungen, die der Mensch an der Sinneswelt bildet. Da die Traumbilder lebensvoll sind, halten wir sie im Traum für eine Wirklichkeit. Etwas von dieser inneren schöpferischen Kraft lebt in den Phantasievorstellungen des Kindes, mit denen es bei seinem Spiel den Gegenständen souverän diese oder jene Bedeutung gibt. Im Wachbewußtsein des Kindes wirken noch Kräfte, die eine innere Macht in sich tragen. Das Vorstellungsleben des Kindes ist noch nicht zum kraftlosen Bild abgeschwächt. In ihm leben Qualitäten, die aus einer höheren Wirklichkeit herrühren.

Nun muß man auf eine weitere Eigentümlichkeit des Wachens hinschauen, wenn man die Beziehung dieses Wachens zum Schlafen verstehen will: auf den physiognomischen Charakter der kindlichen Wahrnehmung. Ein Kind von vier Jahren sieht ein Photostativ, das ganz ausgezogen ist und schmal dasteht. Es sagt spontan, das Stativ sei stolz. Als das Stativ dann schief dasteht, meint es, dieses Stativ sei nun traurig. Ein kleiner Bub, der eine Tasse umgestürzt daliegen sieht, sagt, sie sei müde.

Das kleine Kind steht noch nicht neutral betrachtend den Dingen gegenüber; es erlebt an den Dingen etwas Wesenhaftes. Indem es das Stativ sieht, vollzieht es innerlich diese Streckung mit und erlebt dabei «stolz»; ebenso vollzieht es die andere Stellung innerlich mit und erlebt «traurig». Das sind Vorgänge im Willen und im Fühlen des Kindes. In der Seele des Kindes lebt ein elementarer Drang, das innerlich nachzuleben, was es draußen an Gebärden sieht. So kommt das Kind zu einer innerlichen Verbindung mit dem, was es wahrnimmt; in seinem Willen und Fühlen lebt auf, was in seiner Umgebung an Gebärden vorhanden ist. Dieses Verhalten trägt das Kind in das Leben hinein; es führt zu dem, was wir als das Nachahmen kennen. Es war eine der überraschenden Entdeckungen der vergangenen zehn Jahre, daß das Kind schon am ersten Lebenstag in seinem Fühlen und Willen innerlich nachbildet, was es in seiner Umgebung sieht.[3]

Dieses Verhalten des kleinen Kindes lernt man verstehen, wenn man sich Anschauungen darüber bildet, wie der Mensch in den übersinnlichen Welten lebt und erkennt. Schon wenn man im irdischen Dasein ein anderes Wesen wirklich verstehen will, muß man eine starke Hingabe entwickeln. Denn nur durch Hingabe kann man erfassen, was in ihm lebt. Man taucht in den Klang der Stimme ein, man empfindet mit, was sich in der Geste, in der Haltung, der Bewegung usw. ausdrückt. Man kommt zu dem Anfang einer Wesensbegegnung. Für eine Wesensbegegnung im Übersinnlichen muß dieser Trieb der Hingabe in aller nur denkbaren Stärke entwickelt werden.

> «Um in diesen (übersinnlichen) Welten bewußt zu leben, ist nämlich ein Trieb der Seele notwendig, welcher in der Sinneswelt nicht in der Stärke zur Entfaltung kommen kann, in welcher er in den übersinnlichen Welten auftritt. Es ist der Trieb der Hingabe an dasjenige, was man erlebt. Man muß in dem Erlebnis untertauchen, man muß eins mit ihm werden können; man muß dies bis zu einem solchen Grade können, daß man sich außerhalb seiner eigenen Wesenheit erschaut und in der anderen Wesenheit drinnen fühlt. Es findet eine Verwandlung der eigenen Wesenheit in die andere statt, mit welcher man das Erlebnis hat. Wenn man diese Verwandlungsfähigkeit nicht hat, so kann man in den übersinnlichen Welten nichts Wahrhaftiges erleben. Denn alles Erleben beruht darauf, daß man sich zum Bewußtsein bringt: jetzt bist du in ‹dieser bestimmten Art› verwandelt, also bist du lebensvoll mit einem Wesen zusammen, das durch seine Natur die deinige in ‹dieser› Weise umwandelt. Dieses Sich-Umwandeln, dieses Einfühlen in andere Wesenheiten ist das Leben in den übersinnlichen Welten.»[4]

Dieses Sich-Umwandeln und Sich-Einfühlen in andere Wesenheiten betätigt das Kind in seinem physiognomischen Wahrnehmen. Damit wird aber etwas Bedeutendes sichtbar: das Wachen des kleinen Kindes ist von einem Seelen-Verhalten durchwirkt, das eigentlich für das Leben in der geistigen Welt gilt. Das Kind setzt im Wachen ein Verhalten fort, das es vor seiner Verkörperung mit seiner Seele als «das Leben in den übersinnlichen Welten» betätigt hat. Ein kleines Kind ist bis in sein Wahrnehmen durchwirkt von Seelenkräften, die aus seinem Leben vor der Geburt stammen. Es trägt in seinem Wachen Nachwirkungen aus seinem übersinnlichen Dasein vor der Geburt. Wenn dann im fünften und sechsten Lebensjahr – bei dem einen Kind früher, bei dem andern etwas später – das physiognomische Wahrnehmen weitgehend erlischt, dann treten diese Nachwirkungen zurück. Sie verwandeln sich in eine andere Seelenkraft.

Von diesen Tatsachen aus kann man sich Anschauungen über den besonderen Charakter des Schlafes in der frühen Kindheit bilden. Bedenkt man, daß sich das übersinnliche Leben vor der Geburt in das Tagesleben des Kindes hinein fortsetzt, das innere Menschenwesen im Schlaf aber immer wieder in das Übersinnliche eintaucht, dann erfaßt man: beim kleinen Kinde sind Wachen und Schlafen innerlich noch eng miteinander verwandt. Später liegen sie viel weiter auseinander; beim kleinen Kinde steht das Leben im Wachen dem Leben im Schlafe noch recht nahe.

Das Wachen des kleinen Kindes ist ein Sich-Hingeben an andere Wesenheit, ein inneres Mitleben mit anderer Wesenheit. Mit dieser Seelenart tritt es in den Schlaf über. Mit ihr taucht es in die Regionen der übersinnlichen Weltgebiete ein. Wenn das kleine Kind lange schläft, dann ist es mit seinem Ich und Astralleib lange an die übersinnlichen Weltgebiete hingegeben. An was ist das Kind da hingegeben? Und was ist die Bedeutung dieses Hingegebenseins? Die Bedeutung wird eine andere als beim Erwachsenen sein. Denn das kleine Kind tut noch nicht viel, wenn es wenige Tage, Wochen oder Monate alt ist. In den Organen seines Leibes wird durch bewußtes Seelenleben kaum etwas abgebaut und zerstört, was in der Nacht wieder hergestellt werden müßte. Was geht nun aber im Schlaf des kleinen Kindes vor sich?

Man kann, um diese Frage zu beantworten, von dem ausgehen, was man aus der modernen Schlafforschung weiß. Selbstverständlich sagt das, was der Physiologe am schlafenden Menschen mißt, nichts über dasjenige aus, was das innere Menschenwesen im Schlafe durchlebt. Dennoch findet man in den physiologischen Daten interessante Spuren. An den Veränderungen der Gehirnstromkurven bemerkt man, daß vom Moment des Einschlafens an das Bewußtsein immer mehr schwindet, und zwar nicht kontinuierlich, sondern in Stufen zunehmender Unbewußtheit. Zunächst durchschreitet der Mensch das Zwischenreich des Traumes. Dann löst er sich vom Leib und taucht in tiefere Zustände des übersinnlichen Weltdaseins ein.

Wenn Ich und Seelenwesen dort einige Zeit waren, geschieht etwas, was erst 1952 von einem Studenten im Laboratorium des bekannten amerikanischen Schlafforschers Kleitman in Chicago entdeckt wurde. Der ruhige Atem und Puls des Schlafenden werden unregelmäßig wie am Tage, der Blutdruck steigt an wie am Morgen, und die Augen bewegen sich wie beim Traum: Die Seele steigt aus den Tiefen des übersinnlichen Weltdaseins auf, sie nähert sich dem Leibe an und wirkt hinein in die Lebensprozesse des Atmens, des Kreislaufs, des Gehirns und in einer besonderen Weise auch in die der Muskulatur. Die Muskulatur erschlafft nämlich vollständig. Sonst bleiben im Schlafe immer noch Reste von Muskelspannung erhalten. Diese verschwinden, d.h. das Muskelleben löst sich ganz aus seiner Beziehung zum Physischen des Knochens. Und nun kommt es im Muskelleben zu inneren Lebenserregungen. Man bemerkt auch an einem anderen Phänomen, daß das Seelenwesen sich stark dem Leibe annähert und in ihn hinein wirkt – aber nur in den Lebensleib und nicht in den physischen Leib, sonst würde der Mensch aufwachen. Der Mensch träumt lebhaft, wenn man ihn in dieser Phase weckt.

In diesem Zwischenzustand trägt das innere Menschenwesen bestimmte Wirkungen in den Lebensleib hinein. Dann löst es sich wieder, taucht wieder ein in die Tiefen der übersinnlichen Welt, lebt dort einige Zeit und dringt dann erneut mit seinen Wirkungen in den Lebensleib ein. Das geschieht insgesamt vier- bis fünfmal in einer Nacht. Was spielt sich hier ab? Einen Hinweis findet man in manchen Kinderträumen. In die Träume des kleinen Kindes wirkt bisweilen etwas von dem hinein, was im Schlaf real vor sich geht. So zeichnet ein dreijähriges Kind, wie es schläft (s. Abb. 33). Im Bett liegt sein Leib. Zu diesem gehen Linien bzw. Strömungen, die ihren Ursprung an einem Kreis mit zwölf Segmenten haben. Ein kosmisches Gebilde sendet Strömungen in den Leib des Kindes hinein. Dieser Leib ist angeschlossen an einen kosmischen Bereich. Das hat zu tun mit den besonderen Vorgängen, die sich im Leib des kleinen Kindes abspielen.

In den ersten sechs Lebensjahren vollzieht sich eine intensive Umbildung der inneren Organe, des Gehirns, der Lunge, der Niere, des Magens usw., aber auch des Knochensystems und der Muskulatur. In den bildsamen Organen sind plastisch gestaltende Kräfte tätig, die die zunächst einfachen Formen umgestalten. So werden die Organe nicht nur größer, sondern in ihren Formen vollkommener und differenzierter (siehe das Kapitel «Die Geburt des Ätherleibes»). Auf diesen Prozeß weist R. Steiner mit folgenden Worten hin:

> «Wir sind als kleine Kinder mehr oder weniger schlafend. Daher sind wir als kleines Kind auch ... viel mehr den Einflüssen des Außerirdischen ausgesetzt als später. Wir arbeiten uns immer mehr und mehr in die irdischen Verhältnisse erst hinein. Aber als Kind ist auch noch das, was innerhalb unserer Haut gelegen ist, plastisch, wird noch mehr gestaltet als später.»[5]

Man kann den Zusammenhang der organgestaltenden Kräfte mit dem Außerirdischen konkret studieren, indem man sich z.B. in die Rhythmen der Planeten und die Gesetze ihrer Bewegung vertieft und

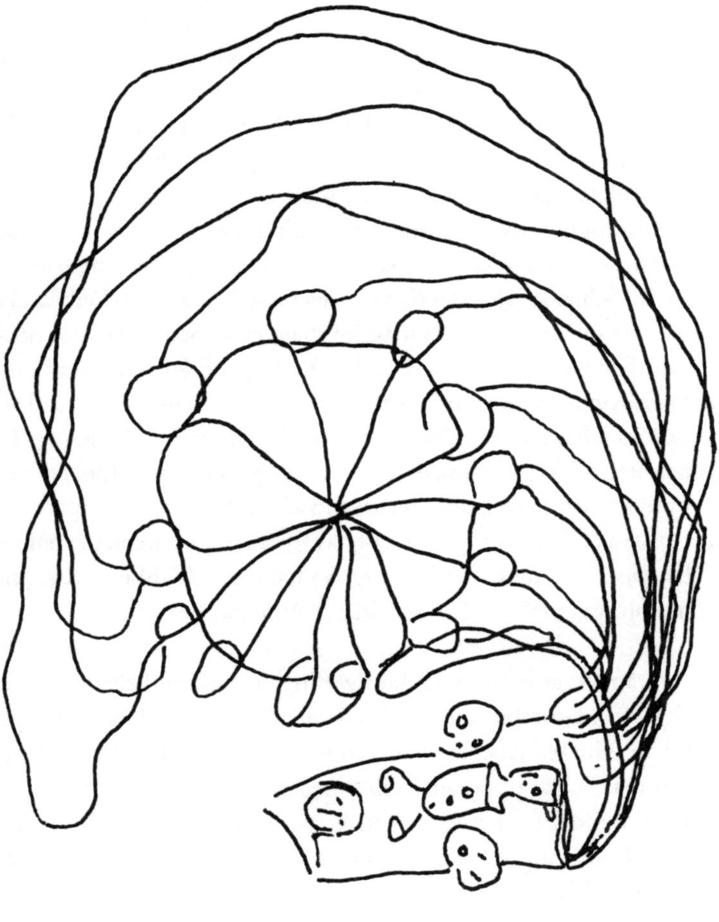

Abb. 33: Ein dreijähriger Knabe zeichnet sich selbst im Bett liegend. Es gehen von ihm Ströme aus, die sich mit einem zwölfgliedrigen Blütengebilde vereinigen. (Aus: C. v. Heydebrand, Kinderträume. In: Erziehungskunst, 1934.)

dann mit künstlerischem Sinn die Umbildung der Organe verfolgt. Das führt zu einer wichtigen Einsicht: In der Umbildung der Organe werden die kosmischen Gesetze der verschiedenen Planeten sichtbar, z.B. die kosmische Gesetzmäßigkeit des Mars in der Umbildung der Lunge, die des Jupiter in der Durchformung des Gehirns.

Im Schlafe gibt sich das Kind mit seinen inneren Wesenskräften an den Kosmos hin. Es durchdringt sich mit dessen Gesetzen und Kräften und senkt diese dann als plastisch-gestaltende Kräfte hinein in den Leib. Im Schlaf arbeitet das Kind an der Gestaltung seines Leibes. Das ist eine viel intensivere Arbeit als im späteren Leben, wo es nur noch um die Erneuerung der verbrauchten Kräfte geht. So ist der Schlaf des kleinen Kindes nicht nur länger als der des Erwachsenen; innerhalb dieses Schlafes sind jene rhythmisch wiederkehrenden Phasen des sogenannten REM-Schlafes, in denen am Lebensleib und durch diesen am physischen Leib gearbeitet wird, viel ausgedehnter als später. In den ersten drei Lebensmonaten ist das Kind etwa während der halben Schlafenszeit in dieser Weise tätig. So hat der Schlaf beim Kind bis zum Zahnwechsel eine leibgestaltende Aufgabe.

Das verändert sich mit dem Zahnwechsel im siebten Lebensjahr. Da klingt die plastische Umgestaltung des kindlichen Leibes weitgehend ab. Ein Teil jener kosmischen formenden Kräfte, die das Kind durch den Schlaf in seinen Leib hineingetragen hatte, löst sich aus seinem Wirken in den Organen. Er wird nun in der Seele als formende Kraft tätig. Dadurch verändert sich vor allem das Vorstellungsleben. Wenn man im Anschauen eines Gegenstandes eine Vorstellung bildet, nimmt das Vorstellen die Konfiguration dieses Gegenstandes an. Beim kleinen Kind lösen sich diese Vorstellungen wieder auf, wenn es den Gegenstand nicht mehr anschaut. Im siebten Lebensjahr beginnen jene formenden Kräfte, die sich in den unbewußten Tiefen des Leibes aus den Organen lösen, in diese Vorstellungsbildung hineinzuwirken.

Wenn das Kind jetzt einen Gegenstand betrachtet, dann formt es ihn im Anschauen nach. Es handhabt jene formenden Kräfte, die nun im Gebiet des Vorstellungs- und Gedankenlebens auftauchen. Die Vorstellungen werden von Formkräften durchwirkt. Sie werden dadurch zu Bildern, die das Kind in der Seele erlebt, z.B. im Erinnern oder dann, wenn es sie beim Zuhören bildet. Dadurch verändert sich aber das Verhältnis des Kindes zur Welt. Das Kind kommt, indem es diese Vorstellungsbilder formt und mit ihnen lebt, zu der Erfahrung des eigenen Seeleninnenraumes. Der Seeleninnenraum entsteht also dadurch, daß das Kind diese von Formkraft durchdrungenen Vorstellungen bildet und mit ihnen nun auch dann ein waches Bewußtsein hat, wenn es die Augen schließt. Diese Vorstellungen sind gegenüber den Gefühlen und dem Willen der periphere Teil des Seelenlebens. Sie bilden nun eine feine, aber doch deutliche Abgrenzung gegenüber der Umgebung.

Das beginnt im siebten Lebensjahr und kulminiert, wenn das Kind etwa zwei Jahre später diese Vorstellungsbildung ganz bewußt vollzieht. Dann durchdringt das Ich das Sehen stärker als bisher. Das Ich ist ja im Fixieren des Gegenstandes tätig. In der Erregung kommt es bei kleinen Kindern immer wieder zum Schielen. Im Alter von neun Jahren wird das Ich im Sehen so kraftvoll, daß Kinder auch in der Erregung nicht mehr schielen. Wenn das Ich jetzt mit seiner Kraft das Sehen zum Betrachten werden läßt, werden die Vorstellungen klarer und konturierter als bisher. Die Grenze zwischen dem Seeleninnenraum und der Außenwelt wird noch schärfer.

Die Absonderung des Seeleninnenraumes wird in diesem Lebensalter durch eine neue Fähigkeit des Kindes zusätzlich verstärkt. Das Kind kann jetzt eine Vorstellung als Absicht innerlich festhalten, auch wenn ablenkende Einflüsse von außen herandringen. Es kann Entschlüsse fassen und sie ganz aus sich durchführen.

Das alles führt zu einer tiefgreifenden Veränderung des Schlafes. Wenn das Kind nun am Abend einschläft, dann taucht es nicht mehr wie bisher aus innerer Hingabekraft in die Sphären der übersinnlichen Welt ein. Seine Seele und sein Ich sind ein Eigenwesen geworden. Sie gehen mit der neuen Wesenskonfiguration, die sie im Wachen gewonnen haben, in die Welt des Schlafes. Das Kind ist dort ein Wesen, das sich gegenüber den Kräften, die in den übersinnlichen Bereichen wirken, abgegrenzt hat. Es trägt in seinem Seelenraum in den Schlaf, was es im Wachen erfahren hat.

Damit entsteht aber die Frage: Kann das, was das Kind am Tage erfahren hat und in den Schlaf hineinträgt, eine eben solche Belebung erfahren wie der Leib vor dem Zahnwechsel? Dies ist eine der wichtigsten pädagogischen Fragen. Um das Lebensproblem, das diese Frage enthält, lösen zu können, muß man zwei andere Fragen beantworten:

1) Welche Anschauungen muß man sich über jene Mächte bilden, die dort impulsierend und belebend wirken, wo Seele und Ich der Kinder in der Nacht weilen?
2) Wie muß das beschaffen sein, was die Kinder aus dem Unterricht in die Welt des Schlafes hineintragen, damit es offen ist gegenüber den geistigen Kräften, die dort dem Menschen zufließen können?

Die erste dieser Fragen weist in Regionen des Daseins, die man sich nur auf einem strengen methodischen Weg erschließen kann. Man kann sich Anschauungen über jene geistigen Wesen, die über dem Menschen stehen und eine innere Beziehung zum Seelenwesen des Menschen haben, bilden, wenn man z.B. einem Hinweis R. Steiners folgt. Er sagte:

> «Nur dadurch, daß wir uns vollständig klar machen, was wir über den Menschen gesagt haben, können wir zum Wesen der Glieder der höheren Hierarchien aufsteigen.»[6]

Man muß den Menschen vor allem in seinen geistigen Wesensgliedern erfassen, wenn man sich ein Verständnis jener Wesen erarbeiten will, die man als Engel (Angeloi), Erzengel (Archangeloi) und Urbeginne (Archai) bezeichnet. Das kann im Folgenden nur in

Ansätzen geschehen. Der Ausgangspunkt sei das menschliche Erkennen. In ihm ist ein Denken tätig, das sich den Erscheinungen der Welt zuwendet und versucht, in den Zusammenhang dieser Erscheinungen einzudringen – ein Denken, das in der Hinwendung zu den Erscheinungen die Begriffe bildet, die das Wesen dieser Erscheinungen aussprechen. Dieses Erkennen ist charakteristisch für die Bewußtseinsseele. Es gibt aber ein höheres Denken, das nur aus der inneren Aktivität zur Erkenntnis führt. Der erste Anfang dieses Denkens liegt in der Mathematik. Hier kommt der Mensch zur Erkenntnis nicht, indem er sich zu den Sinneserscheinungen hinwendet, sondern indem er sie in einer streng geführten rein inneren Tätigkeit erzeugt. Nun kann man dieses erzeugende Denken auch auf anderen Weltgebieten entwickeln. Das hat Goethe z.B. in seiner Morphologie getan. Goethe hat ja die Entwicklung der höheren Pflanze dadurch geistig durchdrungen, daß er ihren Bildungsprozeß innerlich nachgeschaffen hat: den von einem Blatt zum nächsten, den vom sprießenden Wachsen zur Blüte usw. Wenn man das äußere Anschauen auf diese Weise ganz umwandelt in schaffendes Nachgestalten, gelangt man zu einem höheren Denken. Und nun kann man mit jener inneren Anschauung, die ganz im Nachschaffen lebt, weiterschreiten. Man kann in diesem lebendigen Bild des Pflanzenwesens zum Beispiel die Stengelbildung verstärken und schaffend verfolgen, wie sich unter dieser verstärkten Stengelbildung die ganze Pflanze in einer bestimmten Weise ausformt – als Nelkengewächs. Man kann die Bildung des Blütenstandes steigern und aus dieser Steigerung eine andere Pflanzenform hervorgehen lassen – die der Doldengewächse. Oder man kann die Samenbildung steigern und dadurch wieder zu einer andern Pflanzenform kommen – zu den Lippenblütlern.

Man lebt dann in einem schaffenden Denken. Dieses bringt aus einer lebendigen Idee in rein geistiger Tätigkeit die ganze Fülle der Pflanzenformen hervor wie der Mathematiker seine mathematischen Gebilde. Das ist ein Denken, das nicht über die Welt nachdenkt, sondern ein Denken, in dem die ewigen Weltgesetze selber wirken.

Mit diesem Denken beginnt eine höhere Wesensordnung. Das ist die des Geistselbstes. Aber es ist erst der Anfang des Geistselbstes. Zunächst gestaltet dieses Denken seine schaffende Tätigkeit noch aus in Bildern der äußeren Formen, z.B. in Bildern von Pflanzenformen. Man schaut schaffend hin auf das Entstehen äußerer Formen. Man kann aber dazu kommen, ganz in der geistigen Gesetzmäßigkeit des Schaffens zu leben. Dann enthüllt sich diese Gesetzmäßigkeit als eine kosmische Gesetzmäßigkeit. Ein entwickeltes Geistselbstwesen hat ein schaffendes Denken, in dem die ewigen Gesetze des Kosmos walten.

Wesen mit diesem Denken brauchen keinen physischen Körper mehr. Den physischen Körper benötigt der Mensch, weil sein Denken nur dadurch zur Wahrheit kommen kann, daß es sich auf die sinnliche Wahrnehmung abstützt. Jenes Denken, das schaffend ist und das aus den ewigen Gesetzen des Kosmos denkt, ist das Denken der Engelwesen, der Angeloi. Engel sind Wesen, die das Geistselbst in einem hohen Grade bereits ausgebildet haben.

Nun gibt es Wesenheiten, die bereits über die Ausbildung des Geistselbstes hinausgeschritten sind und das noch höhere Wesensglied des Lebensgeistes entwickeln.

Wo liegen die Anlagen für dieses hohe Wesensglied? Zum Geistselbst gelangt man, wenn man vom Denken ausgeht, zum Lebensgeist, wenn man von dem ausgeht, was innerlicher ist als das Denken; das ist das Fühlen. Unser menschliches Fühlen verbindet sich mit den Dingen der Welt. Es ist dabei oft recht schwankend, ohne innere Festigkeit. Der Künstler kennt den Anfang eines höheren Fühlens. Wenn er ein Kunstwerk schafft, erlebt er im Fühlen, inwieweit das, was er im Bilde, in einer Plastik usw. ausgestalten möchte, in dem entstehenden Werk schon sichtbar ist. Das Gefühl des schaffenden Künstlers ist erfüllt von einem Wesenhaft-Geistigen. Deshalb fühlt er, was noch unvollkommen ist. Der Mensch kann sich also anfänglich zu einem Fühlen erheben, das nicht nur sich am Geistigen erwärmt, sondern selbst ganz von einem Geistigen durchdrungen ist. Wenn das Fühlen sich aus der Welt des Vergänglichen erhebt in die Sphäre des Ewigen, dann entsteht Lebensgeist. «Erheben Sie den Gedanken bis zur Erfassung eines Ewigen, dann leben Sie in Manas (Geistselbst). Erheben Sie Ihr Gefühl und Ihre Empfindung bis zum Charakter des Ewigen, dann leben Sie in Buddhi (Lebensgeist).»[7]

Von hier aus kann man sich das Bild eines hohen Wesens machen. Es hat ein Bewußtsein, in dem die ewigen Gesetze der Welt leben; also die Gesetze, die in der Natur, im Seelenbereich usw. schaffend wirken. Das ist ein umfassendes Bewußtsein von den in der Welt schaffenden Gesetzen. Das Fühlen dieses Wesens geht ganz auf in dem Erleben dieses Geistigen. Mit seinem Fühlen lebt ein solches Wesen ganz in der Sphäre der ewigen kosmischen Weltgesetze. Das ist ein Fühlen aus den ewigen Gesetzen der Welt, ein machtvolles geistdurchkraftetes Fühlen, in dem es kein Schwanken mehr gibt.

Man kann sich fragen: Gibt es etwas im Felde des menschlichen Daseins, das Ausdruck eines solchen Fühlens ist?

Wir können diese Frage bejahen; denn der Mensch spricht eine Sprache. Wenn wir ein Wort wie «Wolke», «Fluß», «Blume» oder «Licht» hören, empfinden wir eine Lautgebärde. Diese teilt sich zunächst dem Fühlen und Empfinden mit. Nun kann man bewußt in diese Lautgebärden eindringen. Man erlebt dann etwas Wesenhaftes in der Lautgestalt des Wortes, das in Beziehung steht zu dem Wesen der Wolke, dem Wesen der Blume usw. Dieses Wesenhafte lebt aber nicht im Denken, sondern im Bereich des Fühlens. Man erfaßt: hier ist etwas aus einem geisterfüllten Fühlen geschaffen. Aus dem Fühlen des Wesenhaft-Geistigen entsteht das Wort. So kann man sich eine Wesenheit denken, in deren Fühlen das Wesenhafte der Welt schöpferisch lebt. Ein solches Wesen ist dann nicht nur der Schöpfer eines Wortes, sondern der Schöpfer einer Sprache, in deren Worten und Formen das Wesenhafte der Welt zum Ausdruck kommt. Wesenheiten, die in solcher Weise den Lebensgeist leben, sind die Archangeloi oder Erzengel.

Wenn das Kind einschläft, dann kommt sein inneres Wesen (Seele und Ich) in jenen geistigen Bereich, in dem Angeloi und Archangeloi leben. Wie findet das Kind nun mit dem, was es durch den Unterricht in sich trägt, einen Zusammenhang mit diesen Wesen?

Der Unterricht soll in den Jahren nach dem Zahnwechsel verschiedene Entwicklungsprozesse anregen. Er führt die Kinder in vielen Gebieten zum bildhaften Verstehen. Dabei vollzieht sich in den Kindern eine bedeutende Umwandlung. Zunächst fassen die Kinder die Welt mit ihren Vorstellungen auf. Da lernen sie aber nur die materielle Erscheinung kennen; das ist das Gewordene, das in Formen Geronnene. Der Unterricht soll die Kinder anregen, diese Vorstellungen mit jenen lebendigen Bildekräften zu durchdringen, die sich aus den Organen gelöst haben. Dabei entwickeln die Kinder ein künstlerisches Anschauen und erfassen, wie z.B. in der Bildung der Pflanzen die verdichtenden Kräfte der Erde, die Kräfte der Luft, die der Sonne usw. gestaltend wirken. Im künstlerischen Betrachten der Tiere erleben sie, wie bei einem bestimmten Tier der Magen, bei andern die Bildung des Schädels, die des Halses oder die Blutzirkulation dem ganzen Wesen das Gepräge geben.

Durch die freien Bildekräfte gestalten die Kinder innerlich nach, was sie betrachten; sie entwickeln ein Denken, das in der Erscheinung das innere Wesen erfaßt. Wenn das Wesen der Dinge in der Erscheinung aufleuchtet, dann kommen die Kinder vom gewöhnlichen Vorstellungswissen zum Bild. So soll schon der Buchstabe in seiner Form das Wesen des Lautes offenbaren, wenn die Kinder in der ersten Klasse schreiben lernen. Der Weg, der durch künstlerisches Anschauen zum Bild führt, regt in den Kindern ein innerlich tätiges, lebendiges Denken an.

Bilder führen die Kinder zum Verstehen. Das Verstehen wirkt hinein in das fühlende Erleben. Dieses wird weiter und tiefer. In den Bildern des Erzählstoffes und der Geschichte lernen die Kinder verstehen, was Mitleid im menschlichen Leben bedeutet, was Wahrheitsliebe, Mut, Treue oder Besonnenheit bewirken. Sie erfassen den

Sinn dieser moralischen Kräfte. Was sie an menschlichem Verstehen entwickeln, regt eine Vertiefung der Gefühle an, d.h. eine innere Hinneigung zu den höheren menschlichen Eigenschaften.

Das alles lebt in der Seele des Kindes, wenn sie sich im Einschlafen vom Leibe löst und in die Sphäre des Übersinnlichen eintaucht. Durch das lebendige Denken im bildhaften Verstehen findet sie eine Beziehung zu den Angeloi. Was in den Bildern an geistiger Tätigkeit lebt, hat eine innere Verwandtschaft zu dem schaffenden Denken des Geistselbstes. So kann sie von dem schaffenden Denken eines Angelos durchstrahlt werden. Dann wird sie aber durchkraftet von einem machtvollen Denken und geistig geweitet. Geistselbstkräfte durchwirken das lebendige, bildhafte Denken des Kindes. Was bedeutet aber dieses Durchkraftetwerden? Das Denken, das zunächst einzelne Pflanzen, einzelne Tiere in ihrem Wesen erfaßt hat, reift zu der Fähigkeit des Pflanzen- und Tierverstehens. In einer Fähigkeit lebt das Vermögen, nicht nur das bisher Betrachtete, sondern auch das ihm Verwandte zu begreifen.

Sie ist ein vom Geistselbst durchkraftetes Denken. Durch den Angelos reifen aus dem, was Kinder im Unterricht erleben und verstehen, Fähigkeiten.

Wenn ein Mensch erlebt, wie in ihm aus dem Verstehen allmählich eine Fähigkeit entsteht, dann ist das Verstehen durch ein schaffendes Denken durchkraftet worden. Und wenn man am Morgen beim Aufwachen bemerkt, wie Gedanken gegenüber dem Vortage geklärt und geweitet sind, dann hat ein geistig lichtvolles und umfassendes Denken diese Gedanken mit seinen Kräften durchstrahlt. Man erfährt die Wirkungen eines machtvolleren, lichtvolleren und umfassenderen Denkens im eigenen Denken. Man weiß aber nicht, woher das stammt. Auch das Kind weiß es nicht. So sagt Thomas von Aquin: «Nicht jeder, der von einem Engel erleuchtet wird, erkennt, daß er von einem Engel erleuchtet wird.»[8]

Durch das aber, was aus dem Verstehen zur Vertiefung des Gemütes hinführt, kommt die Seele des Kindes in eine innere Beziehung zu den Archangeloi. Denn die Verwandlung des Gefühls aus dem Licht des Verstehens ist dem machtvollen Fühlen der Archangeloi verwandt, das ganz durchdrungen ist von den ewigen Gesetzen des Daseins. Dieses machtvolle Walten der Lebensgeistkräfte kann die Entwicklung des Gemüts durchkraften. Wenn in der Seele der Kinder sich Gemütsstärke und Gemütstiefe entwickeln und das Gewissen wächst, wirken in ihr die Wesenskräfte der Archangeloi. Am stärksten wirken sie aber dort, wo die Kräfte des Mutes, der Ehrlichkeit, der Zuverlässigkeit, der Helferwille und so weiter, d.h. die Charakteranlagen reifen.

Trägt das Kind durch den Unterricht in sich nur Vorstellungen, die bloßes Abbild des Materiellen sind, und Gedanken, die die Welt materialistisch interpretieren, dann geht seine schlafende Seele in sich verschlossen an den Angeloi vorbei. Es kann keine Beziehung entstehen. Und sie geht stumpf an den Archangeloi vorbei, wenn ihre Gefühle und Interessen sich nur dem Materiellen zuwenden und in der Banalität des Alltäglichen aufgehen ohne innere Hinwendung zur Sphäre des Moralischen und Religiösen.

Nun verändern sich Wachen und Schlafen noch einmal, wenn der junge Mensch die Pubertät durchschreitet. Nach der Pubertät wird es heute für den jungen Menschen schwieriger, im Schlaf den Zusammenhang mit jenen höheren Mächten zu finden, die seine Seele mit der Kraft geistigen Lichtes und der des geisterfüllten Fühlens beleben und erfüllen. Womit hängt das zusammen?

Wir haben gesehen, wie beim kleinen Kinde im physiognomischen Wahrnehmen die Seelenkonfiguration aus dem geistigen Leben vor der Geburt nachklingt. Diese setzt sich aber noch bis in das zweite Lebensjahrsiebt in jener Grundkraft des Lernens, die für dieses Lebensalter die wesentliche ist, fort – im Autoritätsgefühl. In diesem wirken zwei Seelenqualitäten. Mit der einen wendet sich das Kind in innerer Hingabe dem zu, was es von dem Erwachsenen empfangen kann. Die andere ist die innere Glaubenskraft, durch die das Kind das, was es in der Hingabe in sich aufnimmt, tief mit seinem inneren Leben verbindet. So ist das Autoritätsgefühl eine verinnerlichte Metamorphose jener Kräfte, die im physiognomischen Wahrnehmen und Nachahmen wirken; denn im physiognomischen Wahrnehmen gibt sich die Seele an die Umgebung hin und durchdringt sich tief mit dem, was sie in der Hingabe in sich aufnimmt. Durch das Autoritätsgefühl in den ersten fünf, sechs Schuljahren lebt in der Seele des Kindes immer noch eine innere Hinorientierung zum Übersinnlichen.

Diese erlischt in jenen Veränderungen, die der junge Mensch in der Pubertät durchläuft. Durch das eigentümliche Wachstum seiner Gliedmaßen vereinigt sich der Mensch mit seinen Willenskräften nun stärker als bisher mit jenen Kräften, die der Gegenpol zu allem Übersinnlichen sind. Das sind die Gravitationskräfte der Erde. In diesen liegt die Tendenz, alles in die Verdichtung und Verhärtung zu führen und damit aus seinem Zusammenhang mit dem Kosmos abzusondern. In seinen Gliedern wächst der junge Mensch mit diesen Kräften gleichsam zusammen, die Knaben stärker als die Mädchen. Damit wird der Mensch bis in seinen Willen ein irdisches Wesen. Er erringt durch die Verbindung mit den Gravitationskräften der Erde das Erlebnis seiner Selbständigkeit. Er wird nicht nur im Vorstellungsleben, d.h. an der Peripherie seiner Seele, sondern im Innersten, im Willen, ein Eigenwesen. Und damit entsteht die Gefahr, im Schlafe völlig in sich abgeschlossen durch die Sphäre der höheren Wesen hindurchzugehen.

Deshalb müssen nun durch den Unterricht im jungen Menschen jene Kräfte angesprochen werden, durch die er im Schlaf den Zusammenhang mit dem Übersinnlichen finden kann. Welche Kräfte sind das aber? In der Pubertät wird der Astralleib des Menschen geboren. Sein subjektives, persönliches Wesen öffnet sich zur Umgebung. Zu ihm gehören die willenshaften Kräfte von Trieb, Begierde und Instinkt. Neben diesen dem Leib eng verflochtenen Kräften leben auch vergeistigte willenshafte Kräfte auf. Wenn die Kraft, die als Trieb den Menschen dumpf zu einer Handlung drängt, vom Licht der Idee durchstrahlt wird, dann verwandelt sich der Trieb in eine andere Seelenkraft. Es entsteht ein innerer Drang hin zu geistigen Zielen. Das ist die Kraft des Ideals. Mit der Geburt des Astralleibs erwacht zusammen mit den sinnlichen Trieben im Inneren des jugendlichen Menschen auch der Idealismus.

Durch diese vergeistigte Willenskraft kann der junge Mensch nun im Schlaf die innere Verbindung zu den Angeloi und den Archangeloi finden. Das stellt den Unterricht in der Oberstufe aber vor konkrete Aufgaben. Unterricht darf nicht nur zum Wissen und zu theoretischen Erklärungen führen. Er muß Ideale in der Seele des jugendlichen Menschen entzünden und mit ihnen das innere Feuer der Begeisterung. Nur dann, wenn im naturwissenschaftlichen Unterricht Erkenntnis-Ideale entfacht werden, im Kunstunterricht eine idealische Hinwendung zu dem, was in den Werken der großen Maler, Plastiker, Musiker und Baumeister Gestalt geworden ist, stattgefunden hat und an den großen Werken der Dichtung sittliche Ideale erlebt werden, dann kommt das innere Wesen des jungen Menschen im Schlaf in einen Wesenszusammenhang mit Angeloi und Archangeloi. In das, was in den Gefühlen und Willenskräften vom Geist entzündet ist, können diese höheren Mächte ihre belebenden und impulsierenden Kräfte hineinsenken. Wenn das eintritt, kann der junge Mensch in unserer technischen Zivilisation leben, ohne ihren auszehrenden und seelenverödenden Kräften zu erliegen. Als Lehrer in den oberen Klassen einer Waldorfschule muß man in der Vorbereitung seines Unterrichts alles an Erweiterung und Vertiefung des Weltverstehens anstreben, was den Idealismus und die Begeisterung entzünden kann. Denn der junge Mensch braucht in unserer veräußerlichten Zivilisation viel stärker als in früheren Zeiten jene innere Durchkraftung seiner Seele und seines Ich, die in der Nacht von den höheren Wesen ausgeht.

Anmerkungen und Literatur

Anthropologie – das Fundament der Waldorfpädagogik

1 Diese Bedingungen sind im 3. Teil genauer behandelt. Sie umfassen u.a. die altersspezifischen Formen des Lernens, die Erweiterung der vielfach reduktionistisch verarmten Stoffgebiete zu Inhalten der Wirklichkeitserfahrung, Einsicht in die spezifische Bedeutung der einzelnen Unterrichtsgebiete für die Entwicklung des heranwachsenden Menschen, das fortlaufende Bemühen um immer konkreteres und tieferes Verstehen der einzelnen Schüler und ihrer Veränderungen und auch der verschiedenen Stoffgebiete.

2 Lediglich beim Kind im Vorschulalter sind im physiognomischen Wahrnehmen die Vorstellungen unmittelbar mit innerem Erleben verflochten. Später können sich subjektive Erlebnisse an die Vorstellungen anschließen und diese bisweilen sogar beeinflussen. Das sagt aber nichts gegen den sonst sachlich-unpersönlichen Charakter der Vorstellungen selbst.

3 Die Handlungsziele sind vielfältig von den Lebenseinstellungen, den sogenannten Werten und Idealen eines Menschen bestimmt, die insgesamt seinen Charakter ausmachen. Siehe hierzu auch die Bemerkungen über die Gefühle als Triebfedern des Handelns (S. 30).

4 Da die höheren Gefühle von Verstehen, d.h. von Einsicht in das Wesen von Menschen, Handlungen usw. durchdrungen sind, solche Einsicht aber bereits in das Gebiet des Geistigen gehört, ist es richtiger, diese Gefühle seelisch-geistig und nicht nur seelisch zu nennen.

5 Es ist bekannt, daß sich in der Folge bestimmter Vorstellungsinhalte Puls und Atem (auch der Blutdruck) verändern. Es handelt sich um Vorstellungen, die Gefühle, Emotionen, Affekte auslösen. Diese sind es, die sich dann in den physiologischen Veränderungen manifestieren, nicht die Vorstellungen.

6 Das Unzureichende der Piaget'schen Erklärung für das Auftauchen der neuen Fähigkeit hat Kagan (1987, S. 262) kenntlich gemacht.

7 Die Waldorfpädagogik betrachtet Schulreife als einen anthropologischen Tatbestand. Er bezeichnet jene Veränderungen, durch die das Kind fähig wird, z.B. die sogenannten Kulturtechniken zu erlernen (siehe hierzu Kranich, 1971). Man kann den Schulbeginn z.B. in Unkenntnis dieses Tatbestandes vorverlegen. Soll Schule dann aber nicht gegen das Kind arbeiten, müßte sie ihre Inhalte und Methoden dem z.B. fünfjährigen Kind anpassen.

8 Danner schreibt, «daß eine Bereitschaft zur Verantwortung nur dort zustande kommen kann, wo Mensch und Sache in eine existentielle Beziehung gebracht worden sind» (1985, S. 276). Zu existentieller Beziehung kann es kommen, wenn der jugendliche Mensch erlebt, wie er in seinem Bemühen um ein Wesensverstehen der Natur und der sozialen Nöte persönlich zu geistiger Verbindung mit der Natur und den sozialen Geschehnissen gelangt.

Adler, P.: Die Chronologie der Gebißentwicklung. In: Harndt, E./Weyer, H. (Hrsg.): *Zahn-, Mund- und Kieferheilkunde im Kindesalter.* Berlin 1967.

Binswanger, L.: *Grundformen und Erkenntnis menschlichen Daseins.* München, Basel [3]1962.

Blankertz, H.: *Theorien und Modelle der Didaktik.* München [6]1972.

Bollnow, O. F.: Der Wissenschaftscharakter der Pädagogik. In: Bollnow, O. F. (Hrsg.): *Erziehung in anthropologischer Sicht.* Zürich 1969.

Buck, P./Mackensen, M. v.: *Naturphänomene erlebend verstehen.* Köln [2]1988.

Buytendijk, F. J. J.: *Das Menschliche.* Stuttgart 1958.

Creutzfeldt, O. D.: *Cortex Cerebri.* Berlin, Heidelberg, New York 1983.

Danner, H.: *Verantwortung und Pädagogik.* Königstein [2]1985.

Diemer, K.: Grundzüge der postnatalen Hirnentwicklung. In: Linneweh, F. (Hrsg.): *Fortschritte der Pädiatrie.* Berlin, Heidelberg, New York 1968.

Döpp-Vorwald, H.: Über Problem und Methode der Pädagogischen Anthropologie. In: Höltershinken, D. (Hrsg.): *Das Problem der Pädagogischen Anthropologie im deutschsprachigen Raum.* Darmstadt 1976.

Dornes, M.: *Die frühe Kindheit. Entwicklungspsychologie der ersten Lebensjahre.* Frankfurt 1997.

Dornes, M.: *Der kompetente Säugling. Die präverbale Entwicklung des Menschen.* Frankfurt [8]1998.

Emrich, U.: Schwerwiegende Folgen frühkindlichen Schielens. *MPG-Spiegel* 5/1986.
Gerner, B.: *Einführung in die pädagogische Anthropologie.* Darmstadt 1986.
Göpfert, Chr. (Hrsg.): *Jugend und Literatur. Anregungen zum Deutschunterricht.* Stuttgart 1993.
Goethe, J. W.: *Naturwissenschaftliche Schriften.* Hrsg. v. R. Steiner. Bd. 1, Dornach [3]1975 (a), Bd. 2, Dornach [3]1975 (b).
Guttenhöfer, P.: Der Deutschunterricht in der Oberstufe. In: *Die Pädagogik der Waldorfschule und ihre Grundlagen.* Hrsg. v. S. Leber, Darmstadt 1983.
Hegel, G. W. F.: *Die Vernunft in der Geschichte* (1830). Stuttgart 1917.
Ilg, F. J./Ames, L. B.: *School readiness.* New York 1965.
Ingvar, D.: Patterns of Brain Activity. Revealed by Measurement of Cerebral Blood Flow. In: Ingvar, D./Lassen, H. (Ed.): *Brain Work.* Copenhagen 1975.
Julius, F. H.: *Das Tier zwischen Mensch und Kosmos.* Stuttgart 1981.
Julius, F. H.: *Grundlagen einer phänomenologischen Chemie.* Stuttgart [2]1988.
Kagan, J.: *Die Natur des Kindes.* München 1987.
Kipp, F.: *Höherentwicklung und Menschwerdung.* Stuttgart 1948.
Kranich, E.-M.: *Pädagogische Projekte und ihre Folgen.* Stuttgart [2]1971.
Kranich, E.-M.: *Von der Gewißheit zur Wissenschaft der Evolution.* Stuttgart 1989.
Kranich, E.-M.: Motorische Nerven? In: Schad, W. (Hrsg.): *Die menschliche Nervenorganisation und die soziale Frage – ein anthropologisch-anthroposophisches Gespräch.* Stuttgart 1990.
Kranich, E.-M.: *Wesensbilder der Tiere. Einführung in die goetheanistische Zoologie.* Stuttgart 1995.
Kranich, E.-M.: *Pflanze und Kosmos. Grundlinien einer kosmologischen Botanik.* Stuttgart [3]1997.
Kranich, E.-M.: Über die Notwendigkeit einer Qualitätsveränderung der Lerninhalte im Chemieunterricht. In: *chimica didactica* 2/1998.
Krowarz, B./Lienert, G.: Ein Verfahren zur objektiven Beurteilung der körperlich-geistigen Schulreife. In: *Schule u. Psychologie* 6/1959.
Kupffer, H.: Pädagogische Anthropologie unter kritischem Aspekt (1969). In: Höltershinken, D.: *Das Problem der Pädagogischen Anthropologie im deutschsprachigen Raum.* Darmstadt 1976.
Langeveld, M.: *Studien zur Anthropologie des Kindes.* Tübingen [2]1964.

Lassen, N./Ingvar, D./Skinhoj, E.: Hirnfunktion und Hirndurchblutung in Gehirn und Nervensystem. *Spektrum der Wissenschaft.* Heidelberg 1987.

Leber, S.: *Selbstverwirklichung, Mündigkeit, Sozialität.* Stuttgart 1978.

Lersch, Ph.: *Der Aufbau der Person. München* ^{11}1970.

Lindenberg, Ch.: *Geschichte lehren.* Stuttgart 1981.

Lykken, D./Bouchard, Th.: Genetische Aspekte menschlicher Individualität. In: *Mannheimer Forum* 1983/84.

Mackensen, M. v.: Wie wirken atomistische Modelle auf das Naturverständnis des (jungen) Menschen. In: Fucke, E.: *Berufliche und Allgemeine Bildung in der Sekundarstufe II.* Stuttgart 1976.

Mackensen, M. v.: *Prozeßchemie aus spirituellem Ansatz.* Kassel 1994.

Malson, L./Itard, I./Mannoni, O.: *Die wilden Kinder.* Frankfurt ^{3}1976.

Mandler, G.: *Denken und Fühlen. Zur Psychologie emotionaler und kognitiver Prozesse.* Paderborn 1979.

Maturana, H./Varela, F.: *Der Baum der Erkenntnis.* Bern, München, Wien ^{2}1987.

Meinberg, E.: *Das Menschenbild der modernen Erziehungswissenschaft.* Darmstadt 1988.

Meinel, K.: *Bewegungslehre.* Berlin ^{2}1977.

Merleau-Ponty, M.: *Phänomenologie der Wahrnehmung.* Berlin 1966.

Montada, L.: Bildung der Gefühle?, *Zeitschrift für Pädagogik* 3/1989.

Nickel, H.: *Entwicklungspsychologie des Kindes- und Jugendalters.* Bd. 1. Bern, Stuttgart, Wien ^{4}1982.

Nitschke, A.: *Das verwaiste Kind der Natur.* Tübingen ^{2}1968.

Palagyi, M.: *Naturphilosophische Vorlesungen.* Leipzig 1924.

Penfield, W.: *The Mystery of the mind.* Princeton 1975.

Piaget, J./Inhelder, B.: *Die Entwicklung des inneren Bildes beim Kind.* Frankfurt 1979.

Plessner, H.: *Die Stufen des Organischen und der Mensch.* Berlin, New York ^{3}1975.

Pongratz, L.: *Problemgeschichte der Psychologie.* Bern und München 1967.

Prange, K.: *Erziehung zur Anthroposophie.* Bad Heilbrunn 1985.

Primas, L.: Kann Chemie auf Physik reduziert werden? In: *Chemie in unserer Zeit,* Nr. 4 und 5, 1985.

Putz, R.: Wirbelsäule. In: Benninghoff: *Anatomie.* Bd. 1. 14. Aufl. Stuttgart 1985.

Remplein, H.: *Psychologie der Persönlichkeit.* München [7]1975.
Schad, W.: Biologisches Denken. In: *Goetheanistische Naturwissenschaft,* Bd. 1. Hrsg. v. W. Schad. Stuttgart 1982.
Schaefer, K. E.: Individual Respiratory Patterns Affecting Metabolic Processes and CNS Functions. In: Schaefer, K.E. /Hildenbrandt, G./ Macbeth (Ed.): *A New Image of Man in Medicine.* Vol. II. New York 1979.
Scheler, M.: *Die Stellung des Menschen im Kosmos* (1928). Bern, München [7]1966.
Scheler, M.: *Der Formalismus in der Ethik und materiale Wertethik.* Bern [5]1966.
Schirmer, H.: *Bildekräfte der Dichtung. Zum Literaturunterricht der Oberstufe.* Stuttgart 1993.
Schlüter, D.: Artikel «Bild». In: *Historisches Wörterbuch der Philosophie,* Bd. 1 (hrsg. v. J. Ritter). Darmstadt o. J.
Seifert, J.: *Das Leib-Seele-Problem in der gegenwärtigen philosophischen Diskussion.* Darmstadt 1979.
Silvestro, J.: *New York, Dental Journal.* Vol. 43. New York 1977.
Singer, W.: Hirnentwicklung und Umwelt. In: *Spektrum der Wissenschaft.* H. 3, 1985.
Singer, W.: Wie unser Gehirn sehen lernt. Angeborenes und Erworbenes. In: *Max-Planck-Gesellschaft, Jahrbuch 1988.* Göttingen 1988.
Spitz, R.: *Vom Säugling zum Kleinkind.* Stuttgart [6]1980.
Steiner, R.: Die Waldorfschule und ihr Geist (1919). in: *Idee und Praxis der Waldorfschule.* GA 297. Dornach 1997.
Steiner, R.: Die Erziehung des Kindes vom Gesichtspunkt der Geisteswissenschaft (1907). In: *Luzifer-Gnosis. Ges. Aufsätze 1903–1908.* GA 34. Dornach 1960.
Steiner, R.: *Geisteswissenschaftliche Behandlung sozialer und pädagogischer Fragen* (1919). GA 192. Dornach 1964.
Steiner, R.: *Anthroposophie – Ein Fragment* (1910). GA 45. Dornach [2]1970.
Steiner, R.: Meditativ erarbeitete Menschenkunde (1920). In: *Erziehung und Unterricht aus Menschenerkenntnis.* GA 302a. Dornach 1972.
Steiner, R.: *Allgemeine Menschenkunde als Grundlage der Pädagogik* (1918). GA 293. Dornach 1973a.
Steiner, R.: *Gegenwärtiges Geistesleben und Erziehung* (1923). GA 307. Dornach 1973 b.

Steiner, R.: *Von Seelenrätseln.* GA 21. Dornach 1976.
Steiner, R.: *Die Erneuerung der pädagogisch-didaktischen Kunst durch Geisteswissenschaft* (1920). GA 301. Dornach [3]1977.
Steiner, R.: *Die Philosophie der Freiheit* (1894). GA 4. Dornach 1978a.
Steiner, R.: *Theosophie* (1904). GA 9. Dornach [30]1978b.
Steiner, R.: *Die gesunde Entwicklung des Leiblich-Physischen als Grundlage der freien Entfaltung des Geistig-Seelischen* (1921/22). GA 303. Dornach 1978c.
Steiner, R.: *Grundlinien einer Erkenntnistheorie der Goetheschen Weltanschauung* (1886). GA 2. Dornach 1979a.
Steiner, R.: Warum eine anthroposophische Pädagogik (1923). In: *Anthroposophische Menschenkunde und Pädagogik.* GA 304a. Dornach 1979b.
Steiner, R.: Freie Schule und Dreigliederung (1919). In: *Aufsätze über die Dreigliederung des sozialen Organismus und zur Zeitlage.* GA 24. Dornach [2]1982.
Steiner, R.: *Die pädagogische Praxis vom Gesichtspunkt geisteswissenschaftlicher Menschenerkenntnis* (1923). GA 306. Dornach [4]1989.
Stern, D.: *Die Lebenserfahrung des Säuglings.* Stuttgart [3]1993.
Tanner, J. M.: *Wachstum und Reifung des Menschen.* Stuttgart 1962.
Thomae, H.: Entwicklungsbegriff und Entwicklungstheorie. In: *Handbuch der Psychologie,* 3. Band. Göttingen [2]1958.
Ullrich, H.: *Waldorfpädagogik und okkulte Weltanschauung.* Weinheim und München 1986.
Wellek, A.: *Die Polarität im Aufbau des Charakters.* Bern 1950.
Wieczerkowski, W./zur Oeveste, H. (Hrsg.): *Lehrbuch der Entwicklungspsychologie.* Bd. 1. Düsseldorf 1982.
Wittgenstein, L.: *Tractatus logico-philosophicus* (1918). Frankfurt 1964.
Zdarzil, H.: *Pädagogische Anthropologie.* Graz, Wien, Köln [2]1978.

Entwicklung und Erziehung in der frühen Kindheit

1 R. Steiner: Die Erziehung des Kindes vom Gesichtspunkte der Geisteswissenschaft; in *Lucifer-Gnosis. Grundlegende Aufsätze zur Anthroposophie …,* GA 34, Dornach [2]1987. – Auch als Einzelausgabe erhältlich.

2 Vgl. R. Steiner: *Wie erlangt man Erkenntnisse der höheren Welten?* GA 10, Dornach ^{24}1993; sowie das Kapitel «Die Erkenntnis der höheren Welten» in *Die Geheimwissenschaft im Umriß,* GA 13, Dornach ^{30}1989.

3 D. Stern: *Die Lebenserfahrung des Säuglings,* Stuttgart ^{3}1993; T. M. Field u.a.: Discrimination and imitation of facial expression by neonates, *Science* 1982, S. 218; A. Vinter: Imitationsfähigkeit von Kleinkindern, *Umschau* 1986, H. 3.

4 F. Stirnimann: *Psychologie des neugeborenen Kindes,* München o.J., S. 132.

5 D. Stern: *Die Lebenserfahrung des Säuglings*, S. 83 ff. Siehe Anm. 3.

6 J. Bowlby: *Trennung*, München 1976; sowie R. Spitz unter Mitarbeit von G. Cobliner: *Vom Säugling zum Kleinkind,* Stuttgart ^{6}1981.

7 Eine grundlegende Darstellung dieses Sachverhaltes findet sich im Vortrag R. Steiners am 13. November 1923; in *Der übersinnliche Mensch, anthroposophisch erfaßt,* GA 231, Dornach ^{3}1982. – Eine gute zusammenfassende Schilderung geben H. Poppelbaum in *Mensch und Tier,* Frankfurt 1981, und A. Gehlen in *Der Mensch,* Wiesbaden ^{12}1978. Einige der erwähnten Tatsachen finden sich bei D. Starck: *Vergleichende Anatomie der Wirbeltiere auf evolutionsbiologischer Grundlage*, zwei Bände, Berlin 1978/79.

8 R. Steiner: Vorträge am 15. und 20. April 1918; in *Das Ewige in der Menchenseele. Unsterblichkeit und Freiheit,* GA 67, Dornach ^{2}1992.

9 L. Bolk: *Hersenen en cultuur,* Amsterdam 1917, und *Das Problem der Menschwerdung,* Jena 1926. Die Bolksche Retardationstheorie war durch Jahrzehnte Gegenstand lebhafter Diskussionen. Sie wurde in letzter Zeit insbesondere durch die Untersuchungen von J. Verhulst, *Der Erstgeborene. Mensch und höhere Tiere in der Evolution,* Stuttgart 1999, präzisiert.

10 F. Kipp: *Die Evolution des Menschen im Hinblick auf seine lange Jugendzeit,* Stuttgart ^{2}1991. – A. Portmann: *Zoologie und das neue Bild des Menschen*, Hamburg 1956.

11 H. Weber: Der Salzwasserhaushalt; in H. Wiesener: *Entwicklungsphysiologie des Kindes,* Berlin, Göttingen, Heidelberg 1965.

12 R. Steiner: *Theosophie. Einführung in übersinnliche Welterkenntnis und Menschenbestimmung.* Erstes Kapitel: «Das Wesen des Menschen», GA 9, Dornach ^{31}1987.

13 E. Werner: Energiestoffwechsel; in H. Wiesener: *Entwicklungsphysiologie des Kindes*, siehe Anm. 11.

14 Von diesem physiognomischen Erleben schreibt der bekannte Psychologe H. Werner, es sei «viel tiefer, viel ursprünglicher als jede theoretische Erkenntnis». (*Einführung in die Entwicklungspsychologie,* München [4]1959.

15 Wenn der Erwachsene wahrnimmt, wie ein anderer z.B. seinen Arm bewegt, kann man im Elektromyogramm feststellen, daß in den Muskeln, mit denen er selbst die gleiche Bewegung ausführen würde, ganz schwache Kontraktionen stattfinden. Das sind gleichsam Rudimente der frühkindlichen Nachahmung. Durch sie erfaßt man wie in einer zurückgehaltenen Nachahmung den Ausdruck in der Armbewegung des anderen Menschen (Psychomotorik).

16 Beispiel bei A. Nitschke: *Das verwaiste Kind der Natur,* Tübingen 1962, S. 110; sowie R. Spitz: *Vom Säugling zum Kleinkind,* S. 223 ff. (siehe Anm. 6); sowie R. Steiner: Vortrag am 15. April 1923; in *Die pädagogische Praxis vom Gesichtspunkte geisteswissenschaftlicher Menschenerkenntnis*, GA 306, Dornach [4]1989.

17 J. Piaget: *Nachahmung, Spiel und Traum,* Stuttgart 1969, S. 105 ff.

18 R. Steiner: Vorträge am 17. und 18. April 1923, in *Die pädagogische Praxis ...* (siehe Anm. 16); Vortrag am 13. August 1924, in *Die Kunst des Erziehens aus dem Erfassen der Menschenwesenheit,* GA 311, Dornach [5]1989; Vortrag am 13. April 1924, in *Anthroposophische Pädagogik und ihre Voraussetzungen,* GA 309, Dornach [5]1981; Vortrag am 8. April 1924, in *Die Methodik des Lehrens und die Lebensbedingungen des Erziehens,* GA 308, Dornach [5]1986.

19 Eine ganze Anzahl von Phänomenen, an denen dieser kraniokaudale Entwicklungsprozeß deutlich wird, sind beschreiben in H. Schwartze und P. Schwartze: *Physiologie des Foetal-, Neugeborenen- und Kindesalters,* Stuttgart, New York 1977.

20 H. Delacroix: De l'automatisme dans l'imitation; *Journal de Psychologie* 1921. J. Piaget schließt sich dieser Auffassung an verschiedenen Stellen seines Werkes an.

21 P. Grassé: *Das Ich und die Logik der Natur,* München 1973, S. 191.

22 Hierauf weist A. Nitschke (siehe Anm. 16, S. 118) mit folgenden Worten hin: «Die Ähnlichkeiten der Bewegungsweise (zwischen nachahmendem Kind und seinem Vorbild) sind viel weniger erblich bestimmt, als wir in Analogie zur zweifelsfreien Vererbung körperlicher Merkmale anzunehmen geneigt sind. Sicher als Erbanlage mitgegeben

ist dem Menschen das, was wir ‹die Möglichkeit zu ...› (Distanz, Mitvollziehen) nannten, also eine nicht festgelegte Offenheit zur Welt. Wie weit der Erbanteil die offene Entwicklungsmöglichkeit der menschlichen Person einengend bestimmt, ist nicht scharf zu umgrenzen. Ich glaube, daß wir dazu neigen, ihn weit zu überschätzen.»

23 Eine ausführlichere Darstellung aus anthroposophischer Sicht findet sich in K. König: *Die ersten drei Jahre des Kindes. Erwerb des aufrechten Ganges – Erlernen der Muttersprache – Erwachen des Denkens,* Praxis Anthroposophie 29, Stuttgart [10]1997.

24 E. Straus: Die aufrechte Haltung; in W. Bräutigam (Hrsg.): *Medizinisch-psychologische Anthropologie,* Darmstadt 1980, S. 439.

25 A. Nitschke; siehe Anm. 16, S. 108 f.

26 Kann sich das Kind durch das Verhalten der Erwachsenen wie bei dem sogenannten «double bind» nicht mit seinem Tun identifizieren, führt das unter Umständen zur Schizophrenie, d.h. zu jener schweren Störung der vom Ich ausgehenden Führung des seelischen Lebens.

27 M. Kolzowa: Untersuchungen zur Sprachentwicklung; *Der Kinderarzt* 6/7, S. 975.

28 R. Steiner: Vortrag am 16. April 1923, in *Die pädagogische Praxis ...,* siehe Anm. 18; sowie Vortrag am 19. Juli 1924, in *Der pädagogische Wert der Menschenerkenntnis und der Kulturwert der Pädagogik,* GA 310, Dornach [4]1989.

29 A. Gehlen: *Der Mensch,* Wiesbaden [12]1972, S. 193.

30 W. Condon: Speach makes babies move; in R. Lewin (Hrsg.): *Child alive,* New York 1975. – W. Condon: A Primary Phase in the Organisation of Infant Responding Behaviour; in H.R. Schaffer: *Studies in Mother-Infant Interaction,* New York 1977.

31 Ein eindrucksvolles Beispiel für die Abhängigkeit von postnataler Gehirnbildung und geistiger Entwicklung ist die ungewöhnlich geringe Ausbildung des Gehirnes von Kaspar Hauser. Siehe dazu G. Fr. Daumer: *Kaspar Hauser,* Regensburg 1878, S. 228.

32 K. Diemer: Grundzüge der postnatalen Hirnentwicklung, in L. Linneweh (Hrsg.): *Fortschritte der Pädologie,* Band 2, Berlin, Heidelberg, New York 1968. – W. Singer, Hirnentwicklung und Umwelt, *Spektrum der Naturwissenschaft,* H. 3, 1985. – K. Emrich: Schwerwiegende Folgen frühkindlichen Schielens, *MPG-Spiegel* 5/1986.

33 Diesen Sachverhalt beschreibt S.L. Rubinstein in *Grundlagen der allge-*

meinen Psychologie, Berlin 1968, S. 477 ff., anschaulich als Situationsdenken. Der gleiche Sachverhalt liegt dem zugrunde, was J. Piaget etwas mißverständlich kindlichen Egozentrismus nennt.

34 Siehe dazu R. Steiner: *Theosophie,* Kapitel «Wiederverkörperung und Schicksal», GA 9, Dornach ^{31}1987.

35 Die volle Sicherheit im Gehen erringt das Kind erst im Alter von sechs bis sieben Jahren. Vgl. dazu W. Berger, Entwicklung des Zweibeinganges beim Kleinkind; in W. Berger u.a.: *Haltung und Bewegung beim Menschen,* Berlin, Heidelberg, New York, Tokyo 1984.

36 Unter Spiel wird hier das freie Spielen verstanden, nicht das spielerische Verhalten des kleinen Kindes, das J. Piaget als Übungsspiel bezeichnet.

37 E.-M. Kranich, *Pädagogische Projekte und ihre Folgen,* Stuttgart ^{2}1971.

38 F. Jaffke: Spielenlernen; in H. v. Kügelgen (Hrsg.): *Plan und Praxis des Waldorfkindergartens,* Stuttgart ^{7}1981.

39 Rauber/Kopsch: *Lehrbuch und Atlas der Anatomie des Menschen,* I. Band, hrsg. von G. Töndury, Stuttgart ^{20}1968, S. 134.

40 R. Steiner: Vortrag am 16. September 1920, in *Erziehung und Unterricht aus Menschenerkenntnis,* GA 302a, Dornach ^{4}1993.

41 Ebenda. – Siehe auch das folgende Kapitel über die Geburt des Ätherleibes.

42 L. Schenk-Danzinger: *Entwicklungspsychologie,* Wien ^{14}1980, S. 107.

43 Die Veränderungen im Denken des Kindes, die Piaget erforscht hat, beruhen letzten Endes darauf, daß das Kind durch das willkürliche, bildhafte Erinnern vergleichen und dadurch Beziehungen und Zusammenhänge gedanklich, d.h. logisch erfassen kann.

Die Geburt des Ätherleibes

1 E. von Ivanka: Der aristotelische Formbegriff; in *Gestalthaftes Sehen,* hrsg. von F. Weinhandl, Darmstadt 1978.

2 W. Neuhaus: *Der Aufbau der geistigen Welt des Kindes,* München ^{2}1962.

3 H. Nickel: *Die visuelle Wahrnehmung im Kindergarten- und Einschulungsalter,* Stuttgart 1967.

4 R. Steiner: Die Erziehung des Kindes vom Gesichtspunkte der Geistes-

wissenschaft, in *Lucifer-Gnosis. Grundlegende Aufsätze zur Anthroposophie ...*, GA 34, Dornach [2]1987, S. 321 f. – Auch als Einzelausgabe erhältlich.

5 Zum Begriff der Bildekräfte und des Bildekräfteleibes oder Lebensleibes siehe R. Steiner: *Theosophie. Einführung in übersinnliche Welterkenntnis und Menschenbestimmung,* Kapitel: «Das Wesen des Menschen»; GA 9, Dornach [31]1987.

6 E. Straus: Die aufrechte Haltung; in *Medizinisch-psychologische Anthropologie,* hrsg. von W. Bräutigam, Darmstadt 1980, S. 439.

7 A. Rauber / F. Kopsch: *Lehrbuch und Atlas der Anatomie des Menschen,* Bd. 1, neubearbeitet von G. Töndury, Stuttgart 1968, S. 134.

8 R. Steiner: Vortrag am 30. Dezember 1923; in *Die Weltgeschichte in anthroposophischer Beleuchtung und als Grundlage der Erkenntnis des Menschengeistes,* GA 233, Dornach [5]1991.

9 Grosser-Ortmann: *Grundriß der Entwicklungsgeschichte des Menschen,* 7. neubearb. Aufl. Heidelberg / New York 1970, S. 138.

10 R. Steiner: Meditativ erarbeitete Menschenkunde, Vortrag am 16. September 1920; in: *Erziehung und Unterricht aus Menschenerkenntnis,* GA 302a, Dornach [4]1993.

11 R.E. Scammon, zitiert in J. M. Tanner: *Wachstum und Reifung des Menschen,* Stuttgart 1962.

12 R. Steiner: Vortrag am 20. April 1920; in *Die Erneuerung der pädagogisch-didaktischen Kunst durch Geisteswissenschaft,* GA 301, Dornach [4]1991. – Vortrag am 31. Dezember 1921, in *Die gesunde Entwickelung des Menschenwesens. Eine Einführung in die anthroposophische Pädagogik und Didaktik,* GA 303, Dornach [4]1987. – Vortrag am 20. Juli 1924; in *Der pädagogische Wert der Menschenerkenntnis und der Kulturwert der Pädagogik,* GA 310, Dornach [4]1989. – Vortrag am 12. August 1924; in *Die Kunst des Erziehens aus dem Erfassen der Menschenwesenheit,* GA 311, Dornach [5]1989.

13 R. Steiner: Vortrag am 16. September 1920. Siehe Anm. 10.

14 H. Witkin: The Perception of the Upright, *Scientific American* 2/1959; sowie *Personality Through Perception,* London 1954.

15 K. Poeck und B. Orgass: Über die Entwicklung des Körperschemas, in *Fortschritte in der Neurologischen Psychiatrie* 32/10.

16 Siehe E.-M. Kranich u.a.: *Formenzeichnen. Die Entwicklung des Formensinns in der Erziehung,* Stuttgart [2]1992.

17 Eine detaillierte Behandlung der Pflanzenformen findet man in meinem Buch *Pflanze und Kosmos,* Stuttgart [3]1997.

Benninghoff: *Anatomie.* 1. Bd., 14. Aufl. München / Berlin / Baltimore 1985; 2. Bd., 13./14. Aufl. München / Berlin / Baltimore 1985.

E. Blechschmidt: *Die vorgeburtlichen Entwicklungsstadien des Menschen,* Basel / New York 1960.

E. S. Crelin: *Anatomy of the Newborn – an atlas,* Philadelphia 1969.

J. Langman: *Medizinische Embryologie,* Stuttgart [5]1977.

T. von Lanz und W. Wachsmuth: *Praktische Anatomie,* Band I/4, Berlin 1955.

A. Rauber und F. Kopsch: *Anatomie des Menschen,* Band 1, hrsg. und bearb. von B. Tillmann und G. Töndury, Stuttgart 1987.

Lebendige Begriffe – die ätherische Durchkraftung des Denkens

1 R. Steiner: Vortrag am 30. August 1919; in *Allgemeine Menschenkunde als Grundlage der Pädagogik,* GA 293, Dornach [9]1992. – Vortrag am 23. August 1919; in *Erziehungskunst. Methodisch-Didaktisches,* GA 294, Dornach [6]1990.

2 Zitiert nach R. Imbach: Wilhelm von Ockham; in *Klassiker der Philosophie,* hrsg. von O. Höffe, Band I, München 1981, S. 236.

3 R. Steiner: Vortrag am 17. August 1919; in *Die Erziehungsfrage als soziale Frage,* GA 296, Dornach [4]1991.

4 R. Steiner: Vortrag am 12. April 1921; in *Geisteswissenschaftliche Gesichtspunkte zur Therapie* (Zweiter Ärztekurs), GA 313, Dornach [4]1984.

5 R. Steiner: Vortrag am 7. März 1920; in *Geisteswissenschaftliche Impulse zur Entwickelung der Physik, II, Zweiter naturwissenschaftlicher Kurs: Die Wärme auf der Grenze positiver und negativer Materialität,* GA 321, Dornach [3]1982.

6 R. Steiner: Vortrag am April 1920; in *Entsprechungen zwischen Mikrokosmos und Makrokosmos. Der Mensch – eine Hieroglyphe des Weltenalls,* GA 201, Dornach [2]1987.

7 R. Steiner: Vortrag am 21. September 1909; in *Das Lukas-Evangelium,* GA 114, Dornach [8]1985.

8 R. Steiner: *Grundlinien einer Erkenntnistheorie der Goetheschen Weltanschauung,* GA 2, Dornach [7]1979, S. 56 f.

9 Eine genaue Begründung dieses Vorgehens findet man in Goethes Aufsatz «Erster Entwurf zu einer Einleitung in die vergleichende Anatomie, ausgehend von der Osteologie»; in *Goethes Naturwissenschaftliche Schriften,* 1. Band, hrsg. von Rudolf Steiner, Stuttgart / Berlin / Leipzig o. J., S. 244.

10 Ebenda, S. 247.

11 Einzelheiten findet man im Buch des Verfassers *Wesensbilder der Tiere. Einführung in die goetheanistische Zoologie,* Stuttgart 1995.

12 R. Steiner: Vortrag am 3. Mai 1920; in *Die Erneuerung der pädagogisch-didaktischen Kunst durch Geisteswissenschaft,* GA 301, Dornach [4]1991.

13 Novalis: Die Lehrlinge zu Sais, in *Werke*, hrsg. und kommentiert von G. Schultz, München o.J., S. 119.

14 Siehe Anm. 8, S. 105 und 106 f.

15 R. Steiner: Vortrag am 30. August 1919; in *Allgemeine Menschenkunde als Grundlage der Pädagogik,* GA 291, Dornach [9]1992.

16 R. Steiner hat verschiedentlich darauf hingewiesen, daß die Vorstellungen und Begriffe, die man den Kindern überliefert, «die Möglichkeit des Wachstums in sich tragen» sollen (Vortrag am 12. Juni 1921, in *Menschenerkenntnis und Unterrichtsgestaltung,* GA 302, Dornach [5]1986), so daß sie als «lebendige, biegsame, elastische Begriffe ... mit dem Menschen heranwachsen» (Vortrag am 13. April 1924, in *Anthroposophische Pädagogik und ihre Voraussetzungen,* GA 309, Dornach [5]1981). J. Kiersch schreibt: «Lebendige Begriffe sind demnach in ihrem sachlichen Zusammenhang wie in Hinsicht auf ihre zeitliche Entfaltung *offene* Begriffe.» («Lebendige Begriffe» – Einige vorläufige Bemerkungen zu Denkformen der Waldorfpädagogik; in F. Bohnsack / E.-M. Kranich [Hrsg.]: *Erziehungswissenschaft und Waldorfpädagogik,* Weinheim und Basel 1990, S. 79.)

«Atmen-Lehren» als Aufgabe der Waldorfpädagogik

1 «Allensbacher Berichte» 1986, Nr. 16.

2 «Spiegel Spezial. Die Eigensinnigen». Nov. 1994, S. 60.

3 R. Steiner: *Anthroposophie, ihre Erkenntniswurzeln und Lebensfrüchte,* TB Stuttgart 1962, S. 13.

4 R. Steiner: *Allgemeine Menschenkunde als Grundlage der Pädagogik,* Dornach [9]1992, S. 25.

5 A.a.O., S. 24.

6 A.a.O., S. 25.

7 A.a.O., S. 25.

8 Im ersten Kapitel (S. 41 und 52) und im Kapitel über Wachen und Schlafen (S. 229 f.).

9 Diese Kurven stammen aus K.E. Schaefer: «Individual Respiratory Patterns Affecting Metabolic Processes and CNS Functions», in K.E. Schaefer u.a. (Ed.): *A New Image of Man in Medicine,* Vol. II, New York 1979.

10 Die Gesamtmenge des Liquor cerebrospinalis beträgt beim Erwachsenen etwa 140 ml. Sie wird im Laufe eines Tages viermal erneuert. Liquor wird also fortwährend in den Ventrikeln gebildet und vor allem im Kopf in die Venen resorbiert. Der Liquor ist gegenüber dem Blut eine nur wenig lebendige Flüssigkeit. Sein Eiweißgehalt ist wesentlich geringer (1/300stel von dem des Blutplasmas). Er enthält auch weniger Zucker als das Blut (60 %), aber etwas mehr (Natrium-)Salz.

11 Siehe hierzu R. Steiner: Vortrag am 19.12.1914 in *Okkultes Lesen und okkultes Hören,* GA 156, Dornach [2]1987.

12 «Biologisches zur Ästhetischen Erziehung», in A. Portmann: *Biologie und Geist,* Basel, Wien 1963, S. 251.

13 R. Steiner: *Erziehung und Unterricht aus Menschenerkenntnis,* Dornach 1972, S. 23.

14 Im dritten Vortrag von *Erziehungskunst. Methodisch-Didaktisches* (Dornach [6]1990) beschreibt R. Steiner dieses Beleben der bloßen Vorstellungen und Begriffe mit folgenden Worten: «Wir werden also als Erzieher die Aufgabe haben, fortwährend Totes zu beleben, dem Tode Entgegengehendes vor dem völligen Ersterben zu bewahren, ja, gewissermaßen zu befruchten mit dem, was wir aus dem Willen heraus als belebendes Element entwickeln können. Daher dürfen wir nicht davor

zurückschrecken, schon beim Kinde mit einer gewissen künstlerischen Gestaltung des Unterrichts zu beginnen» (S. 37.) Mit künstlerisch ist mehr gemeint als künstlerische Betätigung wie Malen, Musizieren und so weiter, sondern vor allem auch künstlerisches Anschauen und Erleben.

15 R. Steiner: *Allgemeine Menschenkunde als Grundlage der Pädagogik,* S. 86.

16 A.a.O., S. 25.

Die Geburt des Astralleibes ...

Breithaupt, H. u.a.: «Über die Frequenzbeziehung von Puls und Atem», in *Monatsschrift für Kinderheilkunde* 128, 1980.

Flindt, R.: *Biologie in Zahlen,* Stuttgart/New York 1985.

Heck, W.: «Der Kreislauf», in H. Wiesener: *Entwicklungsphysiologie des Kindes,* Berlin 1964.

Hentig, H. von: *Die Schule neu denken,* München/Wien 1993.

Marshall, W., Tanner, J.: «Puberty», in Falkner, F., Tanner, J. (Ed.): «Human Growth», Vol. II, New York, London 1986.

Nickel, H.: *Entwicklungspsychologie des Kindes- und Jugendalters,* Bd. II, Bern [3]1979.

Piaget, J.: *Einführung in die genetische Erkenntnistheorie,* Frankfurt [2]1981.

Plügge, H.: *Wohlbefinden und Mißbefinden,* Tübingen 1962.

Schaefer, K.E.: «Individual Respiratory Pattern Affecting Metabolic Processes and CNS Function», in K.E. Schaefer u.a.: *A New Image of Man in Medicine,* Vol. II, New York 1979.

Schwartze, H. und Schwartze, P.: *Physiologie des Foetal-, Neugeborenen- und Kindesalters,* Stuttgart/New York 1977.

Steiner, Rudolf:

(1907/24) *Die Erziehung des Kindes / Die Methodik des Lehrens,* Einzelausgabe, Stuttgart [2]1965.

(1919) *Allgemeine Menschenkunde als Grundlage der Pädagogik,* GA 293, Dornach [9]1992.

(1921) *Menschenwerden, Weltenseele und Weltengeist,* 2. Teil, GA 206, Dornach 1967.

(1922) *Die geistig-seelischen Grundkräfte der Erziehungskunst*, GA 305, Dornach 1979.

(1923) *Gegenwärtiges Geistesleben und Erziehung*, GA 307, Dornach [3]1957.

(1924) *Der pädagogische Wert der Menschenerkenntnis und der Kulturwert der Pädagogik*, GA 310, Dornach [3]1965.

(1924 b) *Die Kunst des Erziehens aus dem Erfassen der Menschenwesenheit*, GA 311, Dornach [2]1963.

(1924/1925) *Anthroposophische Leitsätze*, GA 26, Dornach [9]1989.

Walter, H.: *Sexual- und Entwicklungsbiologie des Menschen*, Stuttgart 1978.

Wiesener, H. (Hrsg.): *Entwicklungsphysiologie des Kindes*, Berlin / Göttingen / Heidelberg 1964.

Witkin, H.A. u.a.: *Personality through Perception*, New York [3]1973.

Die anthropologischen Wurzeln des Urteilens und die Entwicklung der Urteilskraft

1 Tanner: *Wachstum und Reifung des Menschen*, Stuttgart 1962, S. 13 f.

2 R. Steiner: *Grundlinien einer Erkenntnistheorie der Goetheschen Weltanschauung* GA 2, Dornach [6]1960, S. 65.

3 In den Vorträgen *Menschenerkenntnis und Unterrichtsgestaltung*, GA 302, Dornach [3]1971, hat R. Steiner diesen Zusammenhang mit folgenden Worten dargestellt: «Das Urteilen ist eigentlich an den mittleren Organismus und namentlich an Arme und Hände gebunden. Wir urteilen eigentlich in Wirklichkeit mit den Armen und Händen. Vorstellen tun wir mit dem Kopf. Wenn wir also den Inhalt eines Urteils vorstellen, so geht das Urteilen selbst im Mechanismus der Arme und Hände vor sich, und nur das vorstellungsmäßige Spiegelbild geht im Kopfe vor sich» (S. 29).

4 R. Steiner: *Allgemeine Menschenkunde als Grundlage der Pädagogik*, GA 293, Dornach [7]1973, S. 85 f.

5 In den Vorträgen *Menschenerkenntnis und Unterrichtsgestaltung* (siehe Anm. 3) bringt R. Steiner das Schließen mit den Beinen und Füßen in

Zusammenhang (S. 29). Das ist kein Widerspruch zu unserer Darstellung, denn in jedem hypothetischen Urteil liegt ein Schließen vor, wenn es auch nicht formal mit zwei Prämissen und Conclusio ausgedrückt wird.

6 R. Steiner: *Geisteswissenschaftliche Impulse zur Entwickelung der Physik, I. Erster naturwissenschaftlicher Kurs: Licht, Farbe, Ton – Masse, Elektrizität, Magnetismus,* GA 320, Dornach ²1964; sowie: *Geisteswissenschaftliche Impulse zur Entwickelung der Physik, II. Zweiter naturwissenschaftlicher Kurs: Die Wärme auf der Grenze positiver und negativer Materialität,* GA 321, Dornach ³1982.

7 Siehe hierzu E.-M. Kranich, «Kausales Erkennen als Phänomenologie – seine Bedeutung für die menschliche Entwicklung nach dem zwölften Lebensjahr», in *Unterricht im Übergang zum Jugendalter,* Beiträge zur Pädagogik Rudolf Steiners, Band 4, Stuttgart 1997.

8 R. Steiner im ersten naturwissenschaftlichen Kurs, S. 67 f. Siehe Anm. 6.

9 Vergleiche dazu R. Steiner im 14. Vortrag der *Allgemeinen Menschenkunde als Grundlage der Pädagogik.* Siehe Anm. 4, S. 200.

10 R. Steiner: *Die pädagogische Praxis vom Gesichtspunkt geisteswissenschaftlicher Menschenerkenntnis,* GA 306, Dornach ³1982, S. 147.

11 J.W. v. Goethe: *Werke* (Hamburger Ausgabe), München ⁹1982, Band 13, S. 14 f.

12 R. Steiner: *Menschenerkenntnis und Unterrichtsgestaltung.* Siehe Anm. 3, S. 45 ff.

13 W. Rauthe: «Stufen der Urteilskraft. Praktische – theoretische – durchseelte individualisierte Urteilskraft»; in W. Schad (Hrsg.): *Zur Menschenkunde der Oberstufe,* Manuskriptdruck, Stuttgart 1981.

14 M. Boss: «Der neue Wandel der Neurosen – Erkenntnisse der Psychotherapie», in *Universitas* 10/1978; außerdem die Beiträge von H. Hartung, R. Lempp und F. Magnusson in R. Lempp, H. Schiefele (Hrsg.): *Ärzte sehen die Schule,* Weinheim und Basel 1987.

Veränderungen von Wachen und Schlafen im Kindes- und Jugendalter

1 C. Spitteler: *Meine frühesten Erlebnisse.* Zürich 1986, S. 8.
2 Ebenda, S. 12.
3 A. Vinter: «Imitationsfähigkeit bei Kleinkindern», in *Umschau* 1986, H. 3, S. 181 ff.
4 R. Steiner: *Die Schwelle der geistigen Welt.* GA 17, Dornach [5]1956, S. 53 f.
5 R. Steiner: *Entsprechungen zwischen Mikrokosmos und Makrokosmos.* GA 201, Dornach 1958, S. 76.
6 R. Steiner: *Geistige Hierarchien und ihre Widerspiegelung in der physischen Welt.* GA 110, Dornach 1960, S. 108.
7 R. Steiner: *Ursprung und Ziel des Menschen. Grundbegriffe der Geisteswissenschaft.* GA 53, Dornach 1981, S. 212.
8 J. Pieper (Hrsg.): *Thomas-Brevier.* München 1956, S. 429.

Nachweise

Anthropologie – das Fundament der Waldorfpädagogik. Unter dem Titel «Anthropologie – das Fundament der pädagogischen Praxis», in: Fritz Bohnsack, Ernst-Michael Kranich (Hrsg.): *Erziehungswissenschaft und Waldorfpädagogik. Der Beginn eines notwendigen Dialogs.* Beltz Verlag, Weinheim und Basel, ²1994, S. 96–139.

Entwicklung und Erziehung in der frühen Kindheit, in: Stefan Leber (Hrsg.): *Die Pädagogik der Waldorfschule und ihre Grundlagen. Wissenschaftliche Buchgesellschaft,* Darmstadt, ³1992, S. 65–84.

Die Geburt des Ätherleibes. Die Kräfte leiblicher Formbildung und ihre Umwandlung zur Fähigkeit, Formen zu gestalten. Unter dem Titel «Die Kräfte leiblicher Formbildung und ihre Umwandlung in die Fähigkeit, Formen zu gestalten und zu erleben» in: Ernst-Michael Kranich u.a.: *Formenzeichnen. Die Entwicklung des Formensinns in der Erziehung.* Verlag Freies Geistesleben, Stuttgart, ²1992, S. 11–32.

Lebendige Begriffe – die ätherische Durchkraftung des Denkens, in *Lehrerrundbrief,* herausgegeben vom Bund der Freien Waldorfschulen e.V., Nr. 34 (Juli 1987).

«Atmen-Lehren» als Aufgabe der Waldorfpädagogik. Unter dem Titel «What ist Meant by ‹Teaching the Children to Breathe› in the First Lecture of ‹Study of Man›?» In *Paideia* 18/1999.

Die Geburt des Astralleibes. Wandlungen im Wesen des jungen Menschen zwischen dem 10. und 15. Lebensjahr, in: *Unterricht im Übergang zum Jugendalter. Anregungen zur Bewältigung einer schwierigen pädagogischen Aufgabe.* Beiträge zur Pädagogik Rudolf Steiners 4, Verlag Freies Geistesleben, Stuttgart 1997.

Die anthropologischen Wurzeln des Urteilens und die Entwicklung der Urteilskraft. Unter dem Titel «Die Bildung der Urteilsfähigkeit in ihrem Zusammenhang mit dem ganzen Menschen» in: *Erziehungskunst. Monatsschrift zur Pädagogik Rudolf Steiners.* 9/1983, S. 493–506.

Veränderungen von Wachen und Schlafen im Kindes- und Jugendalter, in: *Der Rhythmus von Schlafen und Wachen. Seine Bedeutung im Kindes- und Jugendalter.* Beiträge zur Pädagogik Rudolf Steiners 1, Verlag Freies Geistesleben, Stuttgart ^{3}1992, S. 27–41.